UN AVOCAT JOURNALISTE

AU XVIIIᵉ SIÈCLE

LINGUET

PAR

JEAN CRUPPI

———<><>———

PARIS

LIBRAIRIE HACHETTE ET Cⁱᵉ

79, BOULEVARD SAINT-GERMAIN, 79

—

1895

Droits de traduction et de reproduction réservés.

UN AVOCAT JOURNALISTE

AU XVIIIe SIÈCLE

LINGUET

COULOMMIERS

Imprimerie PAUL BRODARD.

Plaidoyer
et
Mémoires
pour le Comte
de Morangiés
1772
S.N. HENRI
LINGUET

UN
AVOCAT JOURNALISTE
AU XVIIIᵉ SIÈCLE

HENRY LINGUET

CHAPITRE I

(1736-1764)

Portrait de Linguet. — Sa grande célébrité; causes ae son oubli. — I. Famille de Linguet. — Ses succès d'écolier; ses rivaux de collège; les « empereurs de rhétorique » au xviiiᵉ siècle : La Harpe, Turgot, Linguet, Robespierre. — Le cheval du duc de Deux-Ponts. — II. Les soupers de Fréron. — Un faux ménage littéraire : Linguet et Dorat; collaboration, rupture. — III. Expulsion des jésuites; le père Berthier; les *Plaintes d'un jeune jésuite.* — *Histoire du siècle d'Alexandre*; premiers paradoxes. — Linguet aide de camp; voyage en Espagne avec le prince de Beauvau. — IV. Projets d'industrie; voyage en Hollande. — Séjour à Abbeville. — V. Démêlés de Linguet avec le mayeur Duval de Soicourt; les Douville de Maillefeu. — Linguet professeur; leçons au chevalier Lefebvre de La Barre. — VI. *Le Fanatisme des philosophes*; les *Réformes de la justice.* — Linguet quitte Abbeville pour entrer au barreau; un avocat sans illusions.

Linguet! Ce nom est resté dans les mémoires. Mais les plus érudits, l'entendant prononcer, rêvent quelques instants avant de retrouver un ou deux traits du personnage.

Ses *Mémoires sur la Bastille*, feuilletés d'une main

distraite dans les boîtes des quais, reviennent d'abord à l'esprit,… puis les souvenirs se précisent, et ce nom mince et affilé de Linguet finit par éveiller une image et une idée : l'image d'une vipère de la race la plus nuisible, armée du dard le plus acéré, l'idée type du pamphlétaire déchaîné dans la calomnie, de l'avocat malfaisant, aboyeur et vénal.

Linguet est donc un réprouvé, et encore de la dernière classe : un damné tombé dans l'oubli.

Que subsiste-t-il des quatre-vingts volumes qu'il a écrits de 1755 à 1793, des plaidoyers qu'il a prononcés dans les affaires les plus célèbres?

Qui croirait aujourd'hui que cet homme, effacé de l'histoire, a rempli l'Europe de son nom, du tapage de sa parole, de ses écrits et de ses aventures? Qui croirait que Voltaire a traité avec lui de puissance à puissance; qu'il a été un dieu pour Louis XVI, et le diable pour ses ministres qu'il ne cessait d'inquiéter; qu'il a tenu en échec le Parlement, l'Ordre des avocats, l'Académie française, le clan économiste et tout l'état-major de la philosophie; qu'il a fondé avec un succès immense le journalisme politique; qu'il a été, en un mot, l'objet d'une des plus bruyantes renommées du XVIIIe siècle?

Quand on suit sa trace dans les catacombes de l'histoire, on est stupéfait d'un tel silence succédant à un tel fracas, à ce déluge de critiques, de libelles, d'accusations passionnées.

Depuis ses débuts jusqu'à la fin, jusqu'à la guillotine, nous le verrons, ferrailleur obstiné, porter sa belliqueuse et chétive personne, ses yeux de feu, son menton insolent, sa figure grêlée, sa voix de fifre nette et perçante sur tous les lieux de combat.

En 1788, au lendemain du coup d'État de Lamoignon qu'il avait inspiré, sa célébrité était universelle. Ses traits mêmes étaient populaires; il figurait au musée de cire entre Voltaire et le roi de Prusse, et sa statuette se vendait dans les rues.

En 1786, à sa dernière plaidoirie, tout Paris se pressait pour l'entendre; la foule envahissait la Grand'Chambre du Parlement; les dames d'honneur de la reine, placées dans la lanterne du premier Président, l'applaudissaient en pleine audience. Et, à la sortie, un écolier du collège d'Harcourt, un instant séparé de son précepteur, était écrasé par la foule qui portait à son fiacre Linguet triomphateur. Et le cocher (gloire suprême!) criait avec le peuple en fouettant ses trois chevaux : « Vive Linguet! qu'il a d'esprit! »

Plus tard, après sa mort, vers 1801, on publiait encore des *Linguetiana*, recueils de ses traits, de ses pensées et de ses paradoxes, ornés à la première page de son fin et méchant profil, au-dessous duquel se lisait le mot de Voltaire : « Il brûle, mais il éclaire ».

Il existe un portrait de notre héros, exécuté par Greuze. Un tel modèle ne convenait guère à cet artiste doux et tendre. Comment traiter Linguet en pastorale? Greuze y a pourtant réussi. Il en a fait un berger rêveur, un joli homme sensible.

En réalité, Linguet était laid, petit et maigre, nerveux et saccadé d'allures. Il faut le voir de profil, avec son front vaste et un peu fuyant, un front à la Montesquieu; les sourcils relevés très haut, le nez sec, les lèvres minces et sinueuses, et, sous les dents serrées, un diable de menton qui était tout l'homme. On a défini le lion : « une mâchoire sur des pattes ».

Tout Linguet est dans la mâchoire : elle avance, elle broie, elle mord.

Cet outrecuidant visage est vivement rendu dans une estampe allégorique où Linguet apparaît ombragé de lauriers. Auprès de lui, l'artiste a dessiné quelques volumes : ce sont les œuvres de Cicéron et de Démosthène; à côté de ces volumes, discrètement clos, s'étale un livre largement ouvert, sur lequel on lit : « Plaidoyers et Mémoires pour le comte de Morangiès, 1772-1773 ». Cette effigie triomphale fait bien ressortir aux yeux la gloire dont Linguet a joui durant une période de dix ou quinze ans. Quand on a pu saisir le fil de cette existence étrange, pleine de détours brusques, de péripéties inattendues, on fait à la suite de Linguet un voyage à bâtons rompus à travers toutes les branches de l'activité intellectuelle d'une époque : histoire, politique, philosophie, sciences, barreau, journalisme, il a touché à tout, et a partout récolté des succès éclatants, et des scandales plus éclatants encore.

Son existence est le roman d'un aventurier supérieur, grand homme fourvoyé, destiné au premier rang par des facultés prodigieuses, et réduit par ses fautes aux équipées d'un capitaine Fracasse.

Comment cette physionomie si curieuse, si originale, a-t-elle pu disparaître si complètement?

Deux raisons, nous semble-t-il, expliquent ce naufrage.

Linguet était au fond de l'âme un réfractaire, un insurgé. Sa vie est la révolte d'un esprit vigoureux et désordonné contre les idées de son temps. Tantôt il devance le siècle, et dans ses vues hardies et prophétiques dépasse la Révolution elle-même, se fait notre contemporain. Tantôt, avec non moins d'audace, il fait machine arrière, et lutte ainsi obstinément, sans trêve, contre tous les partis, toutes les gloires officielles, toutes les opinions reçues. Il se fait à ce jeu des ennemis puissants dont le nombre grossit à mesure que sa vie se déroule. Quant aux amis, aux affections qui s'offrent, il arrive toujours à les lasser par le soupçon, à les rebuter par ses violences.

Les insurgés de race ne désarment jamais. S'ils ont des partisans, ils les maltraitent, les éloignent. Quand ils ont tiré sur leurs adversaires, ils tirent sur leurs propres troupes, car leur essence est de guerroyer.

Aussi Linguet passe seul et farouche dans les milieux où le portent les hasards de sa carrière. Il n'appartient à aucun salon, à aucune dame de lettres; il n'a point de coterie, de chapelle où son talent soit érigé en dogme; il ne laisse point de disciple intéressé à recueillir ses souvenirs, à perpétuer pieusement son culte.

Puis, l'oubli dans lequel Linguet a sombré a une autre raison, la meilleure peut-être. C'est que ses innombrables écrits, fiévreusement produits au cours d'une vie de lutte et de bataille, ont été presque tous des œuvres de circonstance, des actes plutôt que des écrits. Le grand bruit fait autour de ces pages hâtives : mémoires, polémique, plaidoyers pleins de verve et d'idées neuves, s'est éteint comme s'éteint le cliquetis des armes à la fin d'un combat. Et pour faire revivre ces œuvres ensevelies, pour les éclairer à nos yeux, il faut ressusciter autour de chacune d'elles les circonstances qui les ont fait naître, découvrir le but auquel elles ont tendu.

Nous allons l'essayer. Cela en vaut la peine, car de toutes ces poussières dispersées et de tant d'éléments disparates, nous arriverons peut-être à faire surgir une des plus originales figures de la fin du xviiie siècle, une de celles en qui se reflète le mieux le tumulte, le chaos d'idées, des quelques années fiévreuses qui ont précédé et préparé la Révolution.

I

A Reims, ville royale, hautaine et froide, Linguet naquit d'une chétive famille de robins. Le hasard voulut que ce futur démolisseur de la Bastille fît son entrée dans le monde un 14 juillet.

Le lendemain, son parrain et sa marraine, M. et Mme Simon Le Marteleur, le présentèrent aux fonts baptismaux de la paroisse Saint-Hilaire [1].

M. Lancelot Bourguet, prêtre, docteur en théologie, inscrivit sur ses registres les noms de Nicolas-Simon-Henry Linguet, et celui-ci se trouva de la sorte introduit dans la vie sociale comme Champenois et chrétien, l'an de grâce 1736.

Son père était un bourgeois de petite robe, simple greffier de l'Élection, issu d'une lignée obscure de fermiers, de praticiens et gardes-notes « ès bailliage de Vermandois », gendre d'un procureur au présidial de Reims [2].

Mais ce greffier avait son roman : des débuts de

---

1. Les biographies locales font remarquer que trois Rémois célèbres : Colbert, Linguet et Pluche, sont nés sur la paroisse Saint-Hilaire.

2. Une partie des détails que nous donnons sur les origines et la parenté de Linguet est tirée de documents inédits qui se trouvent à la Bibliothèque de Reims. Voir page 16.

professeur, de lettré, des aventures de mystique,... le tout enrayé brusquement par une lettre de cachet.

Cela serait curieux à connaître par le menu, à démêler patiemment, afin de lier le fils au père, de bien noter le trait héréditaire, peut-être la névrose, le détraquement familial. Mais les documents font à peu près défaut.

Nous savons pourtant que le père de Linguet, né en 1690, avait été un humaniste de premier ordre, élève et bientôt professeur de seconde au collège de Navarre à Paris. Ce digne régent voyait s'ouvrir devant lui une carrière convenable, la sage destinée d'un amateur de vers latins, lorsque, sans rime ni raison, il tourna au jansénisme furieux, puis aux visions, à la magie, enfin aux convulsions du diacre Pâris.

Une lettre de cachet mit bon ordre à ces fantaisies, le fit descendre de sa chaire en 1731, et l'exila en Champagne, où il s'établit déjà mûr, et prit femme en 1734.

« Ainsi, s'écriera plus tard notre Linguet, je suis « né sous les auspices d'une lettre de cachet. Mon « père fut martyr du despotisme exileur, comme son « fils l'a été du despotisme *rayeur*[1]. »

Maté, exilé et marié, l'ancien régent, malgré son âge, allait être un vigoureux époux. D'abord naissent deux filles, puis notre Henry Linguet. La mère meurt en 1738[2]. Cinq mois après, l'impétueux greffier con-

1. *Notice pour servir à l'histoire de la vie et des écrits de S.-N.-H. Linguet. Liège, 1781. Par Devérité.* Linguet fait allusion à sa radiation du tableau de l'Ordre des avocats au Parlement de Paris.

2. Elle s'appelait Marie Louis. On voit dans l'acte de son mariage, qui figure à la date du 2 mars 1734 sur les registres

tracte à quarante-huit ans une nouvelle union avec
Barbe Lallemant : et aussitôt filles et garçons de pleuvoir dru comme grêle [1]! Le bon abbé Lancelot Bourguet baptise sans relâche des petits Linguet. On en
peut compter sept sur le registre paroissial de 1739
à 1747. Et le dernier avait six mois à peine quand
le greffier trépassa, laissant à Barbe Lallemant la
finance d'un maigre office et dix enfants à élever.

Ainsi mourut Jean Linguet, ignorant que parmi
ces dix enfants allait surgir le héros tapageur de sa
lignée bourgeoise, digne héritier de son latin, de sa
mauvaise tête et de sa lettre de cachet.

Ce héros débuta, comme son père, par des triomphes scolaires. A Paris, dans ce collège de Navarre
où les souvenirs du professeur de seconde l'avaient fait
accueillir, Henry Linguet fut un élève merveilleux.
Il avait le latin dans le sang. Ce n'est pas lui qui eût
transgressé les règlements qui existaient alors dans
tous les collèges, et qui avaient pour objet principal
d'imposer la religion du latin, de régler avec rigueur
et minutie les cérémonies de ce culte dont Cicéron
était le Dieu. Les élèves ne devaient parler aux domestiques que latin ou grec, en ayant soin de s'abstenir
de toute expression vulgaire : « Linguæ popularis
« licentiâ ubivis abstineto »…. Et les maîtres, cela va
sans dire, ne devaient parler que latin à leurs élèves [2].

de la paroisse Saint-Hilaire, qu'elle était fille d'un procureur
au présidial de Reims. Elle avait au moment de sa mort à
peine vingt-huit ans.

1. Marie Louis était morte le 2 mars 1738. Le 12 mai 1739
était baptisé le premier enfant issu du mariage contracté par
Jean Linguet avec Barbe Lallemant.

2. *Règlement du collège d'Harcourt.* Bibliothèque nationale,
50 R, 40 *Pièce.*

Latin à part, qu'enseignait-on dans les 28 collèges de Paris au xviiie siècle?

« Des sottises », répond Daunou. « La philosophie du rien », ajoute de Maistre. Mais le latin, du moins, était fortement su, et n'avait plus, dès 1750, de secret pour Henry Linguet. Il fut, cette année-là, sacré « empereur de rhétorique » : c'est-à-dire qu'il obtint deux prix au concours général pour les versions grecque et latine, tandis que son camarade Dorat l'emportait sur lui en thème latin.

En 1751, Linguet distança tous ses rivaux, qui se nommaient, avec Dorat, Jacques Delille, Thomas et Dureau de la Malle. Il remporta les trois premiers prix de l'Université de Paris.

Les grands écoliers, les illustres ténors du latin et du grec dans la seconde moitié du xviiie siècle, sont La Harpe, Turgot, Linguet et Robespierre.

Le premier seul confina sa vie médiocre dans les bosquets prétentieux du Parnasse. Les trois autres, dans des camps opposés, devaient montrer des âmes de révolutionnaires. C'est là, malgré les différences profondes de nature, de race, le trait commun qui les unit.

Ils ont connu le grand éclat, le désastre, la fin tragique. Turgot seul est mort dans son lit des suites d'une maladie ancienne : mais n'a-t-il pas succombé plutôt au regret incurable de ses plans méconnus, de son génie brisé?

Quant aux deux robins, à Linguet et à Robespierre, la place Louis XV a vu, à quelques mois de distance, rouler dans le panier les têtes sanglantes de ces deux « empereurs de rhétorique », dont l'un au moins avait goûté l'exquise jouissance littéraire d'être à son heure un vrai et terrible empereur.

A la différence de Turgot et de Robespierre, qui devaient débuter en jeunes gens bien sages, le premier comme substitut du Procureur général à Paris, le second dans le barreau d'Arras, Linguet du premier coup, à ses premiers pas dans le monde, allait choisir la carrière de l'insurrection. Jeté sans sou ni maille, sans protecteur, sans autre ami que Dorat sur le pavé parisien, nous allons lui voir afficher un dédain superbe des bons moyens, des moyens sûrs et classiques de parvenir.

Tandis que La Harpe, enfermé d'abord à Bicêtre pour des couplets d'écolier, comprend cette leçon de choses, s'assagit pour toujours et commence à s'insinuer dans les ruelles, à s'assurer de puissants amis; tandis que Morellet, son futur ennemi, son aîné de neuf ans, établit son escabeau littéraire près du trône de la « bonne maman », de Mme Geoffrin, Linguet prétendra arriver seul, à la force de ses poignets de réfractaire; il dédaignera les sentiers battus, les idées admises, et son premier soin en vue d'acquérir la gloire sera de rompre avec l'opinion qui la dispense.

Comment vivre, pourtant? Comment ravitailler la légion champenoise, le troupeau aux dents longues des frères et des sœurs?

Le barreau inspire à Linguet une vive répugnance; les offices, les charges de judicature ne s'acquièrent qu'à chers deniers. Un instant, il a l'idée de se faire ingénieur, d'entrer dans le corps des Ponts et Chaussées, auquel Perronet vient d'imprimer un essor plus vaste.... Cette idée pourrait surprendre et passer pour un des premiers paradoxes de notre héros, si l'on ne savait que Linguet avait toujours manifesté un penchant très marqué pour les études scientifiques. Toute sa vie, il devait garder le goût des mathématiques, surtout de la physique, qu'il courtisait par crises et sursauts, coupant ses plaidoyers, ses pamphlets, ses *Annales*, de gros mémoires sur la lumière ou sur le télégraphe aérien.

Finalement Linguet renonça aux Ponts et Chaussées, et, pressé par la faim, il se plia, non sans révolte, à suivre comme secrétaire M. le duc de Deux-Ponts, futur souverain du Palatinat et de la Bavière.

C'était un fort grand prince, et un original connu de toute l'Europe. C'est lui qui, à la nouvelle de l'attentat de Damiens, était parti en grande hâte de Deux-Ponts pour Versailles, où les courtisans l'avaient vu arriver en grosses bottes, sur un cheval de poste, claquant son fouet dans la cour du château [1].

D'ordinaire il ne voyageait pas en si mince équipage. Il allait de la cour de Versailles à la cour du roi Stanislas avec une suite des plus nombreuses, et son premier soin, quand il eut Linguet pour secrétaire, fut d'utiliser ce lauréat de concours général comme courrier et convoyeur.

Il le chargea un jour de surveiller force valets et coursiers qu'il appelait de France en Bavière, et Linguet, en cette circonstance, fut un intendant malheureux. En route un des chevaux mourut, ou fut volé par un laquais. A l'arrivée, ce laquais fort perplexe trouva plaisant et commode de déclarer que Linguet avait vendu l'animal et s'en était approprié le prix.

1. *Mémoires de Mme du Hausset*, p. 116.

L'accusation était ridicule, elle fut bientôt rétractée. Mais Linguet, transporté de colère, avait tenu au duc des propos peu mesurés. Il fut congédié et revint en France, aigri, furieux, et taché d'un soupçon infâme que ses ennemis devaient plus tard exploiter.

En effet, après quinze ans écoulés, il était établi, démontré et reçu à Paris comme chose certaine que l'illustre Linguet avait, à dix-huit ans, débuté dans la vie en volant un cheval. L'Ordre des avocats accueillait cette absurde légende, et le bâtonnier la consignait par écrit dans l'énumération des griefs du barreau contre l'avocat qu'on voulait rayer.

« Vous avez abusé de la confiance de M. le duc
« de Deux-Ponts dans le temps où vous lui étiez
« attaché [1].... »

Telle était en 1775 l'accusation nettement formulée contre Linguet.

« Je dois rendre au bâtonnier, écrivait-il plus tard,
« la justice qu'il a rougi en articulant ce grief. Il a
« observé qu'il le hasardait malgré lui, mais qu'on
« l'y forçait, a-t-il ajouté en désignant quelques
« membres de l'assemblée, auxquels l'évidence et la
« simplicité de mes réponses donnaient des convul-
« sions.

« J'ai d'abord déclaré que le fait était faux; j'ai
« sommé mes prétendus juges de me nommer des
« témoins pour les faire rétracter devant eux, ou les
« poursuivre devant les tribunaux. On m'a dit qu'on
« ne nommerait personne. J'ai répliqué qu'en ce cas
« je croyais l'assemblée trop équitable pour s'arrêter

---

1. *Supplément aux réflexions pour M° Linguet, avocat de la comtesse de Béthune*, p. 36, t. X des *Mémoires et Plaidoyers de M° Linguet, avocat à Paris.*

« un seul instant à un pareil grief que je ne pouvais
« détruire, puisqu’on refusait de le prouver.

« En sortant de l’assemblée j’ai envoyé chez M. le
« duc de Deux-Ponts pour le prier de me rendre
« justice : on a répondu qu’il était en Bavière. Si je
« ne puis pas me prévaloir de son témoignage, au
« moins est-il clair que mes ennemis sont dans la
« même impuissance.

« Mais d’ailleurs il y a dix-sept ans que j’ai quitté
« M. le duc de Deux-Ponts : j’en ai trente-huit.
« Quelle horreur d’aller ainsi chercher dans l’enfance
« inconnue d’un homme à qui, depuis dix ans qu’il
« est sur un théâtre malheureusement trop brillant,
« il est impossible de reprocher l’ombre d’une action
« suspecte! que ne va-t-on encore un peu plus haut?
« On trouverait peut-être bien d’autres griefs! —
« Mᵉ Gerbier, en plaidant contre le marquis de Bru-
« noy, a bien cru pouvoir mettre publiquement au
« nombre des motifs d’interdiction la fureur avec
« laquelle ce marquis avait mordu à l’âge de cinq
« ans l’oreille d’un laquais qui le portait. Ses par-
« tisans et amis pourraient bien aujourd’hui décou-
« vrir que j’ai battu ma nourrice, et alors je méri-
« terais d’être rayé sans difficulté [1]. »

Il y a des hommes dont la défense n’est jamais
écoutée, et l’opinion s’inquiète peu de la qualité ou
de la quantité des preuves pour créer à son gré des
innocents ou des coupables.

Cette absurde légende qui veut que Linguet ait volé
un cheval n’est fondée sur aucun document, sur aucun

1. *Supplément aux réflexions pour Mᵉ Linguet, avocat de la
comtesse de Béthune*, p. 36, t. X des *Mémoires et Plaidoyers
de Mᵉ Linguet, avocat à Paris.*

témoignage. Le plus honnête, mais non le moins ardent des ennemis de Linguet, Brissot, s'est élevé contre elle avec indignation.... Qu'importe! La légende existe. Nous verrons à quel point Linguet en a souffert.

II

Notre héros avait été mal inspiré en entrant au service du duc de Deux-Ponts; il le fut plus mal encore lorsqu'en 1754 il se mit en ménage avec son camarade Dorat.

Ils étaient du même âge, ambitieux et pauvres. Linguet avait abandonné son maigre droit héréditaire à ses frères et sœurs, moyennant une petite rente annuelle dont il ne toucha jamais les arrérages. C'était donc une association amicale en vue de la gloire et du pain que formaient les deux condisciples.

Ce couple bohémien s'installa près des Halles, dans un petit logement situé au fond du cul-de-sac de Rohan. Là ils s'escrimaient en vers et en prose, profondément obscurs, dépourvus d'un grade quelconque dans le mandarinat des hommes de lettres : Dorat avec sa fatuité naissante, ses langueurs de berger, ses poses de futur mousquetaire; Linguet avec la rage et l'obstination d'un gros travailleur, avec la conscience orgueilleuse d'une vraie force intellectuelle qu'il ne savait ni contenir ni diriger.

Pendant cette période de leur vie commune, qui devait durer quelques années, les deux amis s'asseyaient souvent à la table plus que joyeuse de l'important, du riche, du détesté Fréron. Dans ce milieu

de spirituels excommuniés, à côté du prince d'Hénin,
de Palissot, de Duport du Tertre, Linguet plaisait,
éblouissait par ses mots à l'emporte-pièce, ses idées
audacieuses et sa verve sans frein. On daubait ferme
en petit comité sur les clans officiels, sur les dieux et
déesses de l'Encyclopédie.

Ce Fréron dont les traits exaspéraient Voltaire, ce
« vil Fréron » que des travaux récents ont expliqué,
désenlaidi, a exercé sur Linguet une dangereuse
influence. Linguet n'avait que trop de fiel, de bile
dans le sang, trop de penchant à critiquer, à prendre
d'instinct et avec passion le contre-pied des idées
reçues. De telles relations achevèrent de le rendre
insociable, amer et soupçonneux.

Dans ce milieu ironique, Dorat se sentait mal à
l'aise. Les tourterelles de Zulmis gémissaient en un
pareil nid, entre Fréron et le quinteux Linguet.

Ce dernier persistait à se croire poète. Il versifiait
pour son propre compte, et aussi pour le compte de
Dorat. Il lui rendait un service signalé en refaisant sa
Zulica, une tragédie niaise, qui avait échoué d'abord,
et réussi ensuite grâce aux retouches de Linguet.

Si mince et puérile que soit cette anecdote littéraire,
elle a sa glose et ses commentateurs. Des critiques
très sérieux ont voulu enlever à Linguet, et attribuer
au vieux Crébillon, la gloire minime d'avoir porté
secours à la Muse en détresse de Dorat! Nous n'insis-
terons pas sur ce point d'histoire, et nous sommes
prêt à reconnaître que Linguet n'était guère poète,
bien qu'il rimât avec une facilité déplorable, secouant
toutes ses guenilles de rhétoricien couronné dans des
épîtres, des odes, voire même des tragédies.

Il eut pourtant, à vingt-deux ans, comme auteur

dramatique, son heure, ou, si l'on veut, sa minute de succès. Le 27 septembre 1758, sa pièce intitulée *les Filles-Femmes*, parodie de l'*Hypermnestre* de Lemierre, fut jouée et applaudie.

Ce triomphe éphémère n'a trouvé qu'un écho : M. Henry Martin[1], le plus consciencieux des biographes de Linguet, a déclaré il y a trente ans que les *Filles-Femmes* étaient une pièce excellente, et qu'on y rencontrait même un dialogue « qui se lirait avec « plaisir dans Molière ! ». Or ce dialogue débute ainsi :

> Les femmes ont, monsieur, dans le siècle où nous sommes,
> Un merveilleux talent pour attraper les hommes.

On devine le reste !

Hâtons-nous de passer l'éponge sur ces péchés de la vingtième année, péchés en vers, péchés en prose, car le *Voyage au labyrinthe du Jardin du roi*, œuvre commune de Linguet et de Dorat, publiée en mars 1755 dans l'*Année littéraire* de Fréron, n'était digne que de l'oubli.

Enfin Dorat et Linguet rompirent la chaîne qui les unissait. Leur faux ménage littéraire prit fin, par bonheur pour l'un et pour l'autre. Le temps perdu, les forces dispersées dans sa collaboration avec le

---

1. M. Henry Martin, qu'il ne faut pas confondre avec l'auteur de l'*Histoire de France*, a écrit une très consciencieuse *Étude sur Linguet*, couronnée en 1861 par l'Académie de Reims. Il était le petit-neveu de Lequesne, ami et homme d'affaires de Linguet, dont le nom reviendra souvent dans notre récit. M. Henry Martin a fait don à la Bibliothèque de Reims d'un grand nombre de documents inédits relatifs à Linguet. Nous avons pu puiser à cette source, grâce à l'extrême obligeance de M. Pâris, un des membres les plus éminents du barreau de Reims, de MM. Courmeaux et Jadart, conservateurs de la Bibliothèque de Reims, et de M. Duchénoy.

poète mousquetaire, n'eussent été pour Linguet
qu'un médiocre dommage, sans un incident déplorable qui envenima la rupture et en dénatura les
motifs.

Dorat accusa Linguet de lui avoir volé cent louis !

Cent louis soustraits au besogneux poète auquel
on ne connut jamais une livre vaillant ! Cent louis
soustraits à Dorat, qui vécut toujours à la Villon,
et mourut insolvable malgré les générosités de
Beaumarchais !

L'accusation est tellement énorme, invraisemblable, que les pires ennemis de Linguet n'y ont
jamais cru ; mais sans y croire, ils l'ont exploitée.
La bourse de Dorat est allée rejoindre le cheval du
duc de Deux-Ponts dans le catalogue des infamies
reprochées à Linguet.

C'est en vain que Dorat a désavoué le fait dans
une lettre publiée par le *Journal de Politique et de
Littérature* [1]. La calomnie a persisté ; elle a grandi.
Bien des fois dans sa vie, Linguet a dû lutter contre
elle, et le fait seul qu'il eût à protester a laissé,
comme il arrive toujours en pareil cas, subsister un
soupçon.

A la mort de Dorat, en 1780, Linguet publia dans
ses *Annales* [2] l'oraison funèbre de son ancien compagnon.

« La nature, dit-il, l'avait doué pour la versifica-
« tion d'une excessive facilité ; des grâces dans l'es-
« prit, un coloris séduisant dans l'expression, une
« abondance singulière de mots si adroitement placés

1. *Mémoires de Brissot*, p. 80, et *Notice de Devérité*, p. 9.
2. *Annales politiques, civiles et littéraires du* XVIIIe *siècle,*
ouvrage périodique par M. Linguet, t. VIII, année 1780, p. 50.

« qu'ils tiennent quelquefois lieu d'idées.... La fin de
« sa vie parait avoir été amère. Dans ses dernières
« années, pressé, à ce qu'on dit, par le dérangement
« de sa fortune, il s'était chargé d'un ouvrage pério-
« dique : il avait acquis le privilège du *Journal des*
« *Dames.* Journal infortuné qui, avec un titre fait
« pour assurer des succès, n'a jamais essuyé que des
« désastres. Il fut bientôt obligé de l'abandonner.
« Depuis ce moment il a langui jusqu'à sa mort, sans
« avoir participé aux faveurs pécuniaires du gou-
« vernement (auxquelles il avait droit par sa détresse,
« par la douceur de ses mœurs, par ses travaux), ni
« aux honneurs de la littérature, dont le désir le con-
« sumait. M. Dorat se regardait comme exclu de l'Aca-
« démie Française, et en effet il l'était, par un décret
« clandestin des chefs de cette synagogue; mais, mal-
« heureusement pour lui, il ne pouvait ni se consoler
« d'en voir la porte fermée, ni se plier à l'esclavage
« qui la lui aurait ouverte. Il était également inca-
« pable de l'orgueil qui dédaigne cette couronne
« avilie et du dévouement servile qui la procure. Sa
« proscription a été irrévocable, et on me marque
« que cette douleur a contribué beaucoup à abréger
« ses jours. »

On voit que ce morceau ne contient aucune allusion aux rapports de l'auteur des *Annales* avec son
ancien condisciple, ni à la légende injurieuse que
nous venons de raconter. Une telle réserve n'était
pas sans mérite, car, sans parler de toutes ses conséquences futures, l'histoire des cent louis avait
causé à Linguet un grave préjudice au moment
même de sa rupture avec Dorat. Cette calomnie
l'avait empêché d'être agréé comme secrétaire par

le duc de Chaulnes, et d'aller avec lui en Égypte.
Ce seigneur pouvait-il admettre dans sa suite un
jeune poète, moins connu par ses productions littéraires que par sa manie regrettable de dérober des
chevaux et des sommes d'argent?

III

Linguet avait vingt-six ans lors de sa rupture avec
Dorat; et cet événement minuscule se produisit au
seuil d'une année célèbre dans l'histoire du xviiie siècle:
l'année 1762.

Cette année-là s'ouvrit par un dernier triomphe
du vieil esprit janséniste : les jésuites furent expulsés
par le Parlement.

L'arrêt fut accueilli avec un enthousiasme universel. Les philosophes étaient ravis. Les salons qui,
cent vingt ans plus tard, dans une crise analogue,
devaient se déclarer pour les jésuites, se pronon-
çaient cette fois résolument contre eux. Leur expulsion était à la mode, conforme au goût du jour; il
était de bon ton « d'affranchir la pensée humaine ».

« Voilà une des plus fameuses époques de la
« République des lettres, disaient les *Mémoires*
« *secrets*. Les jésuites ferment leurs collèges dans le
« ressort, et les arrêts du Parlement sont exécutés
« aujourd'hui [1]. »

A la foire Saint-Ovide, les camelots du temps
vendaient l'« article de Paris » : une statuette de

---

1. *Mémoires secrets*, t. I, p. 67.

cire habillée en jésuite, ayant pour base une coquille d'escargot; au moyen d'une ficelle on faisait rentrer le jésuite dans sa coquille.

« C'est une fureur, disaient les *Mémoires secrets,* « il n'y a point de maison qui n'ait son jésuite. »

Mais tout à coup, dans cette même année, l'apparition de l'*Émile* et du *Contrat social* vint causer une émotion bien autrement profonde! Rousseau bouleversa tous les esprits, s'empara de toutes les âmes.

Devant ce triomphe de l'esprit nouveau, les Parlementaires furent pris de terreurs et de perplexités. Ils voulaient bien paraître libéraux, expulser les jésuites, agacer le Dauphin, sourire à l'opinion; mais à la condition de rester finalement les maîtres et de garder pour la robe le bénéfice de ces expéditions. Or tout craquait autour de la Grand'Chambre; les livres annonçaient d'autres révolutions, plus profondes et plus tragiques que les révolutions de « Messieurs ». Avaient-ils fait imprudemment le jeu de l'irréligion et de la philosophie?

Les magistrats, pris de vertige, résolurent alors de faire face à tous leurs adversaires, de les brûler pêlemêle. Au bas du grand degré du Palais de justice, on vit tous les matins l'huissier et le bourreau se livrer de concert à une étrange besogne. Ils allumaient sans relâche de petits fagots, et livraient à la flamme, fort équitablement, tantôt le *Contrat social* ou l'*Émile,* tantôt l'*Instruction pastorale* de l'ami des jésuites, de l'archevêque de Paris.

On sait qu'avec tout ce papier le Parlement eut soin, en 1762, de jeter au bûcher quelques personnes vivantes, telles que Calas et le pasteur Rochette.

Linguet, on le devine, ne fut pas un des moins agités dans cette année de crise.

Il fallait être d'un parti, choisir entre les philosophes, les jésuites ou le Parlement. Linguet, que son tempérament, sa hardiesse intellectuelle, paraissaient destiner aux témérités de l'avant-garde dans le parti de l'avenir, se prononça pour le passé, pour la réaction, pour les jésuites.

Cette erreur initiale, qui a pesé sur sa vie, et peut-être faussé son talent et son œuvre, lui fut dictée par son milieu, par Fréron, par le père Berthier, qui paraît avoir exercé sur lui, dans les années de début, une réelle influence [1].

C'est ce jésuite sans doute qui inspira à Linguet l'idée malencontreuse d'écrire en 1762 quelques brochures en faveur de la Compagnie, et surtout une épître, en vers fort ridicules, sur le même sujet.

Cette épître exhalait la plainte d'un jésuite expulsé. L'infortunée victime des décrets parlementaires s'expliquait d'abord sur le régicide :

> Vous nous croyez une troupe insolente
> Faite pour attenter aux jours sacrés des rois....

Et le poète de protester, bien entendu, contre une si cruelle accusation ! Il faisait remarquer que, si le dernier des Valois avait été assassiné par un moine, ce moine n'était pas un jésuite, mais un dominicain !

---

1. Ce père Berthier était un jésuite fort érudit, mais encore plus remuant. Il s'occupait moins de sa *Réfutation du Contrat social* que d'intrigues complexes et savantes dans l'entourage du Dauphin et du Roi. Il eut l'art de survivre à sa Compagnie. On le nomma garde de la Bibliothèque royale, et bientôt adjoint à l'éducation du duc de Berry.

L'argument n'était pas heureux, car le chemin
n'est pas long de Henri III à Henri IV, et de Clément
à Jean Châtel.

Ensuite, dans quelques strophes véritablement
comiques, le jésuite expulsé s'interrogeait avec
angoisse sur la carrière qu'il pourrait bien entreprendre :

> Viens donc, vil intérêt, viens gouverner ma vie,
> Viens tendre dans mon cœur tes ressorts tout-puissants!
> A quels autels faut-il que ma main sacrifie?
> Voyons à qui je dois présenter mon encens.
> . . . .
> Irai-je, de mon être oubliant la noblesse,
> D'un riche dédaigneux courtiser la bassesse?
> Le fatiguer, l'enivrer de fumée....
> Perdre pour un repas toute ma renommée?
> Faudra-t-il, apprenant au sein des Facultés
>   A rédiger une ordonnance,
>   Vendre chèrement l'espérance
>   Aux malades épouvantés!
> Ministre de la mort, tyran de la nature,
> Assassiner par art, guérir par conjecture.
> . . . .
> Faudra-t-il à Thémis consacrant mes talents,
> Du dédale des loix sans en trouver l'issue
>   Parcourir la route inconnue;
>   Et, novice après quarante ans,
>   Avec une éloquence aisée,
>   Débiter quelque phrase usée,
>   Devant des sénateurs dormants?...

« Quoique ces vers, dit Devérité [1], dussent flatter
« l'ex-jésuite Berthier, il trompa cependant M. Lin-
« guet dans ses espérances, et ne lui abandonna pas
« son privilège au Journal de Trévoux [2]. »

1. *Notice*, p. 16.
2. Le *Journal de Trévoux*, très lu, très suivi, et remarquable-

Après cette équipée, sans profit et sans gloire, pour la Société de Jésus, Linguet publia, en juin 1762, une *Histoire du siècle d'Alexandre* [1]. La *Correspondance* de Grimm et les *Mémoires secrets* saluèrent en passant ce volume :

« M. Linguet, jeune historien, dirent les *Mémoires « secrets*, donne au public un ouvrage qui n'a pas « assez mûri dans le silence du cabinet : c'est l'*His- « toire du siècle d'Alexandre*. On se doute bien que « l'histoire du siècle de Louis XIV lui a servi de « modèle, et c'est un malheur. Au reste, comme une « histoire, quoique médiocre, n'est pas à dédaigner, « on lit celle-ci avec quelque plaisir, et elle est assez « bien écrite. »

Le compliment était mince, mais à peu près courtois. Grimm se montra désobligeant :

« On a voulu, dit la *Correspondance*, faire une « réputation à une *Histoire du siècle d'Alexandre*, de « Linguet. Je ne trouve dans cet ouvrage que beau- « coup de prétention à l'esprit philosophique, et un « fort mauvais style. »

Le style de l'*Histoire du siècle d'Alexandre* n'est pas bon, à coup sûr. Il est lourd, il s'attarde en des phrases démesurées, au lieu d'offrir la verve, le tour spirituel et passionné, le ton indépendant et tout moderne qui marqueront plus tard les écrits de Linguet. Néanmoins ce livre de début est curieux à plus d'un titre.

ment rédigé avant 1762, tomba platement après l'expulsion des jésuites et le départ du père Berthier. L'assertion de Devérité ne tranche nullement la question de savoir si Linguet fut réellement candidat à ce privilège, et si c'est en vue de l'obtenir qu'il écrivit des vers et des brochures favorables à la Compagnie.

1. *Histoire du siècle d'Alexandre.* Amsterdam, 1762.

D'abord il s'y trouve quelques pages uniques dans l'œuvre de Linguet, quelques pages pleines de modestie, de respect pour les autorités constituées!

« J'entre dans la carrière des lettres, dit l'auteur,
« et j'ai à peine vingt-cinq ans. Je ne fais cet aveu
« que pour montrer aux gens sensés que je suis
« encore dans l'âge de recevoir des avis et d'en pro-
« fiter. Je ne me dissimule pas les dangers qui entou-
« rent le parti que j'ose embrasser. Je sais que la
« littérature, avilie par les excès révoltants de plu-
« sieurs de ceux qui la cultivent, a cessé d'être un
« art estimable aux yeux de bien des gens. Je ne con-
« damne personne. Je suis aussi éloigné de la satyre
« que de l'adulation; mais j'ose prendre avec le public
« un engagement solennel *de ne jamais souiller ma*
« *plume par des personnalités*; de ne me permettre
« dans l'histoire rien qui puisse blesser la vérité ou
« l'affaiblir, et d'avoir en même temps le respect le
« plus profond, le plus sincère, pour la religion, le
« gouvernement et les mœurs. »

En parcourant cette préface, l'excellent roi Stanislas, auquel le livre était dédié, dut penser que l'auteur, qu'il avait entrevu à sa cour, était un bon jeune homme de lettres, destiné à suivre timidement le grand chemin de la littérature officielle, de l'académique littérature à dédicaces et à pensions.

Mais les premières pages de l'*Histoire du siècle d'Alexandre* contrastent singulièrement avec les douceurs de l'avant-propos!

« Si tous les hommes étaient sages, dit Linguet,
« peut-être sauraient-ils mieux apprécier les louanges
« qu'on donne aux conquérants. Ils n'y verraient que
« le langage de la faiblesse qui cherche à désarmer la

« cruauté. Ils n'attacheraient point la gloire à ce titre,
« que bien des Rois croient malheureusement néces-
« saire à leur grandeur; et l'histoire vengerait un peu
« le genre humain. Je ne crois pas qu'il y ait jamais
« eu de tyrans dont les caprices soient devenus aussi
« funestes à l'humanité que la valeur d'Alexandre
« ou de César. La cruauté tranquille et réfléchie des
« Tibères, des Nérons, des Domitiens, ne privait
« Rome que d'un petit nombre de citoyens dans
« une longue suite d'années. Mais une seule bataille
« comme celle d'Arbelles ou de Pharsale coûtait plu-
« sieurs milliers d'hommes au monde, et dépeuplait
« des pays entiers.

« Quelques historiens ont osé louer César d'avoir
« fait périr un million d'hommes dans les combats.
« Si cela est, le genre humain n'a point eu d'ennemi
« plus impitoyable. Caligula, Commode, Éliogabale
« ont été près de lui des prodiges de douceur et de
« clémence. »

Ceci est du Linguet. Sa vraie nature, sa liberté
d'esprit, sa tendance frondeuse commencent à percer.

Il y avait bien quelque courage à médire des rois
belliqueux, au moment où l'Europe venait en six
années de perdre un million d'hommes sur les
champs de bataille. Mais à cela personne ne prit
garde. Ceux qui lurent l'essai du jeune écrivain
furent choqués de la hardiesse familière avec laquelle
il maltraitait César et Alexandre.

L'histoire de jadis était une personne majestueuse
et mal informée, habile à broder d'adjectifs ses
thèmes rebattus, susceptible à l'excès dès qu'on
touchait à ses croyances, c'est-à-dire aux légendes
qu'elle avait accueillies. Tout document lui semblait

une offense, toute nouveauté une erreur : l'histoire avait « son siège fait ».

Par exemple, elle classait certains monarques en deux groupes, le groupe des « héros » et le groupe des « monstres ». Ces pauvres rois, dûment étiquetés dans le musée Tussaud de l'histoire officielle, n'offraient plus rien d'humain, de divers, de complexe; ils étaient un geste, une attitude, le masque d'un démon ou la statue d'un dieu.

En dérangeant d'une main téméraire quelques draperies de ces vieilles statues, Linguet se mit d'emblée hors du troupeau des bons esprits, des candidats sortables à la gloire d'Académie. D'abord inaperçues, ses audaces devaient être plus tard recueillies, aggravées, serties avec délices par ses ennemis. Comparer les tueries d'Alexandre ou de César à celles de Néron, n'était-ce pas, au fond, faire l'apologie du meurtrier d'Agrippine?

« Apologiste de Néron! » ce mot servit bientôt à condamner Linguet, à résumer ses crimes!

Comment et dans quels termes l'aurait-on pu flétrir s'il avait écrit l'histoire avec notre indépendance moderne, s'il avait parlé de Néron avec le scepticisme détaché de Renan, et si, comme l'auteur de *l'Antéchrist,* il avait dit du monstre : « Il était loin « d'être dépourvu de tout talent et de toute honnê- « teté, ce pauvre jeune homme enivré de mauvaise « littérature et grisé de déclamation... »?

Mais cela est d'hier, et Linguet commençait à écrire en 1762. Il eut du premier coup le tort immense de se séparer de son temps.

L'*Histoire du siècle d'Alexandre* ne lui ayant rapporté pour tout bénéfice qu'un coup de patte de

Grimm, Linguet songea pour la seconde fois à quitter Paris, et se fit attacher « comme aide de camp pour « le génie » au prince de Beauvau, commandant des troupes qui allaient en Espagne.

Un des pamphlets les plus méchants que Linguet ait inspirés : l'*Essai sur la vie et les gestes d'Ariste* [1], donne quelques détails sur la campagne de notre héros en Espagne et en Portugal. Les exploits de cet aide de camp n'eurent pas, à vrai dire, une allure fort militaire. C'est, dit-on, d'Alembert qui l'avait désigné au prince de Beauvau. Le célèbre ami de Mlle de Lespinasse avait en effet la spécialité de placer de jeunes hommes de lettres auprès des grands seigneurs, comme précepteurs ou secrétaires. Ce n'étaient point des capitaines, et Linguet le prouva bientôt, en s'occupant beaucoup moins d'assauts et de batailles que des œuvres de Calderon, qu'il vit représenter à Madrid, et pour lesquelles il se prit d'un bel enthousiasme.

Il conçut alors le projet, réalisé plus tard, de traduire en français les chefs-d'œuvre du théâtre espagnol.

Après cette campagne peu belliqueuse, Linguet quitta le prince de Beauvau en 1763, à l'heure où l'établissement de la paix fit rappeler et dissoudre le corps d'Espagne.

Mais cette séparation, fort naturelle, n'alla pas sans une légende que d'Alembert, brouillé plus tard avec Linguet, tenta d'accréditer, et que rapporte, avec force détails le méchant *Essai sur la vie d'Ariste.*

---

1. *Essai sur la vie et les gestes d'Ariste.* Paris, 1789 (sans nom d'auteur).

Quand Linguet, dit l'auteur anonyme, fut parti
pour l'Espagne, d'Alembert n'entendit plus de fort
longtemps parler de lui. Enfin il reçut une lettre
datée de Saint-Jean-Pied-de-Port :

« Ariste lui mandait que le prince de Beauvau
« l'avait renvoyé, que des voleurs l'avaient dévalisé
« et, pour comble de malechance, avaient avec son
« bien ravi trois mille écus dont il était dépositaire....
« C'était un conte à dormir debout, et d'Alembert plus
« tard s'en était assuré auprès du prince de Beauvau. »

Ainsi, dans sa jeunesse, Linguet aurait successivement volé ou détourné un cheval, cent louis, et
trois mille écus ! La progression dans le crime étant
ainsi manifeste, il semble que nous entreprenions
l'histoire d'un repris de justice, plutôt que celle d'un
orateur et d'un écrivain !

La vérité est qu'aucune preuve de ces actes désho-
norants n'a jamais été rapportée. Mais Linguet, dans
sa carrière belliqueuse, a semé trop de médisances,
de traits ironiques, d'accusations impertinentes ou
féroces pour ne point récolter cette gerbe de calomnies. Ses querelles avec d'Alembert expliqueront
plus tard l'anecdote injurieuse dont l'écrivain anonyme s'est fait l'écho. Il suffit pour la démentir
de noter que le maréchal de Beauvau et sa famille
n'ont cessé, jusqu'à la veille même de la Révolution,
de donner à Linguet des preuves d'estime et de
sympathie.

<h2 style="text-align:center">IV.</h2>

Après l'Espagne et le Portugal, Linguet continua
à parcourir l'Europe, léger d'argent, anxieux de

l'avenir. Les projets les plus singuliers se succédaient dans sa cervelle. A Lyon, ce poète se mit à rêver d'industrie; il voulait créer une grande manufacture, exploiter l'invention qu'il avait faite d'un certain savon de suif fabriqué à froid !

Mais bientôt il abandonna cette idée, et se rendit en Hollande. Il sut dans ce pays observer et comprendre, noter ce qu'il voyait avec finesse et précision, et surtout avec un détachement remarquable de toute idée préconçue.

Plus tard, dans ses *Mémoires sur un objet intéressant pour la province de Picardie*, Linguet mit à profit son voyage en Hollande, parla de « ces Fla-
« mands que nous trouvons si épais, dont nos beaux
« esprits badinent avec tant de légèreté », et donna, en traits vigoureux, les raisons de leur supériorité commerciale.

En France, disait-il, on voit éclore en matière de commerce et d'agriculture une foule de recettes merveilleuses dont le seul défaut est d'être impraticables. Les auteurs entreprennent « de manier
« la charrue dans leur cabinet », et « sèment le grain
« avec économie sur leur table à écrire ». On voit partout « de petits hommes poudrés à blanc, curieux
« surtout d'étaler leurs dentelles, qui dissertent pro-
« fondément sur le semoir, ou qui méditent sur un
« article du *Gentilhomme cultivateur* [1] ».

Pendant ce temps, l'étranger nous devance et nous bat sur tous les marchés.

---

[1]. Ces extraits et les suivants sont tirés d'un *Mémoire sur un objet intéressant pour la province de Picardie*. Abbeville, chez Devérité, libraire, 1764.

« On ne nous parle que du papier et des livres de
« Hollande, des presses d'Amsterdam. C'est là que la
« science et l'esprit se vendent en gros. C'est là que
« l'on tient pour Francfort, Leipsig, Hambourg, des
« magasins toujours entretenus par la fécondité de
« nos écrivains. Les Hollandais se chargent d'y voi-
« turer nos pensées avec nos eaux-de-vie. L'esprit
« est pour eux une marchandise qu'ils font venir de
« France, comme ils tirent le poivre de Guinée, la
« cannelle de Ceylan, le tabac du Brésil. Nous faisons
« des livres comme les Chinois font de la porcelaine :
« ce sont les Hollandais qui se chargent de débiter
« les uns et les autres. »

A quoi cela tient-il? La main-d'œuvre « est en
« France à un taux dont aucun pays ne peut égaler la
« modicité ». Quant au papier : « c'est le papier fran-
« çais qui fait aller presque toutes les presses hollan-
« daises ». Dirait-on que ce qui fait pencher la balance
en faveur des Hollandais, c'est la grande liberté dont
jouissent leurs imprimeurs?

« Cela n'est pas vrai, dit Linguet. Cette liberté est
« celle dont on fait le moins d'usage à Amsterdam. Il
« s'y imprime infiniment moins de livres défendus
« qu'en France. Ce n'est presque jamais d'après les
« manuscrits que les imprimeurs hollandais travail-
« lent. Le fonds de leur commerce roule sur la con-
« trefaction des bons livres imprimés à Paris avec
« permission. Or, payant plus cher leurs ouvriers,
« devant acheter plus cher leur papier puisqu'ils le
« tirent de nos fabriques, ne pouvant commencer
« leurs éditions que quand les nôtres sont presque
« épuisées, comment se fait-il cependant qu'ils ven-
« dent plus de livres? Ils ont contre eux tous les

« obstacles, ce n'est donc qu'à force de patience et
« d'industrie qu'ils les surmontent. »

Et Linguet conclut que les succès des Hollandais
s'expliquent par la supériorité « de leur patience, de
« leur ténacité industrielle, de leur esprit d'initia-
« tive ».

« Chez nous, écrit-il encore, quand on propose au
« ministère quelque machine expéditive, on entend
« des cris s'élever contre l'inventeur. On craint de
« réduire à la mendicité tous les hommes dont les
« machines vont prendre la place. Ceux qui adoptent
« ces craintes puériles n'ont qu'à voyager en Hol-
« lande. Ils verront qu'il n'y a point de pays plus
« peuplé, qu'il n'y en a point où les hommes trouvent
« plus facilement à s'occuper, et où l'on ait cepen-
« dant imaginé plus de moyens de se passer de leur
« secours. »

Nous reviendrons bientôt sur ces idées, que Linguet
a traitées dans sa *Théorie des loix civiles* avec une
divination singulière de nos modernes questions
sociales.

Son voyage chez les Flamands avait accru sans
doute le bagage de ses réflexions et de ses connaissances, mais ne l'avait guère fixé sur le problème
ardu de sa propre destinée.

Il revint en France, toujours philosophant; et, au
mois de septembre 1763, passant par Abbeville, il
eut l'idée de séjourner dans cette cité, à laquelle
aucun lien de famille ou d'amitié ne l'attachait.

Le hasard voulut que cette fantaisie tournât à
l'avantage de notre vagabond héros, l'aidât à orienter
sa vie, et exerçât sur elle une durable influence.

V

Au début toutefois l'aventure faillit mal tourner. La capitale du comté de Ponthieu était une cité fermée, fière de ses antiques franchises communales, industrieuse, active, mais fort soupçonneuse à l'endroit des nouveaux venus.

Le séjour de Linguet excita la curiosité, puis une vague défiance. Que voulait cet étranger de mine fureteuse et de piètre équipage? Il vivait solitaire, paraissait soucieux et mécontent. Bien qu'il n'eût dans la ville aucune affaire, aucune relation, on le voyait aller et venir, l'œil aux aguets, inspectant surtout les bords de la Somme. Un jour, il demanda à un matelot jusqu'où remontait le flux de la mer dans cette rivière.

Quoique la paix fût conclue depuis le mois de février entre la France et l'Àngleterre, le marin s'inquiéta d'une question aussi insolite. Il redit le propos, qui courut la cité, et parvint aux oreilles du maire, ou plutôt du mayeur, commandant à Abbeville pour le roi.

Ce mayeur, qui jouera un rôle important dans la suite de ce récit, se nommait Duval de Soicourt. C'était dans la cité le chef du parti rétrograde. Le parti opposé, celui des libéraux, avait à sa tête M. Douville de Maillefeu.

Duval était un sot doublé d'un fanatique féroce. Nous le verrons, en 1766, présider l'odieux tribunal qui jugea le chevalier de La Barre, et retrouver Linguet dans ce procès célèbre.

Son rival, M. Douville[1], qui avait rempli avant lui les fonctions de mayeur, et qui allait devenir l'ami le plus sûr et le plus dévoué de Linguet, avait une bien curieuse et attrayante physionomie de gentil-homme philosophe.

Il était, de la tête aux pieds, un vrai Douville, de la famille de ces seigneurs normands qui s'établirent sur les bords de la Somme vers la deuxième croisade, et y produisirent une lignée robuste de personnages très féodaux, orgueilleux de leur race, mais d'esprit ouvert et hardi.

Sous la diversité de leurs types individuels, les Douville, qu'ils soient seigneurs terriens, templiers, magistrats dans les branches cadettes, ont une marque de famille, un trait de race saisissant : le sens, le goût du peuple, l'amour têtu de leur liberté propre et de celle du voisin. Frondeurs, républi-cains, ils sont toujours en guerre contre le roi, l'État, surtout et avant tout contre l'Église.

Un de ces orageux Douville était donc, en 1763, l'ennemi politique, le rival de Duval de Soicourt.

Son père avait occupé la charge de lieutenant criminel de robe courte, sorte de procureur général de la noblesse à la sénéchaussée de Ponthieu. Il avait laissé une réputation de « grand républicain, ami des philosophes et ennemi juré des jésuites ». Il avait, dit-on, fourni les premiers fonds de l'*Encyclopédie*.

Le fils, le futur ami de notre héros, était né en 1709,

---

1. Nous devons la plupart de nos renseignements sur M. Douville, ami de Linguet, et sur sa famille à l'extrême obligeance de M. le comte de Douville de Maillefeu, député de la Somme, dont la mémoire et la bonne grâce sont iné-puisables.

et avait longtemps vécu à Paris, entre la Cour et les gens de lettres. Il était joli homme, fort érudit, docteur en Sorbonne, et aussi républicain que son père et que tous ses aïeux.

Rappelé à Abbeville, il s'était confiné dans une vie modeste, dans les fonctions minimes de conseiller au présidial. Mais l'humeur des Douville, leur combattivité héréditaire l'avaient bientôt mêlé aux querelles locales. En 1759 ou 1760, son parti l'emportait et il était élu mayeur d'Abbeville; fonction importante dans cette cité jalouse de ses libertés, et investie, de temps immémorial, du privilège de choisir annuellement ses magistrats municipaux.

Mais cette charge enviée lui était bientôt ravie par Duval de Soicourt, et ce dernier, nous l'avons dit, tenait le sceptre municipal au moment où les questions de Linguet, rapportées par le matelot, son interlocuteur, éveillèrent des soupçons.

Le mayeur fit mander Linguet, et la première entrevue de ces deux hommes, qui allaient bientôt figurer ensemble dans un des drames les plus sombres du xviiie siècle, fut véritablement comique.

Pourquoi cet inconnu, ce voyageur suspect prenait-il tant d'intérêt à la rivière picarde?

Linguet fit observer qu'il étudiait tout simplement l'action de la marée sur les cours d'eau. Il ajouta « qu'il voyageait en philosophe, à la manière de « Thalès ou de Platon ».

Et comme ses réponses semblaient peu satisfaire le perplexe Duval, Linguet lui décocha une tirade à la Rousseau. Il étudiait « la nature et les hommes, « s'arrêtant partout où il trouvait des sujets d'étude, « se désaltérant au premier ruisseau ».

Et pour bien établir qu'il n'était pas un oisif, inutile ou même dangereux, il offrit de payer sa dette à l'hospitalière cité d'Abbeville « en donnant un cours « gratuit de mathématiques ».

Le mayeur, désarmé mais toujours méfiant, agréa la proposition en se promettant bien de surveiller de près cet original professeur. Linguet commença ses cours, qui eurent un grand succès parmi les jeunes officiers de la ville.

Il prit d'abord son logement chez la veuve Devérité, femme excellente et généreuse, qui tenait une librairie. Les beaux esprits d'Abbeville venaient à sa boutique, où la conversation brillante, les saillies, la verve de Linguet firent bientôt événement. Dans ce petit cercle, tout était observé et noté de fort près par le jeune Devérité, gamin courant parmi les livres, qui, devenu plus tard député à la Convention, nous a laissé des indications précieuses sur cette partie de la vie de Linguet.

De vagabond suspect, celui-ci devenait grand homme de province. Il nouait des amitiés précieuses, et se liait surtout avec l'ancien mayeur, M. Douville.

En faisant fête à ce philosophe tombé des nues, l'ancien magistrat municipal savourait le double plaisir de satisfaire ses goûts de lettré et d'agacer Duval de Soicourt. Il installa Linguet dans sa maison et le donna comme précepteur à son jeune fils.

D'autres enfants de familles amies vinrent partager les leçons de notre Thalès. C'était Gaillard d'Estalonde, Dumayniel de Saveuse, et le chevalier Lefebvre de La Barre.

M. Douville communiqua à Linguet quelques travaux manuscrits, traitant de la navigation de la Somme, et l'engagea à écrire divers mémoires sur la construction d'un nouveau port à l'embouchure de cette rivière.

Avec sa souplesse et sa facilité, Linguet s'assimila bien vite ces questions, et sut les traiter dans des mémoires limpides et pleins de verve.

Mais il eut le tort de mêler à ses observations sur la marée, les ports et les canaux, des remarques sarcastiques sur les mœurs d'Abbeville, sur la « coutume de Ponthieu » qui, « réduisant à rien la dot des filles, menaçait le pays de dépopulation ».

« Je ne suis pas logé, dit-il, dans l'endroit de la
« ville le plus propre à cette observation. Cependant,
« je vois de mes fenêtres cinquante-trois filles qui,
« sans perdre le désir d'être mariées, en perdent
« presque de jour en jour l'espérance. Qu'on juge
« par là de ce qu'il peut s'en trouver dans le reste
« de la ville ! Elles vont de temps en temps se réjouir
« tristement aux noces de quelques étrangères qui
« viennent s'établir dans leur pays, et qui, ayant
« moins de charmes, mais plus de dot, leur enlèvent
« des maris que la nature leur avait destinés. Faut-il
« après cela s'étonner que le nombre des habitants
« s'éclaircisse [1] ? »

Ces remarques déplurent-elles aux cinquante-trois vieilles filles que Linguet avait malicieusement dénombrées de sa fenêtre ? Le mayeur céda-t-il à leurs doléances, ou plutôt aux réclamations de certains négociants en drap dont Linguet avait très justement

1. *Premier Mémoire sur un objet intéressant pour la province de Picardie.* La Haye, 1764, p. 23.

attaqué le privilège? Toujours est-il qu'un beau matin, sur l'ordre de Duval de Soicourt, une perquisition fut faite dans la chambre de notre philosophe.

La recherche fut vaine, et Linguet ne fut pas autrement inquiété. Mais l'injure l'atteignit profondément; il n'était pas homme à l'oublier, et le mayeur devait plus tard en faire l'expérience.

VI

Malgré ces incidents, à cause d'eux peut-être, car ils étaient l'indice d'une notoriété flatteuse pour son amour-propre, Linguet goûta à Abbeville tout le bonheur dont son âme inquiète était susceptible. Il était apprécié, prôné dans un cercle d'amis dévoués. Ces mois heureux, ce milieu de chaudes sympathies ont inspiré à Linguet quelques pages d'un sentiment affectueux et mélancolique qui se rencontre rarement dans son œuvre.

« Vous m'avez, écrivait-il à M. Douville, rendu le
« service le plus important qu'un homme puisse
« recevoir d'un autre. Vous m'avez guéri d'une
« mélancolie noire qui suspendait toutes les facultés
« de mon esprit. Sans vous, je serais encore dans
« la douleur où une suite incroyable d'infortunes
« m'avait plongé. Vos soins ont cicatrisé mes plaies
« et vous m'avez appris à bien penser de la nature
« humaine. Il fallait qu'un heureux hasard me con-
« duisît près de vous pour me réconcilier avec elle....
« Il n'y a point de jour où je ne doive me rappeler

« et bénir cette époque. C'est vraiment de cet instant
« que je puis compter les années de ma vie. Jusque-
« là l'existence n'avait été pour moi qu'un supplice.
« J'étais né dans l'état médiocre où un homme sage
« doit se renfermer s'il veut être heureux. J'ai fait la
« folie de le dédaigner et de le fuir. J'ai osé aller
« chercher la fortune à la suite des grands. J'ai cru
« trouver la gloire dans la carrière des lettres.

« Ces idées étaient flatteuses, et il a fallu du temps
« pour m'en désabuser. J'ai donné les dix plus belles
« années de ma vie à la poursuite de ces chimères.

« Semblable à ces oiseaux qui vont se briser la tète
« sur une perspective bien imitée, j'ai rencontré ma
« perte dans les objets de mes plus riantes espérances.
« J'ai vu l'image du bonheur briller un instant à mes
« yeux et s'évanouir après m'avoir égaré, comme ces
« vapeurs enflammées qui voltigent au milieu d'une
« nuit obscure et conduisent à des fondrières dange-
« reuses les voyageurs qui ont l'indiscrétion de vou-
« loir les joindre.

« Je n'ai que trop cherché ces redoutables feux-fol-
« lets. L'expérience est enfin venue m'éclairer sur
« leur nature. Mais que le moment où cette illusion
« s'est dissipée a été suivi de moments cruels! Que
« j'ai payé cher le bonheur de guérir d'une erreur,
« qui jusques là m'avait paru si douce! Sans vous,
« mon ami, la convalescence serait devenue pour
« moi plus terrible que la maladie. Avant de vous
« connaître j'étais au point de regarder la solitude
« comme le plus doux des asiles, la haine des
« hommes comme le premier des devoirs, et la mort
« comme le plus désirable des remèdes! »

Nous n'aurions pas cité cette page d'une tristesse

maniérée et assez banale, si elle ne révélait dans ce Linguet mélancolique le futur hypocondriaque et le futur persécuté.

Il y a dans tout féroce pamphlétaire un élégiaque, un déçu. Les plus cruels ne se mettent à mordre qu'en riposte, et, à ce qu'ils croient, pour se venger de l'universelle trahison. Dans cette page sentimentale, Linguet montre quelque ressemblance avec le poète des « Adieux à la vie ». Et, par le fait, entre Gilbert et Linguet, entre ces deux hommes dont les noms jurent accolés, il y eut parenté de caractère, de genre, même d'âge et de milieu.

Gilbert et Linguet ont vécu côte à côte dans le cercle de Fréron, et, si paradoxal que semble le parallèle, ils offrent dans leur pessimisme agressif plus d'un trait de ressemblance morale. Tous deux étaient des satiriques, des mécontents. Gilbert a dû sa gloire et son inexacte légende de jeune homme triste et doux à quelques strophes harmonieuses et à la brusque mort qui a coupé son début de pamphlétaire et de rageur. S'il eût vécu, il eût été un Linguet, avec ses âpretés et ses colères.

De même, si Linguet fût mort à Abbeville, ne laissant pour tout monument que la page sentimentale que nous venons de citer, il eût laissé l'ébauche vague d'un Gilbert.

Mais Linguet ne mourut pas, et continua à dépenser en mille travaux divers une activité qui aurait suffi à remplir plusieurs vies. Bien qu'il jurât à son ami qu'il se tiendrait éloigné « du théâtre de la littérature, « de ce théâtre où le rôle d'acteur produit toujours « plus de chagrins que de gloire, plus d'humiliations « que d'applaudissements », il ne quittait guère la plume, et s'évertuait à conquérir de nouvelles humiliations, de nouveaux chagrins.

Sans compter ses Mémoires sur la Picardie, il publia en 1764 : un pamphlet, une tragédie, un projet de réforme dans les finances, et un ouvrage plus étendu sur la *Nécessité d'une réforme dans l'administration de la justice.*

Dans le pamphlet intitulé *le Fanatisme des philosophes*, Linguet reprit sous un aspect nouveau les idées développées par Rousseau dans son Discours sur le danger des sciences.

Ce sont les sciences qui nous ont fait sortir de l'heureuse ignorance où la sagesse éternelle nous avait placés, avait écrit Rousseau en 1749. Linguet alla plus loin que le philosophe genevois; il déclara que les philosophes étaient les pires ennemis de l'espéce humaine, et que leur fanatisme était bien plus à craindre que le fanatisme religieux.

Il s'efforça d'établir que les tyrans les plus horribles avaient eu pour précepteurs les philosophes les plus illustres. Il présenta ceux-ci, depuis Aristote jusqu'à Sénèque, comme des orgueilleux et des hypocrites raffinés, qui ambitionnent en secret tous les emplois, en affectant de les dédaigner.

« Quand Julien, dit-il [1], eut remis pour quelque « temps la philosophie sur le trône, qu'il eut destiné « les places et les gratifications à devenir la récom- « pense des sages, on les vit accourir de toutes parts « aux lieux où tombait cette manne précieuse. Ils se « pressaient en foule autour du prince. Parmi les

---

1. *Le Fanatisme des philosophes*, Londres, 1764, dédié à M. Douville de Maillefeu, p. 13.

« casques et les cuirasses des gardes, on distinguait
« le petit manteau des stoïciens et la barbe pointue
« des cyniques. Les cabinets furent bientôt déserts.
« Chacun se hâtait d'apporter à la cour des instruc-
« tions chèrement payées, et ces mains, occupées
« auparavant à manier le stilet et le compas, ne s'ou-
« vrirent plus que pour recevoir des présents, ou
« pour en solliciter. »

En résumé, les philosophes de tous les temps sont
une engeance pernicieuse, qui tend à détruire la
« favorable ignorance » et, par là, l'obéissance qui est
la vertu des républiques. Il n'est jamais utile d'éclairer
les hommes, dit Linguet: quant aux souverains, s'il
faut absolument leur donner quelque instruction,
qu'on se garde de confier ce soin à des hommes de
lettres illustres!

Ils feraient tous comme cet usurier de Sénèque,
qui fabriqua Néron de toutes pièces, et qui poussa le
cynisme jusqu'à écrire un *Traité sur la clémence* pour
ce monstre qu'il avait couvé!

Tout cela parut insupportable à Grimm. Il fut terrible pour la brochure, qui avait paru sans nom d'auteur. Quelques-uns l'attribuèrent à Gresset.

« J'ai peine à le croire si plat », déclara Grimm [1].

Linguet ne répondit pas aux attaques; il était
absorbé par la composition d'une tragédie en cinq
actes sur *la Mort de Socrate* [2].

Quelle fureur d'écrire chez un homme qui vient
de renoncer aux lettres! Les vers, comme la prose,
coulaient sans effort de sa plume vertigineuse. Au

---

1. Grimm, août 1764, p. 55.
2. *La Mort de Socrate*, tragédie en cinq actes. Amsterdam, 1764.

lieu de se régler, de se reprendre, et d'arriver au but que ses facultés lui permettaient d'atteindre, il se lâchait en paradoxes, en théories inachevées sur la science et l'industrie, en alexandrins inutiles.

« Un provincial, dit Grimm, vient de faire imprimer « une tragédie en vers et en cinq actes intitulée « *Socrate*. Elle n'a pas été jouée. L'auteur parle assez « sensément de l'art dramatique dans sa Préface, et « l'on est étonné de lire à la suite de plusieurs bons « principes une pièce détestablement écrite, qui n'a « pas le sens commun. »

Fréron ne fut pas plus aimable, et *Socrate* entra dans l'oubli. Alors Linguet publia *la Dixme royale* [1], ouvrage qui était une répétition de *la Dixme* de Vauban, avec des vues nouvelles, hardies. Il y trouvait, pour dépeindre les malheurs du peuple, des expressions fortes, semblables à celles-ci :

« Je ne vois jamais un homme riche, que je ne me « le représente porté sur les épaules de tous les « malheureux dont les travaux servent à le nourrir « et à le parer ». Et au nom de ces malheureux il protestait contre la corvée « par où s'écoule tout le « sang de la campagne ».

Il semble que ces publications diverses pouvaient suffire à l'activité de Linguet pendant l'année 1764. Il n'en est rien, pourtant. Il composa un autre écrit, non plus sur la finance ou les philosophes, mais sur *les Réformes de la justice*, et ce dernier sujet l'inspira mieux que tous les autres.

---

1. *La Dixme royale, avec de courtes réflexions sur ce qu'on appelle la contrebande et l'usage de regarder comme inaliénable le domaine de nos rois,* 1764.

Où Linguet avait-il appris le droit, la procédure, l'histoire des lois civiles et de l'organisation judiciaire? Nous ne saurions le dire; mais ce qui est certain, c'est qu'en 1764 il possédait déjà ces matières avec une précision, une largeur de vues, une sûreté fort éloignée du ton superficiel et fantaisiste de la plupart de ses autres écrits.

Ici, quelques détails sont nécessaires, car l'heure approche où Linguet, désespérant des lettres, va pénétrer dans le Palais, et devenir, en quelques années, le plus célèbre, le plus discuté et le plus révolutionnaire des avocats de son temps.

Il est donc intéressant de connaître ses idées sur la machine de justice, sur le temple parlementaire où il va bientôt entrer la raillerie aux lèvres, en détracteur, en insurgé.

Dans son livre sur la *Réforme des loix civiles*[1], Linguet s'attaque à Montesquieu avec la fièvre d'irrévérence qui lui est propre. Laissons de côté cette polémique pour dégager l'idée maîtresse de l'œuvre. Idée que d'autres avaient exprimée avant Linguet, mais en termes moins forts et moins saisissants.

Avant tout, dit-il, il faut supprimer : « cette cas-« cade de juridictions, qui de chute en chute traînent « les plaideurs dans un gouffre où très peu ont le « bonheur de n'être pas engloutis ».

Il faut faire des présidiaux la véritable juridiction nationale. Quant aux justices seigneuriales, Linguet les raille sans pitié, et trace d'elles un tableau pittoresque qui mérite d'être reproduit.

---

1. *Nécessité d'une réforme dans l'administration de la justice et dans les loix civiles en France.* Amsterdam, 1764.

« Montesquieu, dit-il, regarde les justices seigneu-
« riales comme le fondement du trône. Pour savoir à
« quoi s'en tenir, il est bon de connaître au juste de
« quoi il s'agit.

« Les justices seigneuriales sont exercées ordinai-
« rement par des paysans, très intelligents, très res-
« pectables quand ils dirigent une charrue, mais
« peu faits, ce semble, pour devenir les organes de
« Thémis. On ne va pas les trouver quand on a
« besoin d'eux : on les fait venir. Ce procédé n'est
« pas respectueux, mais il est commode pour les
« parties, et le juge ne s'en formalise point. Comme
« les salles d'audience sont rares au village et que le
« juge est crotté en y arrivant, il s'arrête au cabaret.
« C'est là qu'il établit son siège. Il est altéré aussi,
« et il boit. Il boit encore avant que d'écouter la plai-
« doirie; il fait boire le procureur fiscal, le greffier,
« et les plaideurs même s'ils en ont envie. Il ne s'in-
« quiète jamais de l'écot, parce qu'il sçait bien que
« ce n'est pas lui qui le payera.

« Quelquefois ce n'est point à un paysan que le
« seigneur défère le titre glorieux de bailli. C'est à
« un avocat, licentié-ès-lois, qu'il choisit souvent
« dans une ville éloignée. L'inconvénient est à peu
« près le même. Le jugement du licentié n'est ni
« moins coûteux à obtenir, ni moins inutile que
« celui du magistrat rustique. Le premier ne se
« transporte guère dans son bailliage que pour y
« jouir avec honneur du droit de chasse, quand
« la Saint-Louis est venue faire trêve à ses tra-
« vaux éloquents. Il faut alors le défrayer. C'est
« un juge délicat et éclairé, auquel le gros vin du
« canton et la cuisine du cabaret ne suffisent point.

« Un bailli en bottes molles et en chapeau bordé ne
« dîne pas avec aussi peu de frais qu'un bailli en
« sabots et en bonnet rouge. La dépense devient
« donc plus forte pour les parties sans qu'elles en
« soient plus avancées.

« Je ne parle point des perdrix qui vont trouver
« monsieur l'avocat à la ville, et lui recommander la
« cause à laquelle elles s'intéressent. Ce sont des
« bagatelles dont on ne fait point mention dans les
« plaidoyers, et qui ne laissent point de charger un
« peu un des plats de la balance dans le jugement. »

Après la critique des juridictions, Linguet arrive
à la critique des lois :

« ... De leur chaos immense, tel qu'il n'y a pas de
« procès de cent pistoles pour lequel un avocat n'ait
« à feuilleter plus de vingt in-folio.... Car, si les res-
« taurateurs de notre jurisprudence ont été des com-
« pilateurs déraisonnables, leurs commentateurs se
« sont piqués d'être les bavards les plus prolixes à
« qui la Providence divine ait jamais permis d'af-
« fliger la terre.

« Il n'y a guère de coutume dont les gloses
« étendues feuille à feuille ne couvrissent plusieurs
« fois tout le pays où la coutume est reçue. Or, si
« l'on songe que chaque hameau a sa coutume, et
« que chaque coutume a ses commentateurs, on sen-
« tira dans quel horrible embarras doivent se trouver
« les juges qui voudraient les suivre, et surtout les
« avocats qui veulent les concilier.

« Imaginez une vaste campagne, couverte de pierres
« brisées, de briques rompues, supposez des hommes
« qui s'y dispersent, et qui ayant, avec beaucoup de
« peine, rejoint quelques petits morceaux, se don-

« nent fièrement le nom d'architectes. Voilà notre
« jurisprudence et nos jurisconsultes. »

Quant aux avocats, il sera piquant de voir comment Linguet les décrit et les juge à la veille d'entrer
au barreau.

« Il y a, dit-il, dans le sanctuaire de Thémis des
« hommes consacrés pour lui porter les vœux des
« supplians. Ils ont seuls, comme les prêtres des
« oracles, le droit de parler à la déesse, et, comme
« ces prêtres, ils ont grand soin de se faire payer
« pour ouvrir la bouche. »

Un tel ensemble d'opinions préparait mal Linguet
à l'état de stagiaire au barreau de Paris. C'est pourtant à la fin de 1764 qu'il prit tardivement le parti
de devenir avocat.

Il avait quitté Abbeville, et devant l'insuccès de ses
œuvres littéraires, il allait encore tenter l'industrie,
lorsqu'à Reims une sage aïeule le décida, malgré ses
répugnances, à prendre ses grades et à revêtir la robe.

Ainsi s'ouvrait, avec sa destinée véritable, l'ère
de ses triomphes, de ses fautes et de ses revers.

« Je n'ai jamais estimé le métier d'avocat, écri-
« vait-il avec amertume, et je vais le faire. C'est qu'il
« faut être quelque chose dans la vie; c'est qu'il y
« faut gagner de l'argent, et qu'il vaut mieux être
« cuisinier riche que savant pauvre et inconnu. »

CHAPITRE II

(1764)

I

C'est le 12 octobre 1764, à l'âge de vingt-huit ans, que Linguet prit place, comme stagiaire, parmi les avocats au Parlement de Paris. Le stage alors durait quatre années.

Comment chercher à peindre l'orageuse carrière de Linguet au barreau, sans introduire le lecteur dans le Palais de Justice du xviii° siècle? Ce palais éloquent, bruyant, assourdissant, est alors dans Paris la halle aux nouvelles, le foyer des émeutes, le parloir des faiseurs de projets.

Le nouveau monde y tourbillonne à côté de l'ancien, dans la cohue des robes, des épées, des avocats, des présidents, des filles galantes, des oisifs, des plaideurs et des boutiquiers.

Là Robespierre affairé, en mince habit de saute-ruisseau, va bientôt coudoyer quelque antique débris du jansénisme en perruque; là, de graves conseillers-clercs, venus de bon matin à l'amble de leur mule par la rue de la Barillerie, traversent les salles en songeant à la bulle *Unigenitus*...; tandis que la jeunesse, ivre du vin nouveau de la philosophie, fait entendre autour de ces piliers, qui sont les piliers mêmes de la tradition monarchique, des accents séditieux et des mots jusqu'alors inconnus.

Et dans ce quart de siècle, depuis l'heure où nous sommes jusqu'à l'heure suprême du Parlement, depuis 1765 jusqu'à 1790, quel saisissant combat va s'engager au Palais de Justice entre les temps anciens et les temps qui s'annoncent! Quel contraste entre les mœurs et les idées nouvelles qui battent les vieux murs, escaladent les tours, et les règles immuables, les procédures féodales, les coutumes antiques qui s'observent encore dans l'enclos de Saint-Louis!

A l'heure où Linguet y pénètre, les magistrats poursuivent la vaine et éternelle lutte du Parlement contre Versailles, de la Cour du Mai contre la Cour du Roi. Le Palais est le Forum tumultueux où s'entre-choquent les passions, les doctrines, les intérêts.

Linguet arrive là. Combien petit et obscur! Perdu dans cette foule orgueilleuse et puissante; plus éloigné, non seulement des magistrats, de ce grand Banc olympien où siègent les présidents avec les pairs du royaume, mais des riches propriétaires d'offices, du premier huissier, par exemple, de

Me Angély, écuyer, auquel sa charge donne la noblesse héréditaire; plus éloigné de ces sommets qu'un
roturier quelconque ne l'est d'un prince du sang.

Le voilà, minable et chétif, mais l'œil aux aguets,
le menton insolent, gravissant les marches solen-
nelles du grand escalier. Il est, suivant les ordonnances, vêtu de son costume de stagiaire, c'est-à-dire :
« en habit noir, les cheveux flottants sur les épaules
« en gerbe prolongée, et retenus en boucles à la
« hauteur des basques de l'habit à la française; le
« chapeau à claque sous le bras gauche ».

Suivons-le dans le temple énorme, amas incohérent de bâtisses de tous les âges, prétoire, église et
prison; pot pourri cyclopéen où, depuis saint Louis,
tous les architectes français ont laissé quelque gage
de leur impuissance à fondre ce chaos de moellons
en un édifice harmonieux.

En ces étages superposés s'entassent magistrats,
prisonniers, avocats, procureurs, avec l'innombrable
séquelle des suppôts de justice, depuis les greffiers
courbés sur le parchemin des registres jusqu'à la
troupe légère des clercs. Ceux-ci égaient la ruche
sombre, circulent en jouant dans le dédale des cor-
ridors, et avant de s'enfuir vers le jardin de la
Basoche, qui est à la pointe Saint-Louis, s'arrêtent
autour du Mai qu'ils plantent chaque année. Ce Mai
joyeux se dresse à côté du degré où le bourreau
brûle les livres condamnés par Nosseigneurs du
Parlement, et à deux pas de la porte tragique de la
Conciergerie.

Dans cette Conciergerie les prisonniers forment
deux groupes : les uns sont promis à la corde, au
carcan, à la roue ou au feu; les autres, enfermés

pour dettes, passent leur temps en fêtes et festins.
L'un de ceux-ci arrive à dépenser cent mille livres
en quelques mois.

Retournons au sommet du grand escalier. Là, dans
une galerie étroite, Linguet s'oriente, hésitant, entre
les salles qu'il connaît mal encore, et où d'ailleurs
ne l'appelle aucun travail pressant. A gauche s'aperçoit une entrée de la Sainte-Chapelle. Le Parlement
ne pénètre jamais en corps dans ce sanctuaire
réservé au Roi. C'est là, dans ce coffret gothique
en verre bleu et rouge, aux fines nervures d'or,
qu'avant les lits de justice le monarque prie, et
obtient des cieux la force nécessaire pour humilier
les gens de loi et lever des taxes nouvelles. C'est là
que tous les ans, à minuit, le 31 décembre, se célèbre
de temps immémorial une saturnale chrétienne : une
messe de vertus particulières où les possédés viennent se faire exorciser. Et la foule nocturne, la foule
de Paris, se presse chaque année, jusqu'à la veille
même de la Révolution, à cette diablerie de Callot.
Elle hurle avec les possédés, jouit de leurs contor-
sions, se lâche en une orgie immonde.

En face, un escalier solennel et banal mène à la
Cour des aides. A droite, la galerie s'achève près
d'une sorte de portail, trou béant, vomitoire d'où
les robes d'avocats s'évadent en légions noires,
refoulées par un autre flot de robes s'engouffrant
dans une salle immense d'où s'élève un grand
bruit....

Cet antre, c'est le Palais même, c'est la Salle des
Pas-Perdus. Et vers elle Linguet s'avance, en robe
maintenant, les mains vides de procédures, « enviant
« ces gros procès qui font suer les laquais des conseil-

« lers qui vont les mettre sur le bureau [1] ». Il a l'air
vaguement pressé de l'avocat qui feint la hâte, le
tracas de multiples affaires, alors que le souci du
pain torture ses entrailles, et que ses yeux fouillent
en vain l'horizon pour découvrir cet être exquis et
chimérique qu'on nomme au Palais : le premier
client.

Oh! cette Salle des Pas-Perdus, si froide maintenant dans ses blancheurs de gare vide, si morne
malgré son beau Berryer de marbre, son Malesherbes
honorable et ennuyeux, comme elle était bruyante et
grouillante, lorsque la triple vie des livres, de la politique et du barreau s'agitait dans tous ses recoins!

Il y a au palais de justice de Naples deux longues
galeries parallèles, où une foule bariolée et bruyante,
mêlée aux hommes de loi, se presse autour des tables
d'écrivains, des étalages de fruits, des restaurants,
des boutiques. Ce spectacle, cette vie intense, ce
tapage de couleurs et de cris, donnent quelque idée
sans doute de ce qu'était au XVIIIᵉ siècle la Grand'-
Salle reconstruite par de Brosses après l'incendie
de 1617.

A l'une des extrémités de ce vaisseau immense se
dressait un autel édifié et paré par les procureurs,
et qui leur avait coûté 40 000 livres. On y disait la
messe tous les jours, et la messe rouge le 12 novembre.

Au pied de l'autel s'entassaient les boutiques,
fuyant en lignes serrées jusqu'à l'autre extrémité,
jusqu'au seuil même du tabernacle judiciaire, de la
Chambre Dorée. Elles suivaient les murs, bifur-

1. Furetière, *le Roman bourgeois*, p. 205.

quaient vers les galeries, étalant les modes nouvelles, l'article de Paris.

Mais les libraires étaient les rois de la Grand'Salle,
et leurs boutiques disposées autour des piliers formaient les Bancs célèbres, les douze Bancs du barreau.

Ces douze parlottes où siégeaient les anciens, avec
leurs gros sacs, attendant l'heure de plaider, étaient
les salles d'armes où s'escrimaient les fines langues,
les nouvellistes, les médisants; lieu redoutable où
les stagiaires se tenaient debout, avec des mines
confites, souriant aux beaux orateurs, quêtant par
leur silence modeste, ou par un mot adroit, le regard
bienveillant d'un des dieux du barreau.

C'était un lieu plein d'attraits et de séductions
perfides pour Linguet, qui du premier coup y brilla,
mais avec quelle maladresse! Disant des vérités ironiques et cruelles, impatient de son obscurité, supérieur avec amertume, et par là certain de déplaire,
d'écarter toute sympathie.

Ces douze Bancs de la Grand'Salle correspondaient
à la division du barreau, des 600 avocats, en douze
bandes ou colonnes, dont la réunion formait l'Ordre,
dirigé par un bâtonnier.

Ce bâtonnier était élu le 9 mai, à la Saint-Nicolas,
par l'assemblée générale de ses confrères. Ses pouvoirs ne duraient qu'un an. Il avait pour insigne un
long bâton qu'il portait dans les cérémonies.

Chaque banc dépendait de la boutique d'un libraire, et portait une dénomination spéciale. Le premier se nommait *le Pilier des consultations*; le
second, *la Prudence*; le quatrième, *l'Épée herminée*;
le sixième, *la Bonne Foi*; le neuvième, *le Lion d'or
et la Palme*; le douzième enfin, *Sainte-Véronique*.

Malheur à l'avocat qui se faisait exclure de son Banc! Cet ostracisme précédait la foudre, c'est-à-dire la radiation. C'est le libraire qui signifiait l'exclusion du Banc. Ainsi lorsque Linguet sera en lutte avec l'Ordre, nous verrons un de ses jeunes frères, avocat comme lui, et Moynat, son procureur, exclus de leur Banc. Cette mesure leur sera signifiée par les libraires Regnard et Demonville.

II

Telle était la Grand'Salle, telle était l'organisation extérieure du barreau en 1765. Mais pour comprendre la vie judiciaire de Linguet, pour suivre son drame personnel, il faut pénétrer plus avant dans ce milieu complexe, décrire les courants, les tendances, et connaître aussi les individus.

A l'heure où Linguet débute, Cochin est mort, « l'immortel Cochin à qui Rome, Athènes et Lon- « dres auraient élevé des statues »,... mais dont la prose est illisible aujourd'hui. Il a laissé « le sceptre « de l'éloquence » aux mains de Gerbier, « l'aigle du « barreau ».

Le Palais oratoire est le temple des adjectifs énormes, de la phrase sans précision, sonore et majestueuse; des citations insupportables tirées de loin avec des peines et des détours infinis . Ce « forum » n'est qu'une classe de rhétoriciens, dont chaque tirade a pour objet final d'adorer le dieu Cicéron, avec l'immense espoir inavoué de le « tomber », de faire plus noble, plus harmonieux, plus cicéronien que lui.

Le grand Daguesseau était-il donc prophète lorsqu'en 1698 il déplorait déjà la décadence du barreau? « Nous avons vu mourir de grands hommes, « s'écriait-il, et nous n'en voyons point renaître de « leurs cendres. »

Mais ce funèbre mot de décadence, à la vérité, ne signifie rien. Il faut dans les choses humaines lui substituer toujours celui de crise et de transformation.

La parole judiciaire au XVIIIe siècle hésite et balbutie, entre le verbe du passé qui s'écroule, et le verbe nouveau que des voix alertes et puissantes n'ont pas encore dégagé. Viennent Linguet, Beaumarchais, Mirabeau, tout va s'éclaircir, et, dans ses formes diverses, l'éloquence moderne sera fondée : plus serrée, plus vibrante, plus sobre et plus humaine que l'éloquence antique dont Daguesseau menait le deuil.

Dans ce Palais où nous suivons ses pas hésitants de stagiaire, Linguet va être le premier des avocats modernes; dégagé par ses défauts mêmes de tout préjugé et de toute école, trouvant de prime saut ce qu'on nomme aujourd'hui la langue des affaires; apportant aux débats de justice un style simple et nerveux, une éloquence sans poudre et sans perruque, qui trouve l'émotion et la vie au plus profond des intérêts et des passions qu'elle veut traduire.

Quels sont en 1765 les maîtres du barreau?

Voici les noms et les silhouettes de quelques avocats connus qui seront les rivaux de Linguet avant de devenir ses juges et ses exécuteurs :

Terrasson, Legouvé, Boucher d'Argis, Treilhard, Hanrion de Pansey; Muyart de Vouglans, juriste savant, auteur borné et féroce des Institutes du droit criminel;

Cadet de Senneville, censeur royal comme beaucoup de ses confrères, formant avec eux une escouade d'agents de la sûreté littéraire, futur censeur de Linguet écrivain;

Maultrot, une des fortes têtes du parti janséniste, tout-puissant au Palais, ferré sur le droit canonique;

Tronchet, homme éminent, futur sénateur de l'Empire et futur premier Président du tribunal de Cassation; Loyseau de Mauléon; Élie de Beaumont, célèbre pour son mémoire dans l'affaire Calas;

Target, bucolique et florianesque, dont le fade plaidoyer pour la *Rosière de Salency* a fait battre tous les cœurs sensibles; bon jurisconsulte d'ailleurs, futur membre de la cour de Cassation impériale, et moins célèbre par tout cela que par son refus de plaider pour Louis XVI.

Nommons encore le pesant Delacroix, et le trop léger Falconnet, qu'on retrouvera dans notre récit, et qu'un libelle du temps, le *Pot pourri*, cinglait de cette juste épigramme : « Il crie après les grands pour avoir leur pratique »;

Rimbert, le Démosthène de l'audience de sept heures, celle où l'on plaidait les causes infimes, les procillons. Saboureux de la Bonneterie, un vieux portrait de robin féodal, entêté de droit romain, et que Linguet doit exaspérer par son irrévérence à l'endroit du Digeste.

Enfin voici la troupe obscure des bâtonniers,

juristes sans éclat que le *Pot pourri* définit en ces termes irrespectueux : « Qu'est-ce qu'un bâtonnier?
« C'est, dans le vénérable ordre, comme qui dirait un
« marguillier de paroisse ou sindic de communauté.
« Ce sont de ces places honorables qu'on attrape en
« vieillissant, fût-on même imbécile ! »

Ces bâtonniers sont Étienne et Paignon, Dandasne, d'Outremont, d'Houlouve, Rousselet, Babille, et enfin Lambon, Nicolas Lambon, dont le consulat prolongé a souffert les orages de la révolution Maupeou, et les émeutes non moins tragiques provoquées par la radiation de Linguet.

Après cette cohue de noms, de types professionnels plus ou moins vulgaires, il faut venir à l'homme illustre, à l'ennemi capital de Linguet, à Gerbier; dont la gloire domine ce barreau comme le chêne surpasse les épis.

J'ai son portrait devant les yeux : torse drapé à la romaine, toge à grands plis jetée sur l'épaule droite. A gauche, la chemise défaite semble prête à glisser pour découvrir les muscles du bras nu. Le cou est long, nerveux, et supporte une tête classique, déjà vue dans les musées de Rome ou de Naples, mais non banale et d'une rare pureté de lignes. La bouche est fine, le nez droit, les yeux sont grands ouverts sous la voûte élevée et vaste de ce crâne antique de philosophe et d'orateur.

Quel contraste entre ce beau Cicéron périphraseur, et l'incorrect, le grêlé, le vilain Linguet à la mine fiévreuse, inquiète et passionnée!

Un trait pourtant unira ces deux rivaux si parfaitement dissemblables, si bien construits pour se haïr. Ils connaîtront l'un et l'autre, au barreau, et dans le même temps, de grands revers après de grands triomphes. Ils manqueront leur vie tous deux, et la verront sombrer dans des désastres que Linguet subira avec rage, Gerbier avec mélancolie.

Tel est le sort des maladroits qui naissent trop tard, comme Gerbier, ou trop tôt, comme Linguet. Gerbier, classique et janséniste, orateur majestueux, cerveau médiocre, âme élevée et fine, était un homme du XVIIᵉ siècle; Linguet, subversif et révolutionnaire, tourné vers l'avenir, subjugué par les idées nouvelles alors même qu'il croyait les combattre, était un homme d'à présent, un homme du XIXᵉ siècle, aussi voisin de Léon Duval comme avocat, et de Rochefort comme journaliste, que Gerbier était au fond de l'âme frère de Lemaistre et de Daguesseau.

De Gerbier, dont il nous faut parler encore, que reste-t-il, après son buste de Romain, après les quelques souvenirs de sa vie fastueuse, de ses goûts d'artiste et de grand seigneur, après les phrases insupportables, qui ont servi à le célébrer? Peu de chose, bien peu! C'était un improvisateur, heureusement pour sa gloire, car ce qui subsiste de ses plaidoyers est creux, sonore, sans valeur, et donne une mince idée du reste. Mais enfin, ses discours n'ayant pas survécu, on peut supposer que l'orateur était admirable, entraînant dans le feu de l'action, dans le tonnerre ou les câlineries d'une voix unique au monde.

Avait-il du talent? La question est irrespectueuse, mais la réponse serait délicate, si ce mot flexible de talent ne changeait pas de sens avec chaque génération. L'homme de talent est, après tout, celui qui, dans un art quelconque, satisfait les esprits de son temps.

Gerbier avait donc du talent. Nul mieux que lui n'a possédé l'art vénérable des citations, des mots à effet, des guirlandes littéraires soigneusement entrelacées aux grandes phrases d'avocat.

Il savait improviser en termes exquis un compliment au roi, à un prince du sang, ou bien à un souverain venant à l'improviste visiter le Palais.

Le modèle de ce genre au goût des connaisseurs, des bâtonniers Dandasne et Babille, ou même au goût de Berryer l'ancien, est le compliment magnifique que Gerbier, en pleine Grand'Chambre, lança à Christian VI, visiteur de Messieurs, lequel suivait l'audience du haut de la lanterne du premier Président. D'abord l'avocat décrivit au monarque les splendeurs de Paris qu'il allait parcourir, « ... ces boulevards, « belle ceinture de la capitale, ce fleuve qui roule au « milieu de ses larges quais ». Puis, après une pause, il expliqua que ces beautés étaient puériles et vaines auprès des splendeurs du Palais de Justice :

« Montez au Capitole ! s'écria-t-il tout à coup, « montez au Capitole ! venez admirer ces augustes « sénateurs, ce corps antique et vénéré ! »

Ceci fut déclaré sublime. Les magistrats (on le comprend d'ailleurs) ne tarirent pas d'enthousiasme sur ce passage, ce cri génial. Le morceau devint classique, et le père du grand Berryer, dans ses aimables, intéressants et un peu naïfs Mémoires, raconte qu'en 1820, au Palais, lorsque les anciens gémissaient, parlant avec mépris de l'heure présente et avec orgueil du temps écoulé, on les voyait s'enflammer au souvenir de Gerbier, et, relevant leur manche, s'exclamer tout à coup en levant le bras droit : « Montez, montez au Capitole! »

Or cela est bien misérable, et même ridicule à notre goût d'aujourd'hui. Mais gardons-nous d'obéir trop vite à cette impression et de juger Gerbier à la légère. On a quelques lettres de lui vraiment exquises, simples et émues. Puis il adorait Pascal : cela efface bien des périodes ampoulées.

Veut-on connaître les amis de Gerbier? C'étaient l'abbé Arnaud, Suard, et par conséquent son beau-frère Panckoucke : milieu académique où Linguet était détesté.

Veut-on connaître encore les disciples de l'orateur, le suivre dans sa filiation intellectuelle? Un nom suffit. Gerbier a pétri de ses mains son secrétaire Royer-Collard.

Et maintenant, laissons Gerbier. Nous le verrons plus tard aux prises avec Linguet, harcelé, obsédé par ce terrible ennemi, écrivant au jeune de Sèze en 1778 :

« C'est bien assez pour chaque siècle d'avoir un « Linguet! »

Nous le verrons décrété par le Châtelet, flétri par le Parlement, puis revenant sur l'eau, politiquant avec Calonne, mourant enfin en 1787, dans la paix et la réparation morale d'un bâtonnat tardif.

Ici, une esquisse suffit, l'esquisse d'un Gerbier planant sur cette foule noire où Linguet pénètre inconnu.

Un mot encore pour comprendre le barreau de 1765.

N'oublions pas que cette compagnie de légistes est avant tout une pieuse et catholique confrérie : la confrérie de Saint-Nicolas.

Beaucoup d'ecclésiastiques sont inscrits au tableau. L'esprit du corps est janséniste, et les *Provinciales* que Gerbier aime tant sont un livre de chevet pour la plupart des avocats. La note dominante dans ce barreau, moins libéral ou, si l'on veut, moins sceptique que la magistrature, est une égale horreur des jésuites et des philosophes.

Ces légistes sont presque tous de mauvais orateurs et de grands érudits, profondément versés dans l'étude du droit. Ils vivent de tradition, fermés à toute idée nouvelle, enragés contre les protestants, daubant volontiers sur la papauté, mais se signant avec terreur à la seule idée du divorce; supportant sans aucun déplaisir l'atroce barbarie des procédures criminelles; pourtant braves gens et gros travailleurs, confinés dans une existence spéciale et presque monacale, dans la poudre des in-folio, dans un fatras d'écritures, de recherches, de citations, de bel esprit romain mêlé à la glose féodale.

Avocats du matin au soir, ils ne quittent jamais le rabat et la robe. Ils vivent groupés autour du palais, dans ce pays des gens de la loi qui s'étend de la pointe Saint-Louis à la rue des Saints-Pères.

Parqué loin des agitations et des grands courants de la politique, l'avocat dans son rôle social n'est qu'un juriste roturier s'évertuant à faire fortune ou s'amusant à cicéroner [1]. Il ne compte point dans l'État.

---

1. Un vieil avocat dont le musée Carnavalet conserve les manuscrits, maître d'Harmand de Cléry, définissait ainsi la profession d'avocat au xviiie siècle : « La profession d'avocat est la ressource d'un jeune homme bien élevé qui a plus de talent que de légitime ».

III

Au Palais, en 1765 et dans les vingt années qui vont suivre, la vie, la fièvre politique, l'ardeur ambitieuse, l'importance sociale ne sont point à la barre, mais au Parquet ou sur les fleurs de lis : sur ces fauteuils de bois, très durs et incommodes, peu propices au sommeil, où siègent les magistrats du Parlement [1].

Ces orgueilleux magistrats, à vues courtes et personnelles, ont tiré les marrons du feu, et préparé étourdiment la Révolution dont le barreau devait profiter, et dont il jouit encore.

En attendant, l'avocat n'est rien ou presque rien avant 1789, tandis que le conseiller au Parlement est un important personnage politique. Son influence s'exerce bien au delà de la sphère des intérêts privés; il participe aux lois et au gouvernement, étend sa main, et une main puissante, sur tous les services publics. Police, religion, enseignement, finances, rien n'est soustrait à son action.

Il juge, il administre, et tout converge dans l'État vers cette Grand'Chambre où le roi lui-même doit comparaître, en droit comme un despote, en fait comme un accusé, que des juges obséquieux et hautains condamnent à genoux.

Le Parlement de Paris, corps politique, sommet de l'organisation judiciaire, domine un immense res-

---

1. Quelques sièges de conseillers au Parlement de Paris existent encore aux Archives nationales.

sort¹, et vingt juridictions logées autour de lui dans l'enclos du Palais.

Ce sont : la Chambre des comptes, la Cour des aides, la Cour des monnaies, les trois sièges généraux à la table de marbre.... Que sais-je encore? La maîtrise des eaux et forêts, la maçonnerie, sans compter la Basoche, qui est la juridiction des clercs du Parlement; et le haut et souverain empire de Galilée, qui est la juridiction des clercs de la Chambre des comptes.

Comme le Parlement est l'âme du Palais, la Grand' Chambre est l'âme du Parlement.

C'est là que siège, à l'un des sommets du rectangle de la Chambre dorée, le premier Président, sorte de souverain environné d'honneurs. Il habite dans le Palais même un hôtel sévère, où la tradition veut qu'à certaines époques il héberge toute la compagnie, dans des repas aussi cérémonieux et strictement réglés qu'un ballet ou un lit de justice.

C'est un souverain quasi héréditaire, car, de temps immémorial, les fonctions de premier Président sont l'apanage de quelques familles : des Harlai, des Molé, des Novion, des Mesme, des Maupeou.

C'est René-Nicolas de Maupeou qui est, nous l'avons déjà dit, premier Président en 1765. Laissons encore dans l'ombre ce personnage qui va bientôt envahir

---

1. Le ressort du Parlement de Paris comprenait à lui seul les ressorts de neuf de nos cours d'appel. On épuisait successivement et dans un ordre invariable les rôles de chaque province. Le rôle de Paris commençait après la Chandeleur et continuait jusqu'à Pâques; souvent il était prorogé. Quant aux infortunés plaideurs de Lyon ou de l'Angoumois, leurs procès venaient à la fin, en plein été..., ou, pour mieux-dire, ils ne venaient jamais.

la scène, ce « Pantalon-Maupeou » qui pour servir ses vilaines passions fabriquera un plan de génie; ce futur « cousin » de la Du Barry, que l'histoire réserve à une impopularité vraiment royale, et qui, après la chute, doit languir, toujours chancelier, dans un exil interminable, jusqu'au jour où les destins ironiques jetteront sur ses vieilles épaules la toge de laine d'un juge de campagne. Car ce Maupeou, ce premier Président de 1765, est mort juge de paix à Thuit, près des Andelys.

Les présidents de la Grand'Chambre, les demi-dieux du grand Banc sont :

Messire François d'Aligre, le premier Président de demain, celui qui doit régner de 1768 à 1790, puis émigrer et mourir à Brunswick en 1798; homme d'argent, avare et insatiable, le « roi des épiciers », si l'on croit cent libelles, agent de la Cour et des ministres, courtisan et non magistrat [1];

Louis-François de Paule Lefèvre d'Ormesson, probe, instruit, estimé, successeur de d'Aligre en 1790;

Bochart de Saron, le dernier des premiers Prési-

---

1. A chaque instant, d'Aligre était, pour faits de corruption, l'objet de plaintes aux ministres. Ceux-ci lui demandaient des explications, il en fournissait, et les choses en restaient là. C'est ainsi qu'un libelle intitulé *le Testament de l'abbé Pommyer*, paru en 1784, accusait les magistrats d'avoir touché 33 000 livres d'épices dans « l'arrêt d'ordre des créanciers Haudry ». Lefebvre d'Amécourt, rapporteur, avait reçu 30 000 livres, disait le libelle, et le premier Président 3 000. M. de Vergennes s'émut et demanda des éclaircissements. D'Aligre les fournit par une lettre qui est aux Archives diplomatiques (Fonds de France 1398, année 1784). Le premier Président était un homme trop utile pour que la Cour le molestât sérieusement. Les communications des ministres n'étaient que des appels à la prudence, à quelque retenue dans les questions d'argent.

dents au Parlement de Paris, savant, laborieux, ami de Laplace, guillotiné par la Révolution;

Chrétien-François de Lamoignon, ambitieux, novateur, destiné à prendre les sceaux en 1787, et à tenter *in extremis* (avec Linguet pour inspirateur) le coup d'État des grands bailliages, de la cour plénière, des parlements annihilés.

Enfin Pinon, le galant Pinon, « bon juge à l'Opéra » suivant Maupeou dans ses notes secrètes; de Gourgues, un modèle de vertus antiques; Le Peletier de Saint-Fargeau, Joly de Fleury et l'étourdi de Rozambo.

Assez sur la Grand'Chambre, car nous ne pouvons, même en courant, énumérer les conseillers d'honneur nés ou nommés; distinguer les ecclésiastiques, les conseillers-clercs, qui sont au nombre de douze, des conseillers-lais qui sont vingt-cinq.

Et pourtant, que de noms déjà connus ou bien à la veille de l'être, que de portraits ou de caricatures historiques, dans cette liste suggestive, qui est la vivante image du chaos et de l'anarchie du temps!

Voici les malfaiteurs : Terray, Sahuguet d'Espagnac. Le premier, faisons-en l'aveu par avance, trouvera pour son système de finances un défenseur dans Linguet.

Puis de braves gens : le doyen Severt, Lemée, Boucher, Barraly, et parmi eux plusieurs futurs compères de Linguet à la guillotine de 1794.

Et tous ces conseillers, troupe hétérogène de politiciens, juristes, gens de ruelle, de finance ou de lettres, sont tenus à grand'peine, et souvent maltraités comme des écoliers par de sévères mercuriales. Il faut les objurguer sans cesse, leur commander « d'assister exactement aux audiences, et d'y écouter

« attentivement les plaidoyers sans dormir ni caque-
« ter, de ne se point promener dans les salles du
« Palais, ni aller détourner les juges aux autres
« Chambres ¹ ».

Après les conseillers, viennent les « Gens du Roy
« servant à toutes les Chambres du Parlement ».
D'abord Séguier, le gros avocat général, connu partout sous le nom de « Messire Antoine »; fabricant
par lui-même de médiocres petits vers, et par autrui,
par d'adroits secrétaires, d'un nombre incalculable
de réquisitoires; bête noire des philosophes, passant
ses matinées à mettre à la broche les ouvrages que le
bourreau brûlera à midi.

Après Séguier marche le Procureur général Joly
de Fleury, porte-plume après porte-parole. Mais le
porte-plume est plus influent; c'est un des personnages importants du royaume. Il a seize substituts;
il joint à la charge de Procureur général celle de trésorier garde des chartes et des papiers de la couronne.
Barentin, le second avocat général, se rattache étroitement à notre récit : Linguet sera rayé sur ses réquisitions. Quelques années plus tard, devenu garde des
sceaux, Barentin ouvrira les États généraux.

Jetons enfin un coup d'œil rapide sur l'organisation intérieure du Parlement. Quelle variété de phy-
sionomies, quel désordre d'attributions, quelle com-
plexité de rites, dans ces trois Chambres des enquêtes
où l'on compte soixante-quinze conseillers; dans les
deux Chambres des requêtes, dont l'une seulement (la
première) a qualité pour juger les princes du sang,

____

1. Fonds Durey de Ménières, manuscrits de la Bibliothèque
nationale, notes du Président.

les membres du Parlement, et les quarante de l'Académie française !

C'est là que siègent Amelot, l'impeccable Dyonis du Séjour, que, dans ses charges furibondes contre le Parlement, Linguet a toujours respecté ; Duport, Flesselles ; Titon et Fréteau qui feront en compagnie de Linguet le voyage suprème du tribunal révolutionnaire à la guillotine ; le chanoine de Chauvelin, le pourfendeur de Saint-Ignace, janséniste de marque, célèbre travailleur, célèbre débauché.

Et puis de hauts portraits antiques :

Le président Rolland, autre adversaire des jésuites, auteur d'un plan d'éducation qui contient la première ébauche de l'École normale et de l'Université de France ; guillotiné en 1794 ;

Le président Durey des Ménières, un bénédictin dont les manuscrits innombrables forment un monument précieux de notre histoire judiciaire ; monument à peine exploré.

Tel est le Parlement de Paris, avec ses vingt présidents, ses cent cinquante conseillers ; avec ses bataillons d'auxiliaires ; avec ses greffiers civils et criminels, de la Grand'Chambre, de la Tournelle, des présentations, des affirmations, ses greffiers gardessacs, ses greffiers à la peau.... Sans compter l'essentiel M. Radix de Chevillon, trésorier payeur des gages ; sans compter les buvetiers de l'enclos du Palais, pourvus d'offices comme les présidents ; et M. Guillaumont, tapissier ordinaire, et les médecins et chirurgiens, et la matrone Mme Fougeron, maîtresse sage-femme. Sans compter enfin M. Gripois, courrier du Parlement pour toutes sortes de cérémonies, sorte de maître à danser qui dresse les jeunes conseillers à l'art des longues révérences, si nécessaires en tous temps, et surtout aux séances royales, ou bien à la messe de la Saint-Martin.

Et au-dessous du Parlement, il faudrait, pour avoir une idée complète du Palais, parcourir les cours souveraines :

La Chambre des comptes, fief des Nicolaÿ, où siègent tant d'oisifs à côté d'hommes de premier mérite; où les deux Cassini ont pour président le folâtre Jérôme de Meslay, qui se fera bientôt surprendre dans une loge, à l'Opéra, entre les bras d'une figurante : Mlle Laguerre.

Enfin la Cour des aides, justement illustrée par son chef : Chrétien-Guillaume de Lamoignon de Malesherbes. Malesherbes, qu'il suffit de nommer, et dont il nous plaît, en achevant le tableau du milieu où Linguet pénètre, d'évoquer la pure et vaillante mémoire.

IV

Tout de suite, dans ce Palais, dans ce milieu nouveau pour lui, Linguet éprouva une amère déception. Dépourvu d'appuis, de relations utiles, il allait et venait par les salles, dans son attente toujours déçue de la fortune et de la renommée.

Il vida son portefeuille d'écrivain, et donna au public les *Révolutions de l'Empire romain* [1].

La *Correspondance de Grimm* fut sans pitié pour cette œuvre nouvelle [2] :

1. *Histoire des Révolutions de l'Empire romain*, 2 vol. in-12, 1765.
2. *Correspondance de Grimm*, 1766, t. VII, p. 83.

« Linguet, y lisons-nous, vient d'écrire une histoire
« des Révolutions de l'Empire romain. Il prend dans
« sa préface congé de la littérature, où il avoue de
« bonne foi n'avoir pas été comblé de lauriers. Il
« reconnaît que ses ouvrages n'ont pas réussi, mais
« il n'en peut découvrir les raisons. Je vais les lui
« dire. C'est qu'il écrit ennuyeusement. Les para-
« doxes peuvent réussir au génie de l'abbé Galiani,
« mais Linguet fait bâiller. Je souhaite le bonsoir
« à M. Linguet auteur, et beaucoup de bonheur à
« M. Linguet avocat, et à ses clients. »

Linguet en était là, à ce nouvel échec, à ce souhait
ironique, lorsque la fortune frappa à sa porte. Elle
venait de Picardie, apportant à l'obscur stagiaire une
tâche émouvante : un rôle dans le procès tristement
célèbre du crucifix d'Abbeville.

CHAPITRE III

(1765-1766)

On sait que Linguet avait été le précepteur du jeune Douville, de son cousin Dumayniel de Saveuse, de Gaillard d'Estalonde et de Lefebvre de La Barre. Quelle fut sa surprise, quand il apprit, à la fin de 1765, que ces enfants étaient impliqués dans l'affaire la plus étrange, qu'une instruction criminelle était suivie contre eux, que leur vie était menacée.

Il connut bientôt par M. Douville tous les détails de l'abominable procès, et, malgré les dangers d'une pareille tâche, il se voua avec passion à la défense des accusés.

Mieux que tout autre, avec sa connaissance récente de la société d'Abbeville, il pouvait pénétrer les dessous de ce drame, et saisir les intrigues, les mobiles de haine qui poussaient à un acte de férocité les juges de ces pauvres enfants.

Mais comment les défendre? La procédure était secrète, l'accusé était la proie du juge. L'ordonnance d'avril 1670 fermait la bouche à l'avocat en matière criminelle!

Restaient les mémoires, les visites, les supplications, les appels à des interventions puissantes, Linguet s'y consacra avec passion. De La Barre, qu'il vit dans sa prison, le chargea par écrit de justifier sa mémoire, s'il ne pouvait sauver sa vie. Linguet fut impuissant à protéger cette victime innocente, mais son effort désespéré, ses démarches, ses colères, son courageux *Mémoire* [1] en faveur des autres accusés : de Moisnel, de Saveuse et de Douville-Maillefeu, furent couronnés de succès. Il eut, dans ce terrible drame, la consolation et l'honneur d'avoir contribué puissamment au salut du fils de son ami.

« J'ai essuyé dans cette affaire, écrivait-il plus « tard, tous les déboires, tous les désagréments ima- « ginables; on m'a lié les mains, on m'a fermé la « bouche; on ne m'a pas permis de publier la moindre

---

1. *Mémoire* pour les sieurs Moisnel, Dumesniel de Saveuse et Douville de Maillefeu, impliqués dans l'affaire de la mutilation d'un crucifix arrivée à Abbeville, le 9 août 1768. (Linguet, t. I des *Mémoires et Plaidoyers*, Liège, 1776.)

« chose pour la défense des accusés. Il a fallu substi-
« tuer aux écrits imprimés, qui auraient tout d'un
« coup instruit et désabusé le public, des démarches,
« des sollicitations, des remontrances manuscrites
« qui m'ont coûté cent fois plus de peine, et qui n'ont
« produit en faveur de de La Barre aucun effet [1]. »

Il n'y a aucune exagération dans ces lignes, et
Voltaire, qui n'aimait guère Linguet, a toujours loué
sa courageuse attitude dans ce procès :

« Linguet, écrivait-il à Condorcet en 1774, avait
« pris généreusement la défense des accusés d'Abbe-
« ville. Car si ce Linguet a d'ailleurs de très grands
« torts, il faut avouer aussi qu'il a fait quelques bons
« ouvrages et quelques belles actions [2]. »

Comment l'histoire, si dure pour Linguet, ou
plutôt si oublieuse, n'a-t-elle pas enregistré quelques-
unes de ces belles actions? Son nom ne reste pas
attaché au procès du chevalier de la Barre. Aux
yeux de la postérité, les accusés n'ont eu qu'un
défenseur : Voltaire, et les protestations de ce grand
homme : la *Relation de l'avocat Cassen à Beccaria*,
et *le Cri du sang innocent*, sont les seuls plaidoyers
qui soient restés dans les mémoires [3].

Il est temps de faire connaître le rôle important
que Linguet a joué dans ce procès d'Abbeville, dont
nous allons reprendre le récit. Nous possédons aujourd'hui les pièces originales que Voltaire ne pou-

1. *Notice pour servir à l'histoire de la vie et des écrits de
Linguet*, par Devérité, p. 41, Liège, 1781.

2. Voltaire, *Correspondance*, t. LI, année 1774, lettre à Condorcet.

3. *OEuvres de Voltaire*, éd. Garnier, t. XXV. p. 504, et t. XXIX.
La relation de la mort du chevalier de La Barre par

vait connaître : le dossier même de l'instruction
criminelle [1], ainsi que la correspondance et les documents de toute sorte que le Procureur général Joly
de Fleury avait classés à son parquet [2].

Ces documents, pour la plupart inédits, joints au
Mémoire que Linguet a publié au moment de l'exécution de de La Barre, pour sauver ses coaccusés,
et aux indications nombreuses contenues dans· ses
ouvrages, notamment dans la *Théorie des loix civiles*,
offrent de nouveaux éléments historiques qu'il est
intéressant de mettre en lumière.

D'ailleurs plusieurs des personnages qui ont joué
un rôle dans le drame d'Abbeville se trouvent étroitement mêlés, par la suite, au drame personnel, à la
vie de notre héros.

Par les relations qu'il lui créa, par les amitiés et les
haines dont il fut pour lui la source, ce procès exerça
sur la vie de Linguet une influence considérable.

Il en exerça une non moins grande sur la direction
de son esprit. On comprend mieux les emportements
de Linguet, ses attaques violentes, haineuses même,

M. Cass *** à M. le marquis de Beccaria a été écrite par Voltaire
en 1766. Amsterdam, 1768, in-8.

Nous trouvons encore, au sujet de l'affaire de de La Barre
une tragédie de Fabre d'Églantine intitulée *Augusta*, et un acte
en prose de Marsollier représenté au *Théâtre-Italien* le 8 juillet 1771 ; mentionné dans *les Spectacles de Paris et de toute la
France, ou Calendrier historique chronologique des théâtres*

1. Archives nationales, X², B 1392, 1393. Les pièces de l'information ont été copiées au moment de l'appel formé par
de La Barre et ses coaccusés contre la sentence d'Abbeville.
Cette copie, destinée au Parlement, a été retrouvée dans ses
archives.

2. Collection Joly de Fleury (dossier 4817), Manuscrits. Bibliothèque nationale.

contre les hommes et les mœurs de son temps (et particulièrement contre les mœurs judiciaires) quand on a assisté à la lutte qu'il eut à soutenir, dès le début de sa carrière, contre d'étranges magistrats; quand on a pénétré les dessous de cette incroyable affaire où, sans sa courageuse intervention, trois innocents au lieu d'un devaient être livrés au bourreau.

I

Ouvrons donc les pages mêmes de la procédure suivie à la sénéchaussée de Ponthieu, ces belles pages grossoyées, dont la calligraphie à paraphes et à panaches recèle l'histoire du drame sanglant.

Nous sommes à Abbeville, en 1765, à une époque bien voisine de celle où Linguet philosophait dans ce pays, comptait les filles à marier, ou bien projetait des canaux en compagnie de son ami Douville.

Le 9 août, un bruit se répand dans la ville :

« Un crucifix de bois [1], exposé sur un pont à la
« vénération publique, a été trouvé le matin chargé
« de plusieurs coups de sabre, qui y ont laissé des
« traces profondes : cet événement, dès qu'il est connu,
« excite une consternation générale. Le peuple s'as-
« semble autour de la croix pour en détester la pro-
« fanation. »

Tout se met en mouvement. Le Procureur du roi, Hecquet, et l'assesseur criminel, Duval de Soicourt, faisant les fonctions de lieutenant, s'acquittent de

---

1. *Mémoire* de Linguet, déjà cité, p. 2.

leur devoir. L'un rend sa plainte, et l'autre une sentence qui permet d'informer.

« Étant parvenu, dit le magistrat [1], sur le dit Pont-« Neuf et ayant examiné le crucifix placé sur iceluy, « nous avons remarqué qu'à la jambe droite du Christ « qui est de bois, il y avait trois coupures faites avec « un instrument tranchant, que ces coupures étaient « de plus d'un pouce de long chacune, et profondes « de trois ou quatre lignes; qu'au-dessus de l'estomac, « du côté gauche, il y avait aussi deux coupures, mais « pas aussi profondes et aussi longues que les autres, « et qu'un peu plus bas il y avait encore deux cou-« pures, mais plus légères, que ces coupures nous ont « paru couvertes en la meilleure partie d'une légère « couche de peinture blanche à l'huile. »

Ne dirait-on pas le rapport d'un médecin légiste chargé d'examiner la victime d'un meurtre, pratiquant l'autopsie, notant la disposition et la gravité des blessures? Cette minutie, ce détail témoignent de la grandeur du crime et de sa nature particulière.

Le Christ, sculpté ou peint, le Christ de bois, de pierre ou d'or, n'est-il pas, aux yeux du croyant, bien plus qu'une effigie : une personne, un être humain et divin à la fois, un être qui a des nerfs, des muscles et du sang? La notion du réel disparaît dès qu'il s'agit de l'Homme-Dieu. Toute image du Christ participe au miracle, et semble animée d'une vie surnaturelle. De ce flanc entr'ouvert le sang ne va-t-il pas couler? Ne l'a-t-on pas vu couler bien des fois?

Celui qui enfonce le couteau dans la poitrine du

1. Archives nationales, X^2, B 1392. Procès-verbal du 10 août 1765.

Christ est donc le meurtrier d'une chair palpitante.
Et nul forfait, dans les lois divines et humaines, ne
dépasse celui de l'homme qui a voulu tuer Dieu.
C'est un crime de *lèse-majesté divine* pour lequel les
canons et l'Ordonnance sont également inexorables.
Si le coupable est saisi, l'infamie, le supplice l'at-
tendent, et au delà l'enfer. S'il meurt dans sa prison,
le procès sera fait à son cadavre.

Tel est le sombre fanatisme que trahit le procès-
verbal du lieutenant criminel, et qui va s'épancher
dans les imprécations de l'évêque d'Amiens.

L'Église, en effet, suit de près dans ses constata-
tions la justice royale. Dès le 10 août, Mgr de Lamotte (prélat qui, suivant les chroniques, est mort
en odeur de sainteté) s'avance sur le pont d'Abbeville, pieds nus et la corde au col, suivi par son
clergé et par un immense concours de peuple.

Après les cérémonies de l'amende honorable, il
fulmine un discours qui s'achève par ces paroles
menaçantes : « Pénétré, ô mon Dieu! des outrages
« que vous ont faits quelques impies, je vous en fais
« ici une amende honorable en réparation d'hon-
« neur. Combien n'est-il pas douloureux de voir des
« chrétiens, qui ne doivent ce titre précieux qu'aux
« mérites d'un Dieu crucifié, porter l'ingratitude
« jusqu'à l'outrager même dans son image sur la
« croix ! Ils se sont rendus par là dignes des *derniers*
« *supplices en ce monde* et des peines éternelles dans
« l'autre [1]. »

Il faut montrer ici avec quelle prudence, quels

1. *Recueil des pièces intéressantes sur l'affaire du Crucifix
d'Abbeville.* Devérité, Londres, 1776, in-12.

détours, quelle circonspection, Linguet a pu parler dans son Mémoire de cette mise en scène et de ses résultats.

« La démarche du prélat, écrit-il, était édifiante;
« mais on ne saurait dissimuler qu'elle fit sur l'es-
« prit du peuple une impression que sans doute il
« ne prévoyait pas lui-même. La pompe de cette
« cérémonie, l'éclat qui l'avait accompagnée, échauffa
« les imaginations. On ne parlait plus d'autre chose
« dans la ville. Les entretiens particuliers nourris-
« saient l'émotion publique; celle-ci portait l'alarme
« dans les consciences, la frayeur faisait naître des
« scrupules et produisait des indiscrétions [1]. »

Devérité, en 1776, a pu juger plus librement la démarche de l'évêque, ses menaces, les monitoires qui les suivirent et provoquèrent toutes les dénonciations. Ces monitoires avaient pour base juridique un axiome que les criminalistes du temps formulaient ainsi :

« Dans les délits les plus atroces, les conjectures
« les plus légères suffisent contre l'accusé, et le juge
« peut s'écarter des lois [2]. »

C'étaient des appels à la délation fulminés en chaire par les curés et les vicaires [3], « des ordres, comme
« le dit très bien Devérité, à toutes les servantes, à
« toute la populace, d'aller révéler aux juges tous les
« contes qu'elles auraient entendus, et de calomnier
« en justice sous peine d'être damnés ».

La calomnie et l'erreur judiciaire étaient donc

---

1. *Mémoire*, déjà cité, p. 6.
2. Beccaria, *Des Délits et des Peines*, Lausanne, 1766, p. 50.
3. *Ordonnance de 1670*, tit. VII des Monitoires, articles 10 et suiv.

savamment organisées. On put bientôt s'en apercevoir dans le procès du Crucifix.

Le 17 août, Hecquet, Procureur du roi, avait écrit à M. Joly de Fleury, Procureur général du Parlement de Paris, pour l'informer de la mutilation, et demander ses ordres au sujet d'impiétés, plus graves encore, que l'enquête faisait découvrir.

« En portant plainte du fait de la mutilation, disait-
« il, j'ai appris qu'on débitait que plusieurs jeunes
« gens se vantaient d'avoir commis des impiétés
« encore plus grandes ; j'en ai fait mention dans ma
« plainte sans les désigner autrement [1]. »

Et le 22 août le Procureur général répondait [2] :
« J'ay reçu votre lettre au sujet des particuliers qui
« se sont livrés aux excès et aux impiétés les plus
« criminelles. Vous devez continuer d'en faire infor-
« mer, et de faire toutes les diligences nécessaires
« pour faire découvrir et arrêter ces particuliers et

1. Lettre de Hecquet, Procureur du roi, au Procureur général (dossier Joly de Fleury). Inédite.

2. Lettre du Procureur général à Hecquet, du 28 août 1765, inédite. Malgré la hâte de cette réponse et la sévérité des ordres qu'elle contient, le Procureur général semblait, dans cette fin d'août, moins préoccupé de l'affaire des impiétés d'Abbeville que des vacances judiciaires imminentes, et des préparatifs de son départ pour les champs. Il désigne pour suivre le procès le doyen de ses substituts, M. Boullenois (substitut du Procureur général depuis 1723). Et le doyen, magistrat consciencieux, poursuit de rapports le Procureur général en villégiature. M. Joly de Fleury qui, dans la hâte du départ, avait enfoui des lettres et pièces venant du Parquet d'Abbeville dans son cabinet à l'hôtel de Créquy, rue Saint-Guillaume, lui écrivait un peu impatienté : « Je n'ai point ici le fond « de la liasse ; je l'ay laissée dans mon cabinet à Paris où il serait « peut-être difficile de la retrouver. M. Boullenois pourrait-il « s'en passer pour répondre à la dernière lettre de M. Hecquet ? « S'il ne le peut pas, il faudra bien faire rechercher la liasse. »

« leur instruire le procès dans *la plus grande rigueur*
« *de l'Ordonnance.* Vous aurez agréable de m'en-
« voyer à fur et à mesure copie des procédures [1]. »

Ces instructions étaient précises. Elles flattaient
trop vivement certains sentiments secrets de la magistrature d'Abbeville pour que celle-ci ne les accueillît
point avec transport, résolue d'étonner par son zèle
le Procureur général.

D'abord, malgré ce zèle, l'objet de la plainte
portée le 10 août ne parut point s'éclaircir.

« Monseigneur, écrivait le Procureur du roi à
« M. Joly de Fleury, si je ne découvre rien par la
« voye du Monitoire, dont la troisième publication
« doit se faire dimanche prochain, il faudra nécessai-
« rement arrêter toute poursuite [2]. »

Personne en effet, écrit Linguet dans son Mémoire,
ne connaissait le sacrilège.

Mais il ajoute [3] : « Au défaut de cette connaissance,
« qui était pourtant le seul but du procès, les té-
« moins, en se présentant devant le juge, s'effor-
« çaient de paraître instruits, au moins sur quelques
« chefs relatifs à celui qu'il s'agissait d'éclaircir. Ils
« faisaient une espèce d'examen de leur conduite,
« et beaucoup plus encore de celle des autres. Les
« ouï-dire, les simples soupçons même se trouvaient
« rappelés comme des vérités essentielles, et les ru-
« meurs les moins probables prenaient en passant
« par leur bouche toute l'apparence de la certitude.

---

1. Lettre de Joly de Fleury au Procureur du roi d'Abbeville,
du 22 août 1765 (dossier Joly de Fleury). Inédite.

2. Lettre de Hecquet au Procureur général, du 30 août 1765
(dossier Joly de Fleury). Inédite.

3. *Mémoire*, déjà cité, p. 6 et suiv.

« Ils révélaient des irrévérences, des indiscrétions,
« des discours impies tenus par des jeunes gens de
« la ville, mais qui étaient antérieurs au délit dont
« on informait, et qui jusque-là n'avaient causé
« aucune espèce de scandale. Cependant le Procu-
« reur du roi crut devoir les dénoncer à la justice.
« Il y trouva la matière d'une seconde plainte qu'il
« rendit, en effet, le 13 septembre 1765, c'est-à-dire
« à plus d'un mois d'intervalle de la première. »

Il semble que l'équité demandait du juge criminel
qui reçut les deux plaintes, celle du 10 août, portant
sur la mutilation du crucifix, et celle du 13 septembre,
laquelle ne tendait qu'à obtenir la permission d'informer « sur les impiétés et blasphèmes commis dans
la ville », qu'il eût soin de distinguer les deux objets
qu'elles concernaient.

« Il est sûr, écrit Linguet, que le blasphème est un
« grand crime ; mais la mutilation d'une croix est un
« crime encore plus grand. Le premier consiste dans
« des paroles, le second consiste dans des actes. L'un
« a différentes nuances, différents degrés qui peuvent
« le rendre plus ou moins grave ; l'autre est énorme
« de sa mesure, c'est toujours un crime de lèse-
« majesté divine.

« Il était donc important de les séparer ; la justice
« exigeait qu'on évitât soigneusement d'en faire un
« seul et même titre d'accusation. Ce ne fut pourtant
« pas le principe que suivit l'assesseur d'Abbeville.
« Au contraire, il parut se proposer de confondre
« les deux affaires, et, dès le commencement des
« informations sur la seconde plainte du 13 sep-
« tembre, il rendit une sentence dont voici les dis-
« positions : elle ordonnait que les deux procès faits,

« tant sur la plainte du 10 août, portant sur la muti-
« lation, que sur la plainte du 13 septembre, bornée
« aux impiétés et aux blasphèmes, *seraient et demeu-*
« *reraient joints, pour être sur iceux statués par un*
« *seul et même jugement* [1]. »

Cette jonction était le stratagème imaginé par
Duval de Soicourt pour englober dans la poursuite
plusieurs enfants dont il détestait les familles, et qu'il
avait pu compromettre en récoltant des propos dont
on appréciera la valeur. Aussi l'affaire d'Abbeville
est-elle demeurée l'affaire du Crucifix, et l'on croit
encore que le chevalier de La Barre a été condamné comme l'un des auteurs de la mutilation du
Christ.

« Ce n'est cependant qu'une erreur cruelle, a dit
« Linguet avec raison [2]. L'insulte à la Croix est bien
« le prétexte du procès, mais elle n'en est pas l'objet.
« Elle n'entre absolument pour rien dans la sentence
« ni dans l'arrêt. La mutilation du Christ n'est même
« rappelée ni dans l'une ni dans l'autre. L'auteur en
« est inconnu; aucun des accusés n'en est chargé
« par les témoignages; et quand le Parlement s'est
« décidé à livrer deux d'entre eux à toute la rigueur
« de la justice, ce n'est pas la considération de ce
« crime qui a déterminé les suffrages, puisque dans
« les informations il n'y a pas un mot qui puisse
« faire croire qu'on a découvert les coupables. »

Qu'importait à Duval de Soicourt? Tout le procès
est dans son coup de maître !

Cet homme ingénieux a su, en liant, en soudant

<hr>

1. *Mémoire* de Linguet, déjà cité, p. 7.
2. *Ibid.*, p. 2.

l'une à l'autre deux causes absolument différentes, égarer l'opinion et même l'histoire [1].

Quels étaient donc les motifs de la haine du juge contre de La Barre, Douville de Maillefeu, Moisnel et d'Estalonde?

Il faut ici, en ce début d'octobre, à l'aurore du procès sanglant, faire une halte afin d'observer le milieu où va se mouvoir le drame, la physionomie des acteurs, surtout celle du magistrat étrange qui tient tous les fils de l'intrigue, de Duval de Soicourt.

II

On se souvient du mayeur d'Abbeville qui fit mander Linguet, trouvant ses démarches suspectes, et ordonna plus tard des perquisitions dans son domicile. Ce mayeur n'était autre que Duval de Soicourt, maintenant juge de de La Barre, et chef du tribunal qui allait dans cette affaire trouver un si triste renom.

Ce personnage, le point est hors de doute, contribua puissamment à machiner le procès et les con-

1. « En 1766, écrit M. Henri Martin (*Histoire de France*, « t. XVI, p. 141), un crucifix placé sur un pont d'Abbeville ayant « été mutilé pendant la nuit, l'évêque d'Amiens cria vengeance. « Deux jeunes officiers de dix-huit ans, La Barre et d'Esta-« londe, furent accusés de ce sacrilège. D'Estalonde s'enfuit; « La Barre fut condamné par le présidial d'Abbeville, sur de « vagues présomptions, à être brûlé vif, après avoir eu la « langue et la main droite coupées! Appel fut porté au Parle-« ment de Paris. Le Parlement confirma la sentence, en accor-« dant au condamné la faveur d'être décapité. » Ce passage, on le verra d'ailleurs, contient un grand nombre d'inexactitudes.

damnations en vue de satisfaire ses rancunes personnelles. Mais les motifs d'une vengeance aussi féroce
ont été diversement exposés. Voltaire, sur ce point, a
fait un récit romanesque qui semble contredit par
l'examen des documents originaux.

Duval, selon Voltaire [1], aurait été amoureux de
l'abbesse de Willancourt, tante de de La Barre.
Dédaigné, évincé, il aurait fait payer un peu cher au
neveu les refus de la vertueuse abbesse.

C'est le roman, voici l'histoire, l'intrigue dont
Linguet n'a pas craint d'exposer la trame, en termes
peu voilés, dans son Mémoire au Parlement.

« Des cinq accusés [2], dit-il, il y en a quatre dont
« les parents ont eu avec M. Duval de Soicourt des
« torts, ou des procédés qui peuvent lui paraître
« mériter ce nom. Par conséquent il n'aurait pas dû
« se présenter pour les juger, et moins encore pour
« instruire le procès où ils sont compromis.

« Le fait est tout récent. Il se trouvait curateur
« d'une jeune personne riche et sa parente. Il avait
« formé le projet de la marier à son fils unique. Il
« avait sollicité vivement la supérieure d'une maison
« religieuse [3], où demeurait la demoiselle, de tra-
« vailler pour l'amener à ses vues. Cette supérieure
« s'y était refusée. On avait tenu, devant un conseiller
« au Présidial [4], une assemblée de parents pour le
« dépouiller malgré lui de son titre de curateur, et

1. Qui le nomme à tort *Belleval.* Il y avait à Abbeville un
juge honorable et estimé qui portait le nom de Belleval. Il
ne fut point flatté de cette confusion.

2. Gaillard d'Estalonde, Lefebvre de La Barre, Dumayniel de
Saveuse, Moisnel, Douville de Maillefeu.

3. Mme Feydeau de Brou, tante de de La Barre.

4. M. Douville de Maillefeu.

« conclure le mariage de la mineure avec un étranger.
« Or, des quatre accusés, le premier est parent proche
« et chéri de la supérieure [1]; le second [2] et le troi-
« sième [3] sont l'un frère et l'autre cousin germain du
« rival préféré, et le quatrième [4] est fils du conseiller
« devant qui l'assemblée s'est tenue. Le ressentiment
« de l'assesseur avait éclaté. Il semblait que la décence
« et même l'équité lui ordonnaient de se déporter
« d'un jugement où il voyait compromises tant de
« personnes qu'on pouvait le soupçonner de ne pas
« aimer [5]. »

A côté de Duval de Soicourt siégeaient dans cette
Chambre criminelle de la Sénéchaussée de Ponthieu
deux juges nommés Lefebvre de Villers, et de Broutelles.

Le premier était un bon homme, faible et borné,
qui se montra plus tard désespéré du mal qu'il avait
fait; le moins vil de l'étrange trio.

Quant à de Broutelles, il mérite un portrait à
part.

C'était un marchand de porcs, perdu de réputation
dans Abbeville.

« Sa conduite personnelle, ne craignait pas de dire
« Linguet, répugnait aux fonctions de jurisconsulte,
« et plus encore à celles de juge. Il est notoire que
« son unique occupation est le commerce, et on ne
« serait pas embarrassé à trouver des sentences des
« Consuls qui lui enjoignent de *produire ses livres*.

1. Lefebvre de La Barre.
2. Dumayniel de Saveuse.
3. Moisnel.
4. Le jeune Douville de Maillefeu.
5. *Mémoire,* déjà cité, p. 23.

« L'Élection d'Abbeville, dont il a acheté la Prési-
« dence, a refusé de l'admettre, et elle a actuellement
« un procès contre lui à la Cour des Aydes, pour se
« dispenser de l'avoir pour chef[1]. »

Tels étaient les trois juges, investis d'un pouvoir
sans limites, qui tenaient dans leurs mains le sort
des accusés.

Quels étaient donc ces grands coupables, auxquels
Linguet, deux ans plus tôt, faisait la classe, fort loin
de songer à plaider pour eux?

C'étaient des fils de famille, tous mineurs; le plus
jeune d'entre eux avait seize ans.

D'Estalonde, le plus compromis, était instruit et
avisé. Ayant lu Plutarque, sans doute, il savait qu'Al-
cibiade, accusé par les Athéniens d'avoir renversé
des bustes de Mercure, s'était dérobé par un voyage
à Sparte aux monitoires de son temps. Dès la première plainte il quitta la place, alla chez Voltaire,
puis en Prusse, où Frédéric, ravi de plaire aux philosophes et de déplaire à Louis XV, l'accueillit
comme un fils, l'accabla de caresses, et le nomma
aide de camp.

De Maillefeu [2] était presque un enfant, bien qu'il
eût déjà fait service d'officier (de lieutenant aux
gardes) et, dit-on, tué son colonel à Compiègne,
en duel. Ce précoce bretteur était, nous le savons,
fils du conseiller Douville, « homme justement
estimé, dit Linguet, honoré de toutes les distinc-
tions qui peuvent s'accorder au mérite dans la province ».

1. *Mémoire,* déjà cité, p. 25.
2. C'est le premier des Douville qui ait porté le titre de
comte de Maillefeu. Né le 28 juin 1748, il mourut le 7 mai 1814.

Moisnel était surnuméraire aux gendarmes de la garde.

Jean-François de La Barre était lieutenant d'infanterie, orphelin et pauvre, mais fort bien né. Il tenait à de grandes familles, à la puissante tribu parlementaire .des Lefèvre d'Ormesson. Son grand-père, seigneur de La Barre près Enghien, avait été d'abord maître des requêtes. Il avait ensuite administré Cayenne, et s'était, par un gouvernement intelligent, rendu le véritable créateur de cette colonie. Ce grand-père était mort, lieutenant général des armées royales, laissant une fortune de 40 000 livres de rente, que son fils, un vrai chenapan, dissipa.

Le petit-fils, le jeune Jean-François, fut élevé chez un fermier, puis recueilli à Abbeville par sa tante, l'abbesse de Willancourt, parente de Paul-Esprit Feydeau de Brou, garde des sceaux jusqu'en 1762, dont elle portait le nom [1].

Mme Feydeau de Brou avait installé son neveu dans un appartement dont l'abbaye disposait, en dehors de l'enceinte cloîtrée.

Ce neveu de nonne était doux et d'humeur paisible, non point cerveau brûlé comme son ami Maillefeu. Il aimait la lecture et l'étude, et passait dans le cercle des Douville pour un garçon de grand avenir. Ses juges n'ont pu lui reprocher aucun scandale, aucune action vilaine. Spirituel et vaillant, il a

1. Dans l'Almanach Royal de 1765 on voit sur la liste des abbayes de filles la mention suivante :

« 1761, Willancourt, Feydeau, Amiens, 8 000 livres, C. »

Ce qui veut dire que Mme Feydeau était abbesse depuis 1761, et que l'abbaye de Willancourt, du diocèse d'Amiens et de l'ordre de Cîteaux, était d'un revenu de 8 000 livres.

trouvé au cours de son martyre, et jusqu'au pied de l'échafaud, de jolis mots, simples et virils.

Faisons-en l'aveu cependant, le chevalier et le jeune Douville avaient eu, avant l'affaire de la croix, maille à partir avec la justice! Ils possédaient « un antécédent » dont la lettre suivante de M. le duc de Choiseul fera connaître la gravité.

Cette lettre [1], datée de Versailles, le 15 février 1765, est écrite par le ministre à Duval de Soicourt, alors mayeur commandant à Abbeville :

« Je répond, Monsieur, à la lettre que vous avez
« pris la peine de m'écrire, le 12 du mois dernier,
« en m'envoyant une information au sujet de l'affaire
« arrivée entre les Srs Douville et de La Barre,
« gardes du corps du Roy, et le geôlier des prisons
« d'Abbeville, à l'occasion d'un couteau de chasse
« appartenant à l'un de ces gardes qui avait été
« trouvé par le fils du geôlier et que ce dernier élu-
« dait de rendre; comme il paraist qu'il n'y a eu que
« des propos, et que les deux gardes, qui alors étaient
« pris de vin, ont depuis reçu ordre de rejoindre
« leurs quartiers ou ils doivent être punis, le Roy ne
« juge pas qu'il y ait lieu de donner aucune suite aux
« procédures que vous me marqués avoir été com-
« mencées à ce sujet par les officiers du bailliage
« d'Abbeville , en conséquence de la plainte du
« geôlier.

« Je suis parfaitement, Monsieur, votre très
« humble, etc.

« LE DUC DE CHOISEUL. »

---

1. Lettre de M. le duc de Choiseul à M. de Soicourt, mayeur commandant à Abbeville (dossier Joly de Fleury). Inédite.

Ainsi le fils du geôlier avait « éludé de rendre » un couteau de chasse appartenant à Douville ou au chevalier. Grand tapage, fureur, propos des jeunes gens ! Plainte du geôlier, et aussitôt Duval d'informer, de poursuivre, de signaler ce crime au premier ministre du roi. Choiseul, comme on l'a vu, arrêta net la procédure. Mais Duval conserva sa lettre, et plus tard eut soin de la remettre au Procureur général.

Hors cet antécédent, de La Barre était pur de tout reproche, et il fût demeuré à l'abri du soupçon dans l'affaire du Crucifix sans le capital témoignage d'un maître d'armes du nom de Naturé.

III

Hecquet et Duval de Soicourt battaient les buissons, s'évertuant vainement à la recherche d'une proie, quand ce maître d'armes apparut, vraiment providentiel.

C'est à lui que revient l'honneur du supplice de de La Barre ! Il devint le pivot, la clef de voûte de l'enquête, par sa précieuse dénonciation, qui mérite d'être rapportée :

« Le sieur d'Estalonde [1], le chevalier de La Barre
« et le sieur Moisnel étant tous trois dans ma salle
« d'armes, je les ai entendus se vanter qu'au temps
« de la fête du Saint-Sacrement dernier, étant sur la
« place de Saint-Pierre, lorsque la procession passa,

1. Déposition du deuxième témoin, Étienne Naturé, maître d'armes. Archives nationales, X 2, B 1392.

« ils ne défirent point leurs chapeaux, ne se mirent
« point à genoux, et en firent comme une espèce de
« bravade. »

Telle est la charge unique qui détermina les
mesures dont le Procureur du roi rendait compte
le 5 octobre à son chef [1] :

« J'ay appris par l'information, que plusieurs
« jeunes gens de cette ville étaient passés le jour de
« la Fête Dieu devant le Saint-Sacrement, sans ôter
« leurs chapeaux, s'en étant vantés comme d'une
« belle action. Sur ce fait, les sieurs Gaillard d'Es-
« tallonde, Lefèvre de La Barre et Moisnel ont été
« décrétés de prise de corps. Le sieur Lefèvre de La
« Barre, cousin de Madame Feydeau de Brou, abbesse
« de Willancourt, en cette ville, et parent, que je
« crois, de MM. Lefèvre d'Ormesson, a été pris mardi
« dernier en l'abbaye de Longvillers, entre Montreuil
« et Boulogne.

« Le sieur Gaillard d'Estallonde est le fils de M. de
« Boëncourt, Président au Présidial de cette ville.
« J'ay envoyé pour le prendre, mercredi dernier, au
« château d'Estallonde dans le comté d'Eu, où je
« croyais qu'il était. J'ai appris depuis qu'il avait
« gagné le lendemain, du côté de Boulogne pour
« s'embarquer à Calais. J'y ai envoyé son signalement
« et, s'il n'est point passé, je compte qu'il y sera pris.
« Le sieur Moisnel est un jeune surnuméraire dans
« les gendarmes de la garde du roi, un enfant qui,
« n'ayant ni père ni mère, a eu des liaisons trop
« intimes avec ces deux mauvais sujets.

---

1. Lettre de Hecquet au Procureur général, du 5 octobre 1765
(dossier Joly de Fleury). Inédite.

« Voilà quel est l'état actuel de la procédure. S'il
« survient quelque chose de nouveau, j'aurai l'hon-
« neur de vous en faire part.

« HECQUET. »

C'est le 1ᵉʳ octobre 1765 que le chevalier de La
Barre avait été capturé. Le lendemain, conformé-
ment à l'Ordonnance, il subit un premier interrogatoire.

Observons qu'autrefois, pour procéder à l'interrogatoire d'un accusé, le juge devait se conformer à
des règles et à des traditions que les Commentaires
de l'Ordonnance criminelle de 1670 indiquaient avec
précision [1].

C'est ainsi que le juge devait « fatiguer l'accusé
« par un grand nombre de questions », le « prendre
« par ses propres réponses, le tourner et le retourner »,
l'interroger par des circuits et des demandes éloignées, de manière que cet accusé « ne puisse pénétrer
« ce que le juge veut savoir de lui ».

Le magistrat d'Abbeville appliqua ces principes
avec une réelle sagacité. Les premières questions
portèrent sur le fait révélé par Naturé, le maître
d'armes, c'est-à-dire sur l'attitude de l'accusé et
de ses camarades au passage d'une procession de
capucins.

Avaient-ils des chapeaux? Ces chapeaux étaient-ils
sur leurs têtes? Avaient-ils vu une procession?
Avaient-ils eu l'intention d'insulter la Divinité [2]?

1. *Nouveau Commentaire sur l'Ordonnance criminelle du mois
d'avril 1670.* Paris, 1769, p. 219 et suiv.
2. Voir au dossier, déjà cité, Archives nationales.

Et de La Barre de répondre « qu'il était pressé de
« rentrer dîner, qu'il a doublé le pas pour passer
« avant la procession ; que s'il ne s'est point arrêté, ne
« s'est point mis à genoux et n'a point ôté son chapeau,
« ce n'a point été pour insulter la Divinité, mais pour
« arriver plus tôt à l'abbaye de Willancourt où il était
« attendu ».

Ici, le juge, un peu déconfit, se souvint des pré-
ceptes qui conseillent « d'intervertir l'ordre des
« interrogatoires, de faire à l'accusé une ou deux
« questions touchant un indice, et de passer ensuite à
« d'autres demandes touchant un second indice tota-
« lement différent du premier ; après quoi il faut
« encore passer à un autre et revenir ensuite au pre-

Le premier interrogatoire de de La Barre est du 2 octobre 1765. Voici quelques extraits de ce document.

D. De La Barre a-t-il déchiré et mis dans son pot un livre
d'Évangile ?

R. Non. Mais l'accusé avoue avoir fait des papillotes d'un
vieux bréviaire.

D. N'a-t-il pas scandalisé une tourière en lui demandant ce
qu'elle faisait d'une image de saint Nicolas ?

R. Non.

D. N'a-t-il pas dit des saints que c'était de « la graine de
niais » ?

R. L'accusé reconnaît qu'il ne croit pas à certains faits de
bigoterie, ni à certains points de religion qui paraissent blesser le sens commun.

D. Quels sont ces points ?

R. L'accusé ne se souvient pas.

D. De La Barre n'a-t-il point dit à quelqu'un : « A confesse,
je dis ce que je veux » ?

R. S'il a répondu qu'il ne disait à confesse que ce qu'il voulait, c'est parce *qu'il a cru n'être point dans le cas de rendre
compte de ses actions à personne* (on sent ici des arrangements
de rédaction d'une perfidie évidente).

D. N'a-t-il pas, à la communion, gardé l'hostie, qu'il a
ensuite piquée pour voir s'il sortirait du sang ?

R. Non.

« mier, de façon à troubler l'accusé et à le prendre
« par ses propres réponses [1] ».

Avec une pareille stratégie, si bien réglée pour
l'attaque, on conçoit que l'accusé finissait toujours
par perdre pied. Malgré son esprit, le chevalier
n'échappa point à la règle commune. Avait-il dit,
pressait le juge, « qu'il regardait l'hostie comme un
« morceau de cire? qu'il ne comprenait pas qu'on pût
« adorer un Dieu de pâte; qu'il faudrait mettre *Ordi-*
« *naire de la messe* au dos du livre de la Pucelle »?

Poussé à bout, désorienté, de La Barre eut la naïveté de répondre que, « souvent, d'Estalonde et lui
avaient « causé de leurs doutes sur la religion ».

C'était l'aveu du crime d'*hérésie*, dans les variétés
duquel était compris l'*athéisme.*

« N'avait-il pas, enfin, des collections de mauvais
« livres, tels que *le Portier des Chartreux, la Reli-*
« *gieuse en chemise, la Tourière des Carmélites, le*
« *Tableau de l'amour conjugal?* »

A quoi bon nier? Les livres étaient saisis. L'accusé
avoua donc, mais il ajouta, sans nécessité, qu'il pré-
férait à ces ouvrages *l'Esprit*, d'Helvétius, et surtout... le *Dictionnaire philosophique!*

A ce moment il fut perdu! Derrière lui, venait en
effet d'apparaître l'ombre même de Voltaire, de
l'Antéchrist, du démon principal de la philosophie.

Dès lors, pour assouvir sa haine, tirer vengeance
de l'abbesse, de tous ceux qui avaient fait obstacle
au mariage de son fils, le juge avait un motif plau-
sible, d'intérêt supérieur, de portée générale, capable

---

1. *Nouveau Commentaire sur l'Ordonnance criminelle de 1670*,
déjà cité.

d'impressionner le Parlement, le Dauphin et son dévot entourage, d'entraîner même le Roi.

S'il ne se fût agi que du crime d'un particulier, le Parlement eût hésité peut-être à frapper, dans le chevalier de La Barre, l'allié des d'Ormesson, le parent d'un garde des sceaux. Mais condamner Voltaire, le frapper nommément dans son Dictionnaire antichrétien, hisser sur le bûcher le livre, et la victime que le livre avait pervertie, cela devenait une affaire d'État, et une affaire excellente, de tous points opportune.

Duval le comprit à merveille. Ce Duval était un grand clerc; il savait lier sa haine à d'autres haines supérieures. Joindre le procès d'impiété au procès de mutilation était déjà d'un habile homme, mais exploiter l'horreur inspirée par Voltaire pour abattre ses ennemis personnels, cela était d'un puissant esprit.

Après la réponse du chevalier sur le *Dictionnaire philosophique*, l'assesseur se tint pour satisfait.

C'est à peine s'il toucha dans l'interrogatoire au point qui devait en former le principal objet, et qui maintenant devenait accessoire.

« Que faisait de La Barre, le 9 août au soir, à
« l'heure où des criminels avaient mutilé la croix? »
demanda-t-il pourtant.

Ici, les réponses de l'accusé furent d'une absolue précision.

« Il n'était point passé sur le pont; ce soir-là, il
« avait dîné chez l'abbesse, puis il avait joué du
« violon. Le soir, il était allé à un feu d'artifice, puis
« chez Mme Douville de Maillefeu où on avait dansé
« jusque vers minuit. »

Ce criminel avouait toutefois qu'en rentrant à l'abbaye il avait bien pu arracher quelques chaînes de sonnettes chez des bourgeois, mais c'était tout!

Après le chevalier, Moisnel fût interrogé à son tour.

Il était accusé, comme Lefebvre de La Barre, d'avoir manqué de respect au Saint-Sacrement le jour de la procession, et, en outre, d'avoir chanté la *Madeleine* et la *Saint-Cyr*, deux vieilles chansons de corps de garde.

Cet enfant avait dix-sept ans, il était faible de constitution et timide. Le juge voulut le terrifier, et le soumit à des tortures morales dans une scène dont Linguet nous a laissé le tableau qu'on va lire.

« Qu'on se figure un enfant de cet âge et de ce
« tempérament, arraché tout à coup à sa famille et
« à ses amusements, renfermé dans une prison obs-
« cure, impliqué à grand bruit dans une affaire affreuse
« dont tout le monde parlait avec horreur, et n'ayant
« pour se soutenir d'autre ressource que son inno-
« cence, que son état même devait en quelque sorte
« lui rendre suspecte. Qu'on se le représente sortant
« de son cachot pour subir un interrogatoire, ne
« revoyant la lumière que pour découvrir le visage
« sévère d'un juge qui lui intime, au nom de Dieu
« et de la Justice, l'obligation de dire la vérité. On ne
« sera pas étonné que cet appareil ait renversé une
« tête si jeune, déjà vivement ébranlée par l'inquié-
« tude et le chagrin.

« Aussi ses déclarations se sentirent-elles du
« trouble et de l'effroi qui remplissaient son âme. Au
« lieu de réclamer contre la violence qu'il souffrait,
« il crut être obligé de chercher lui-même dans sa
« conscience de quoi la justifier.

« Ne pouvant avouer des crimes, puisqu'il n'en
« avait pas commis, il y substitua l'aveu de ses fautes.
« On ne devait l'interroger que sur ces attentats qui
« choquent les Loix et l'ordre public. Il répondit en
« révélant de ces délits secrets que la justice humaine
« ne connaît point, et qui sont réservés au tribunal
« de la Pénitence.

« Ainsi, il demanda pardon à l'assesseur de n'avoir
« point déclaré tout d'abord : 1° qu'il avait passé à
« vingt-cinq pas du Saint-Sacrement sans se mettre
« à genoux; 2° qu'il avait, après goûter, dans une
« guinguette, craché sur le verre d'une boîte qui con-
« tenait une Sainte-Face; 3° qu'il avait chanté, mais
« non pas en public, la *Madeleine* et la *Saint-Cyr*.

« Peut-on imaginer un plus touchant spectacle
« que celui de ce malheureux enfant, prosterné aux
« pieds de son Juge, mettant sa conscience au jour,
« récapitulant sa conduite passée, pour en tirer quel-
« ques indices propres à le charger, et réduit enfin
« à porter un faux témoignage contre lui-même; car,
« comme on le verra dans la suite, ces aveux sont au
« moins aussi douteux qu'indiscrets [1]. »

Dans son trouble, le jeune Moisnel ne se borna
point à s'accuser lui-même. Le 7 octobre 1765 il
déclara qu'il avait entendu chanter au sieur Douville
de Maillefeu la *Madeleine* et la *Saint-Cyr*, et au sieur
Dumayniel de Saveuse la *Madeleine* seulement.

Ce nom détesté de Douville était enfin dans le
procès!

L'assesseur triomphait, mais Hecquet ne voulut

____

1. *Mémoire pour les accusés d'Abbeville,* déjà cité, p. 10 et
suiv.

point augmenter le nombre des accusés sans en référer à son chef.

« Il ne peut être question, écrivait-il le 12 octobre « au Procureur général, d'élargir même Moisnel, « puisque cet accusé avoue qu'il a chanté la *Saint-* « *Cyr*, et que cette chanson peut être regardée comme « un des plus énormes blasphèmes qui, suivant la « déclaration du 30 juillet 1666, doivent être punis « rigoureusement. »

Mais enfin, « à trop creuser cette affaire, on va y englober une multitude de jeunes gens ».

Que faire? Hecquet propose à M. Joly de Fleury une solution qui lui paraît de nature à satisfaire les passions de chacun, en évitant à tous la responsabilité d'un procès scandaleux. Cette solution est simple et pratique, et le Procureur du roi la propose à son chef dans une phrase dépourvue de précautions épistolaires : « Il vaudrait bien mieux, écrit-il, *les enfermer par lettre de cachet dans une maison de force* [1] ».

Une telle phrase dans la correspondance officielle du Procureur général du Parlement de Paris avec un de ses substituts met curieusement en lumière le côté bienveillant de cet ancien régime des lettres de cachet. Et si ce mot de bienveillance semble d'abord paradoxal en pareille matière, qu'on veuille bien y réfléchir!

Certes tout emprisonnement arbitraire, fût-ce d'un jour, d'une minute, nous paraît à bon droit intolérable. Mais que l'on compare ce supplice, qui du

---

1. Lettre de Hecquet à M. Joly de Fleury (dossier Joly de Fleury). Inédite.

moins laissait la vie sauve et l'espoir, aux supplices affreux encourus par les jeunes gens d'Abbeville, et que l'un d'eux a subis. N'était-ce point les sauver que de les mettre à la Bastille, qui bien des fois ainsi apparut sous l'ancien régime comme un lieu de refuge, d'asile et de pardon?

Hecquet, par sa proposition, se montra donc le seul clément et secourable parmi tant de cruels magistrats [1]. Et à l'heure où il écrivait ainsi, nous croyons que Linguet et M. Douville, tous ceux enfin qui s'intéressaient aux accusés, eussent de bien grand cœur accepté la Bastille, comme une aubaine inespérée pour ces pauvres enfants.

Le Procureur du roi terminait sa lettre par ces mots : « Je suspends l'instruction de la procédure « jusqu'à ce que vous m'honoriez de votre réponse « sur ces objets ».

La réponse ne se fit pas attendre, et le 30 octobre deux nouveaux décrets de prise de corps furent lancés contre Douville de Maillefeu et son cousin

1. Tandis que les magistrats du Parlement obéissent dans ce procès à des tendances politiques, tandis que l'assesseur d'Abbeville poursuit une vengeance personnelle, Hecquet, comme Boullenois, appartient à la catégorie exclusivement professionnelle des subordonnés qui font du zèle, mais qui ne sont pas dépourvus de toute pitié. Ainsi, à deux reprises, Hecquet se montre miséricordieux. D'abord en sollicitant pour les accusés le bénéfice de la Bastille, ensuite, en prenant contre de La Barre des réquisitions fort douces et qui d'ailleurs ne sont point suivies. Disons-le maintenant pour n'y plus revenir : le Procureur, après l'information, conclut simplement à ce que de La Barre fût « battu de verges, flétri de trois « lettres : C. A. L. et ensuite attaché à la chaisne et mené aux « galères pour servir le roy comme forçat à perpétuité », tous ses biens étant d'ailleurs confisqués. (Archives nationales, procès de La Barre.)

Dumayniel de Saveuse, « moins âgés encore que
« Moisnel, dit Linguet, et dont il avait fait la con-
« fession en même temps que la sienne [1] ».

Quand il sut par M. Douville que Voltaire était
au nombre des accusés et que le procès prenait la
tournure d'une croisade contre Ferney, Linguet tomba
d'abord en d'extrêmes perplexités.

Le *Dictionnaire philosophique* était un accusé
qu'il n'avait pas prévu, qu'il ne voulait à aucun
prix défendre. La couleur qu'il avait prise dans la
coterie de Fréron, ses engagements quotidiens contre
les philosophes lui interdisaient de plaider pour
Voltaire. D'autre part, n'était-il pas forcé de convenir
que *le Fanatisme des philosophes*, dont il avait composé la satire à Abbeville même, se trouvait singulièrement dépassé par le pieux fanatisme des monitoires? Le cas était épineux.

Linguet prit le bon parti, celui d'oublier les querelles et les théories, les alliances et les inimitiés
littéraires, pour se consacrer sans réserve à la
défense des innocents. Il rédigea, dès le début de
l'enquête, un grand mémoire pour le chevalier
de La Barre.

Mais le Parlement mit obstacle à l'impression de
cet écrit. Les magistrats, cette année-là, semblaient
pris de vertige. Saisis de frayeur à l'idée d'avoir, par
l'expulsion des jésuites, avancé le triomphe des philosophes et de l'irréligion, ils voulaient réagir; ils
brûlaient les ouvrages de Rousseau, et cherchaient à
frapper un grand coup sur Voltaire.

L'affaire de La Barre se présentait à point. Elle

1. *Mémoire* de Linguet, déjà cité, p. 16.

synthétisait l'action perverse du roi des philosophes sur les jeunes âmes; elle permettait de saisir la marche du poison infiltré par le *Dictionnaire philosophique*, conduisant sa victime par étapes, du doute, de l'impiété et du blasphème jusqu'au sacrilège. L'occasion s'offrait ainsi d'un exemple terrible et salutaire.

Qu'on ne croie pas surtout que ces idées fussent repoussées par la nation !

Nous sommes trop portés à juger par les livres, par le sentiment d'une élite, des impressions du peuple sur certains événements de l'histoire, et notamment sur les décisions de justice. Les pires arrêts de la magistrature furent presque toujours déterminés par un grand courant d'opinion.

Les magistrats n'ont pas la puissance, ni parfois la fermeté nécessaire pour s'opposer à leur époque, pour s'isoler du milieu ambiant. Neuf fois sur dix, ils le subissent.

Après l'arrêt, parfois même à cause de l'arrêt, de ses précisions et de ses conséquences, la vérité éclate, l'opinion se retourne, et fait grief aux juges des résolutions qu'elle a dictées.

Ainsi, il est exact de dire que, dans l'affaire d'Abbeville, Linguet n'eut pas seulement à lutter contre des juges partiaux et fanatiques, mais contre le cri public qui voulait des exécutions.

Cette proposition semblera d'abord peu acceptable si l'on sait que Voltaire, Devérité et la plupart des historiens à leur suite, ont déclaré que le procès du chevalier de La Barre avait consterné le pays.

Malheureusement il faut en rabattre. Nous laisserons parler les faits et les documents, qui, dans la

suite de ce récit, montreront sous leur jour exact les
sentiments du peuple, de la Cour et du Roi à l'égard
des accusés d'Abbeville.

Ceux-ci avaient cependant, parmi tant d'adversaires, une petite troupe de fidèles amis; et c'est par
les pieuses démarches de ces personnes dévouées
que nous entreprendrons le sommaire tableau des
interventions de toute sorte, combinaisons, intrigues
et sollicitations, qui se substituaient au XVIIIe siècle,
à la libre défense, à la publique accusation.

IV

On pourrait croire que l'abbesse de Willancourt,
fort ennuyée du bruit qui se faisait autour de son couvent, aurait été bien tentée d'abandonner le chevalier à sa mauvaise fortune. Mais Mme Feydeau de
Brou, autant que quelques lettres d'elles nous permettent de le penser, était une personne de courage
et de cœur.

Elle engagea la lutte pour sauver son neveu, et
entra, dès le début d'octobre, en correspondance avec
le Procureur général.

Elle ne doutait point d'abord qu'à sa prière, et à la
demande de la puissante tribu parlementaire des
d'Ormesson, M. Joly de Fleury ne fût prêt à museler
son substitut, et l'enragé Duval de Soicourt.

« Monseigneur, écrivait-elle, le 18 octobre, à Joly
« de Fleury [1], j'ai appris qu'en informant de l'insulte

1. Lettre de Mme Feydeau, abbesse de Willancourt, au Procureur général (collection Joly de Fleury). Inédite.

« grave faite au Christ, on avait aussi informé d'au-
« tres impiétés et scandales en général ; il paraît que
« le juge de l'instruction, qui est très exact dans le
« service de ses fonctions, s'est attaché à connaître
« particulièrement la conduite que le chevalier de La
« Barre mon parent avait tenue depuis trois ans en-
« viron qu'il réside à Abbeville, il a entendu tous les
« voisins de son quartier, toutes les personnes qui
« pouvaient avoir habitude avec lui, les domestiques
« de mon abbaye ; on prétend qu'il résulte des dépo-
« sitions d'aucuns témoins que le chevalier de La
« Barre dans des colloques particuliers s'est échappé
« en paroles obscènes, qu'il a tenu des discours im-
« pies, c'est ce qui a donné lieu au décret rigoureux
« prononcé contre luy. Je n'entends nullement jus-
« tifier mon parent, mais il me paraît, Monseigneur,
« que quand bien même de pareilles charges se
« trouveraient contre le chevalier de La Barre, le
« juge criminel d'icy a poussé bien loin la sévérité
« en lui infligeant un pareil décret, c'est un jeune
« homme qui n'est âgé que de dix-neuf ans ; combien
« n'échappe-t-il pas à cet âge de mouvements incon-
« sidérés que la légèreté produit et que la réflexion
« corrige, que la bouche imprudente prononce et que
« le cœur plus sage désavoue.... Il n'y avait rien dans
« tout cela qui ait rapport à l'ordre public de la so-
« ciété, qui puisse apporter aucuns trouble ni confu-
« sion dans cet ordre et dans celuy de la religion....
« Je vous supplie, Monseigneur, d'avoir égard aux
« représentations que je prends la liberté de vous
« faire. M. le Président d'Ormesson, à qui j'envoie le
« même détail, aura la bonté d'appuyer ma demande
« auprès de vous.

« J'ai l'honneur d'être avec respect, Monseigneur,
« Votre très humble et très obéissante servante,
« FEYDEAU,
« Abbesse de Willancourt.

« Ce 18 octobre 1765. »

Le Président d'Ormesson consentit à intervenir et voici en quels termes. Le 26 octobre, il écrivit de sa terre de Rosny au Procureur général :

« Voilà, Monsieur, une lettre que je viens de rece-
« voir de Mme Feydeau, parente de Mrs de Brou et
« de Marville et qui est la mienne encore plus pro-
« che, et outre cela cousine issue de germaine de
« Mme d'Ormesson, ma belle-sœur. Vous verrez qu'il
« est question du chevalier de La Barre qu'elle avait
« pris à Abbeville auprès d'elle pour soulager le père
« de ce jeune homme qui a beaucoup d'enfants et
« très peu de bien.

« Le fait de la procession dont parle la lettre, ne
« paraît pas bien grave; celui du propos irréligieux
« surtout dans de jeunes gens, n'est souvent que de
« ces jurements ou de ces expressions qu'ils regar-
« dent entre eux comme des gentillesses et qui ne
« tiennent en rien à cet esprit d'impiété que les
« ordonnances ont voulu punir et réprimer par des
« peines qu'elles ont établi contre les blasphéma-
« teurs. S'il est certain qu'il ne soit pas coupable du
« fait du crucifix, il serait bien cruel qu'il payât pour
« les auteurs de cette impiété, et peut-être pour l'envie
« qu'on aurait de soustraire à la justice les vrais cou-
« pables [1]. »

1. Lettre du Président d'Ormesson au Procureur général (collection Joly de Fleury, dossier 4817, p. 41). Inédite.

Ces lettres ne pouvaient pas convaincre le Procureur général qui avait, nous le savons, des raisons ou des ordres pour se montrer très rigoureux; mais d'aussi hauts solliciteurs que M. d'Ormesson et l'abbesse pouvaient tout au moins le gêner.

Il y avait, dans l'ancienne magistrature, des hommes du caractère le plus indépendant, imbus des traditions les plus nobles et les plus pures. Mais vers la fin du xviiie siècle, la vieille justice parlementaire avait bien perdu de ses antiques vertus, et elle ne pouvait faire un pas qu'appuyée sur ces deux béquilles : la sollicitation et la vénalité. La vénalité, non de l'office seulement, mais de beaucoup de juges et des plus grands; la sollicitation surtout, qui était l'axe, le centre et le pivot de la machine judiciaire.

Chaque famille faisait valoir auprès des juges, pour chacun de ses membres, sa collective protection; et tout homme bien né pouvait espérer les plus grandes faveurs de la justice en accablant les magistrats des visites (officielles d'ailleurs) de ses parents, de ses proches et de leurs maîtresses.

Aussi la cause du chevalier de La Barre, défendue par une « gens » aussi puissante que la « gens » d'Ormesson, semblait avoir bien des chances de succès; et des lettres semblables à celles que nous avons rapportées étaient certes de nature à faire réfléchir M. Joly de Fleury.

Malheureusement elles se heurtaient à un parti pris dicté au Procureur général par un ordre suprême émané de Versailles, et transmis par le vice-chancelier M. de Maupeou. Aussi M. Joly de Fleury s'ingénia-t-il simplement à répondre en homme dont le

siège est fait, mais qui veut reconnaître avec politesse la qualité de ses correspondants en feignant de
discuter avec eux.

C'est l'homme de confiance, le doyen Boullenois,
qui fut chargé de recevoir le Président d'Ormesson et
lui donner des explications sur la procédure d'Abbeville. Ce substitut, pièces en main, peignit le pauvre
chevalier sous les traits d'un monstre chargé de
crimes, et après l'entrevue il écrivit triomphant à
son chef :

« J'ai vu M. le Président d'Ormesson, il a eu hor-
« reur comme moi de toutes les impiétés *en quelque*
« *sorte* avouées par les accusés, dans leurs interro-
« gatoires ; il a lu lui-même le tout, et il m'a dit qu'il
« ne pouvait se concerter avec M. le Procureur géné-
« ral dans une pareille affaire, parce qu'il sentait
« parfaitement ce que son ministère, qu'il ne préten-
« dait pas arrêter, exigeait de lui, que peut-être, ce
« qui serait à souhaiter, cette affaire se réduirait à
« un plus ample informé, et qu'alors on verrait ce
« qu'on pourrait faire de ces jeunes gens [1]. »

L'*horreur* manifestée par M. d'Ormesson à la lecture des pièces n'exista à coup sûr que dans l'imagination du zélé Boullenois, car, le 4 novembre, le
président écrivait de nouveau, et en termes pressants, pour le chevalier au Parquet.

Vains efforts ! et non moins inutiles toutes les peines
de l'abbesse, qui ne cessait de supplier, de discuter,
de rétorquer l'infâme procédure.

A propos de Beauvarlet, l'un des témoins les plus
vils de l'enquête, celui qui accusait de La Barre de

______

1. Lettre de Boullenois (collection Joly de Fleury). Inédite

l'avoir prié d'acheter un christ qu'il voulait fouler aux pieds, Mme Feydeau représentait que cet individu avait été déjà condamné comme faux témoin; qu'elle l'avait nourri par charité, et qu'il avait agi par vengeance, se trouvant renvoyé de l'abbaye.

A l'égard du livre d'Évangile que le chevalier aurait lacéré : « Je peux assurer, disait sa tante, qu'il n'en « a jamais eu dans sa chambre; c'est apparemment « un vieux bréviaire tout déchiré que je luy avais « donné pour bourrer son fusil [1] ».

Pendant que les amis des accusés travaillaient ainsi vainement à leur défense, Duval de Soicourt s'évertuait, en dehors même de l'instruction officielle, à trouver pour sa haine de puissantes cautions.

Moisnel et de La Barre s'étant donnés dans leurs interrogatoires comme surnuméraires aux gendarmes de la garde, Duval de Soicourt s'empressa d'écrire le 25 octobre à M. de Wargemont, premier enseigne de la compagnie des gendarmes. Celui-ci ne manqua pas d'en référer à son chef, le maréchal de Soubise.

Ce prince, aussi célèbre par ses défaites que par ses mauvaises mœurs, fut outré des impiétés affreuses commises par des gens qui osaient se dire gendarmes. Il écrivit de Fontainebleau, le 5 novembre 1765, à Duval de Soicourt la lettre qu'on va lire [2] :

« Monsieur le marquis de Wargemont vient, Mon-« sieur, de m'envoyer la lettre que vous lui avez

----

1. Correspondance de l'abbesse de Willancourt avec le Procureur général (collection Joly de Fleury). Inédite.

2. Lettre du maréchal prince de Soubise à Duval de Soicourt. Inédite. Nous avons trouvé cette lettre aux Archives nationales parmi les pièces transmises au Parlement par le parquet d'Abbeville.

« écrite le 30 du mois dernier, à l'occasion de l'odieuse
« affaire dans laquelle il y a des gendarmes de la
« garde surnuméraires impliqués. On ne peut être
« plus sensible que je le suis au procédé obligeant
« que vous voulez bien avoir dans cette circonstance
« pour un corps qui ne s'est jamais écarté des prin-
« cipes de l'honneur, et qui verrait avec indignation
« un de ses membres accusé et convaincu des crimes
« dont il est question. Ces criminels ne sont point
« gendarmes; il se peut faire qu'ils ayent été pré-
« sentés, mais je ne les trouve point inscrits, et ils
« n'ont jamais servy au corps ny fait aucun service
« auprès du roy. Par conséquent ils ne doivent ny
« ne peuvent en prendre le titre ny la qualité. Je vous
« serai sensiblement obligé de ne point souffrir qu'ils
« la prennent dans les procédures qui se feront contre
« eux. Si vous croyez que, dans celles qui sont déjà
« faites, cette qualité prise mal à propos puisse tirer à
« conséquence, vous me ferez plaisir d'en ordonner
« la radiation, sinon que dans le jugement qui inter-
« viendra je vous prie d'avoir attention que l'on ne
« donne pas cette qualité au sieur Moisnel. Recevez,
« Monsieur, les remerciements que je vous dois en
« mon particulier et soyez persuadé qu'il ne se peut
« rien ajouter aux sentiments avec lesquels je suis
« très parfaitement, Monsieur, votre très humble et
« très obéissant serviteur.

« MARÉCHAL PRINCE DE SOUBISE. »

Cette lettre assurément n'ajoutera rien à la réputation du héros de Rosbach, du digne ami de Mme Pompadour et de Mme du Barry; mais elle montre qu'à

Versailles, chez le roi et dans les petits appartements
dont Soubise avait les secrets, les soi-disant criminels d'Abbeville n'excitaient qu'une vertueuse et
implacable indignation [1].

Aussi devenait-il dangereux, non pour Linguet
seulement, mais pour le père même de l'un des
accusés, pour M. Douville, de défendre ces grands
coupables. Hecquet et l'assesseur étaient furieux
à la pensée que Linguet et M. Douville surveil-
laient point par point leur enquête, et se trouvaient,
malgré le mystère de l'instruction, au courant de
bien des choses. Aussi, à la moindre difficulté qui
surgissait devant eux, ils accusaient ces deux personnages.

Un beau matin, le petit Moisnel s'avisa de rétracter
solennellement ses célèbres aveux, la confession qui
avait mis tant de joie dans les âmes du substitut et
de l'assesseur. Duval faillit périr de rage : il s'en prit
à Hecquet, et celui-ci imagina que les rétractations
de Moisnel avaient été dictées par Linguet ou par
M. Douville, et que ce dernier avait dans la prison de
secrètes intelligences.

Ces imaginations incitèrent le Procureur à des
démarches déraisonnables : le 10 janvier 1766, il
envoya à M. Joly de Fleury un long rapport [2] expo-
sant : qu'il avait fait fouiller Moisnel et qu'on avait
trouvé dans ses poches quelques vieux morceaux de
papier. Sur ces papiers on avait pu à grand'peine

1. Malgré les protestations du maréchal, Moisnel était si
bien surnuméraire que cette qualité lui fut conservée dans
toutes les pièces de la procédure et notamment dans l'arrêt du
Parlement.

2. Dossier Joly de Fleury. Inédit.

déchiffrer ces mots : *c'est-à-dire faire... de nier ce qu'il y a... dépo...*. Ces griffonnages signifiaient clairement aux yeux de l'ingénieux procureur qu'*un conseil de rétractation* avait été donné à l'accusé.

Mais par qui donc? Par M. Douville.

« Plusieurs *personnes en place*, écrivait Hecquet
« à M. Joly de Fleury, à qui j'ai montré le papier,
« croient reconnaître l'écriture de ce billet pour être
« celle du père d'un des accusés. »

Ainsi le fait est prouvé, établi. Comment ne le serait-il pas par ce charitable propos des *personnes en place*? L'accusé est suborné, « on ne doit ajouter « aucune foy à sa rétractation ». Ce n'est pas tout! Si on cherchait le suborneur?

Le Procureur, dans son zèle, irait jusqu'à greffer le procès du père sur le procès du fils!

Et il conclut ainsi : « Je vous supplie de nous « tracer la route que nous devons suivre ».

Le doyen Boullenois qui reçut l'étrange rapport, eut cette fois un éclair de bon sens. Il répondit tout sec : « Faites juger le procès d'impiétés ».

V

Il fut obéi, et le 20 février 1766, le tribunal d'Abbeville rendit sa sentence, dont les extraits suivants méritent d'être reproduits :

« Tout vu, considéré, diligemment examiné....

« En ce qui touche Jean-François Lefebvre, che-
« valier de La Barre, le déclarons dûment atteint et
« convaincu d'avoir appris à chanter et chanté des

« chansons impies, exécrables et blasphématoires
« contre Dieu; d'avoir profané le signe de la croix en
« faisant des bénédictions accompagnées de paroles
« infâmes que la pudeur ne permet pas de désigner;
« d'avoir sciemment refusé les marques de respect au
« Saint-Sacrement porté en la procession du prieuré
« de Saint-Pierre; d'avoir rendu ces marques d'ado-
« ration aux livres infâmes et abominables qu'il avait
« dans sa chambre; d'avoir profané le mystère de la
« Consécration du vin, l'ayant tourné en dérision,
« en prononçant à voix basse dessus un verre de vin
« qu'il avait à la main les termes impurs mentionnés
« au procès-verbal, et bu ensuite le vin; d'avoir enfin
« proposé au nommé Pétignal qui servait la messe
« avec lui, de bénir les burettes en prononçant les
« paroles impures mentionnées au procès.

« Pour réparation de quoy, le condamnons à faire
« amende honorable, en chemise, nu-tête et la corde
« au col, tenant en ses mains une torche de cire
« ardente du poids de deux livres au devant de la
« principale porte et entrée de l'Église royale et col-
« légiale de Saint-Wulfran, où il sera mené et con-
« duit dans un tombereau par l'exécuteur de la haute
« justice qui attachera devant lui et derrière le dos
« un placard où sera écrit en gros caractères *impie*;
« et là, étant à genoux, confessera ses crimes à haute
« et intelligible voix; ce fait aura la langue coupée et
« sera ensuite mené dans ledit tombereau en la place
« publique du grand marché de cette ville pour y
« avoir la tête tranchée sur un échafaud; son corps
« et sa tête seront ensuite jetés dans un bûcher pour
« y être détruits, brûlés, réduits en cendres, et ycelles
« jetées au vent. Ordonnons qu'avant l'exécution ledit

« Lefebvre de La Barre sera appliqué à la question
« ordinaire et extraordinaire pour avoir par sa bouche
« la vérité d'aucuns faits du procès et révélation de
« ses complices....

« Ordonnons, disaient en terminant les juges,
« que le *Dictionnaire philosophique* portatif faisant
« partie desdits livres qui ont été déposés en notre
« greffe, sera jeté par l'exécuteur de la haute justice
« dans le même bûcher où sera jeté le corps dudit
« Lefebvre de La Barre.

« Fait et arrêté en la chambre du conseil crimi-
« nelle de la sénéchaussée de Ponthieu, à Abbeville,
« le 20 février 1766.

Signé : « DUVAL DE SOICOURT,
LEFEBVRE DE VILLERS,
DE BROUTELLES. »

Cet arrêt décidait qu'il serait sursis à faire droit
sur les accusations portées contre Douville de Maillefeu, Moisnel et de Saveuse, jusqu'à l'entière exécution de la sentence contre Lefebvre de La Barre.

De ces pauvres enfants, trois allaient être, non
sans peine, tirés des griffes du bourreau; le chevalier
était perdu.

Ils firent tous appel devant le Parlement de Paris,
et le parquet d'Abbeville s'occupa sans retard du
transfèrement des deux détenus, Moisnel et de La
Barre, dans les prisons de la Conciergerie.

« Monseigneur, écrivait le Procureur du roi à
« M. Joly de Fleury le 28 février [1], je fais grossoyer

---

1. Lettre du 28 février 1766 (collection Joly de Fleury). Inédite.

« le procès [1] ; je compte que tout sera en état pour le
« 10 ou le 12 mars ; je vous prie de me mander si
« vous jugez à propos que je fasse conduire les deux
« accusés à Paris par la voye ordinaire de la mes-
« sagerie ou bien si vous comptez les envoyer cher-
« cher par deux inspecteurs de police. »

Au vu de cette lettre, le Parquet général en référa
à M. de Sartine, lieutenant général de police, et il fut
convenu que les inspecteurs Roulier et Muron parti-
raient le 12 mars pour aller chercher à Abbeville
le chevalier de La Barre et Moisnel.

Le 14 mars, Hecquet donnait avis à son chef du
départ des condamnés et de leur escorte.

Qu'on imagine le supplice d'un tel voyage, où les
prisonniers, traités en criminels d'État, étaient à
chaque auberge un objet de curiosité insultante.
Le plus heureux des trois transférés était encore
Voltaire qui, ballotté dans le carrosse entre les deux
gardiens, sous les espèces de son *Dictionnaire philosophique*, ne souffrait pas au moins des incidents
de la route [2].

---

1. C'est cette copie grossoyée qui existe aux Archives nationales.

2. Ces incidents furent sans nombre, si l'on en croit le rapport des agents, des sieurs Roulier et Muron, qui s'intitulaient
« inspecteurs de police de la ville et faubourgs de Paris », et
ne font dans leur prose, jointe au dossier par M. Joly de
Fleury, grâce d'aucun détail. A Luzarches, c'est la berline qui
se brise. De La Barre et Moisnel stationnent là avec leurs
estafiers de 10 heures du soir au lendemain 2 heures. Le lendemain on part, mais le maître de poste donne à Roulier certificat que la réparation a coûté 48 livres ; laquelle somme,
jointe à tous autres frais, forme pour ce transport d'Abbeville
à Paris le total respectable de 1476 livres 15 sols. (Dossier Joly
de Fleury.) Pièces inédites.

Enfin, le 16 mars, les accusés atteignent le but de leur voyage, et le chevalier dine [1] et soupe pour la première fois à la Conciergerie. Quand ces trois malfaiteurs : le chevalier, Moisnel et leur inséparable compagnon le *Dictionnaire philosophique*, se trouvèrent écroués, les deux premiers dans les cachots de la Conciergerie, le troisième au Greffe, les magistrats prirent leur temps et trois mois s'écoulèrent.

Trois mois tragiques ! pendant lesquels le comte de Lally fut jugé et exécuté avec les raffinements de férocité que l'on sait [2].

Enfin, la cause du chevalier de La Barre fut appelée, devant la Tournelle et la Grand'Chambre assemblées, le 4 juin 1766, trois semaines après le martyre de Lally.

Ici demandons-nous si l'on peut accepter le récit de Voltaire.

A l'entendre, le Parlement fut en proie à de longs et honorables scrupules. Le Procureur général Joly de Fleury demanda l'infirmation : dix juges sur vingt-cinq le suivirent et opinèrent pour la clémence. La Grand'Chambre hésita longtemps avant de confirmer le jugement d'Abbeville, et, après la confirmation, six jours s'écoulèrent pendant lesquels

1. Ces deux repas avec le vin coûtèrent au roi 1 livre 14 sols, suivant « l'état de la nourriture fournie à Monsieur le chevalier de La Barre » qui figure au dossier du Procureur général (État de la nourriture fourny à M. le chevalier de La Barre par l'ordre de M. Tesson, à comencer le 15 mars 1766, finissant le 27 juin dernier, par Bavière).

Sur cet état on voit pour chaque jour une mention semblable à la suivante : le 16 mars, dîner, souper et vin, 1 livre 14 sols. Total des frais de nourriture, 175 livres (dossier Joly de Fleury). Pièces inédites.

2. Le comte de Lally a été exécuté le 9 mai 1766.

la formalité suprême, la signature de l'arrêt, resta
en suspens.

Voltaire était sans doute l'homme le mieux informé
de son temps; les nouvelles les plus secrètes affluaient
chez lui de toutes parts. Ici, il tenait les détails de
ses correspondants habituels, de d'Argental, de
Damilaville, d'Élie de Beaumont, de Devérité, témoin
exact et intelligent, de M. Douville, des amis de d'Estalonde et de son père M. de Boëncourt.

Mais que pouvaient savoir les mieux informés sur
cette délibération de la Grand'Chambre?

Pas autre chose que ce que les magistrats en disaient
eux-mêmes. Et ceux-ci, hommes du monde pour la
plupart, mêlés le soir aux philosophes qu'ils con-
damnaient dans la journée, avaient tout intérêt à
laisser circuler une version atténuante.

Voltaire a donc été trompé; l'examen des documents originaux, l'inspection des registres et de la
feuille d'audience du 4 juin 1766, contredisent for-
mellement la version qu'il a adoptée, et permettent
de penser que l'arrêt de confirmation a été rendu de
suite, sans hésitations et sans scrupules, par *adop-
tion de motifs*, comme on dit au Palais.

Quelques détails éclairciront ce point. Lisons
d'abord la feuille d'audience [1].

---

1. Archives nationales, X 2 A II, 29.
Voici, d'après la feuille d'audience, les noms des magistrats
qui ont confirmé la sentence d'Abbeville :
M. le premier Président de Maupeou ; MM. les présidents :
de Lamoignon, Pinon, de Gourgues, le Peletier;
MM. les conseillers : Pellot (rapporteur), Fermé, Titon, Aubry,
Mayneau, Bergé, de la Guilleaumie, Pasquier, Bavor, Sereste
de la Michaudière, Leriche, Renouard, Barraly, Blondeau, Rolland, Robert, Brochant, Leprestre.

Le 4 juin 1766, *trente-six* affaires étaient portées sur le registre criminel [1].

C'est donc dans la cohue d'une audience chargée, d'une sorte d'audience « de flagrants délits » que l'affaire d'Abbeville a été appelée, sous le numéro 23.

Elle était placée entre le procès d'une blanchisseuse qui avait volé deux chemises, et le procès d'un commis nommé Lambert qui avait aussi dérobé du linge.

La blanchisseuse et le commis furent condamnés l'un et l'autre à être battus et fustigés de verges dans les carrefours, puis flétris d'un fer chaud et bannis de Paris.

Tout porte à croire que le numéro 23 fut expédié sans coup férir, dans la hâte d'une audience d'été fatigante et fournie, entre le numéro de la blanchisseuse et le numéro du commis.

Si les magistrats avaient éprouvé des scrupules, le feuilleton, témoin irrécusable, porterait la trace des renvois, des longs délibérés. L'arrêt enfin traduirait les doutes, ou l'indulgence des juges, par certains adoucissements.

Or il n'est pas exact que la Cour (comme plusieurs historiens et notamment Henri Martin [2] l'ont cru) ait atténué la sentence d'Abbeville « en accordant au condamné la faveur d'être décapité ».

---

1. Les magistrats de la Grand'Chambre ont participé au jugement de l'affaire de La Barre à cause du texte de l'art. XXI de l'Ordonnance de 1670, tit. I, lequel portait : « Les gentils-« hommes pourront demander en tout état de cause, d'être « jugez, toute la Grand'Chambre du Parlement, où le procès « sera pendant, assemblée ». C'est sans doute la Tournelle qui a expédié les autres numéros du feuilleton.

2. Henri Martin, *Histoire de France*, t. XVI, p. 141.

La sentence dont nous avons rapporté le texte, portait que le chevalier aurait la langue coupée, serait décapité ensuite, et que son corps et sa tête seraient jetés dans un bûcher. Le Parlement approuva tout. Voici son arrêt [1] :

« Vu par la cour, la Grand'Chambre assemblée, le « procès criminel fait par le lieutenant criminel de « la sénéchaussée de Ponthieu. La cour dit qu'il a été « bien jugé, mal et sans grief appelé par Lefebvre de « La Barre. Ordonne en conséquence que le *Diction-« naire philosophique* qui a été apporté au greffe cri-« minel de la cour, sera reporté au greffe criminel « de la sénéchaussée d'Abbeville. Ordonne que le « présent arrêt sera imprimé, publié et affiché par-« tout où besoin sera, notamment en la ville d'Abbe-« ville, et pour faire mettre le présent arrêt à exé-« cution, renvoie ledit Jean-François Lefebvre de « La Barre prisonnier par devant ledit lieutenant « criminel de la sénéchaussée de Ponthieu à Abbe-« ville.

« Fait en Parlement, la Grand'Chambre assemblée, « le 4 juin 1766.

Signé : « DE MAUPEOU,
PELLOT. »

L'arrêt était donc rendu par le premier Président en personne, par le futur chancelier de Maupeou, qui préludait ainsi à sa réforme judiciaire. Le rapporteur qui, suivant la coutume, a signé l'arrêt avec

---

1. Voir aux registres du Parlement X 2A 832, Archives nationales.

le Président, était Pellot et non Pasquier, comme l'a cru Voltaire [1].

Pasquier d'ailleurs figurait parmi les juges, à côté d'hommes respectés dans le Parlement, des présidents Pinon, de Gourgues, de Lamoignon, des conseillers Fermé, Titon, Rolland, de la Michaudière.

Il est clair que ces magistrats ont, le 4 juin au soir, soupé de bon appétit, la conscience tranquille, heureux d'avoir joué un bon tour à Voltaire, satisfaits d'avoir, en ces temps difficiles, montré une égale horreur pour les jésuites qu'ils venaient d'expulser, et pour un jeune libre penseur qu'ils envoyaient au feu avec son manuel d'impiété.

Un dernier trait achèvera de peindre l'entrain pieux et dénué de scrupules avec lequel les parlementaires ont ratifié la décision d'Abbeville. Ils n'ont pas même fait l'aumône au chevalier de La Barre, à sa famille, à Linguet, son défenseur, du banal *Retentum* qu'il était d'usage d'accorder aux condamnés un peu bien nés et protégés.

Le *Retentum* était une mesure gracieuse, un post-scriptum aimable qui dispensait secrètement les condamnés d'une partie des supplices prononcés par l'arrêt.

Nous voyons par exemple, dans les registres de la Tournelle, à la date du 4 juin 1766 [2], qu'un sieur Mathé est condamné « à être rompu, puis exposé

---

1. « Nous verrons si Pasquier, petit-fils d'un crieur du Châtelet, s'est immortalisé en rapportant au Parlement ce procès de six mille pages, pendant que le premier Président dormait. » Correspondance de Voltaire, 1775, du 22 janvier, à M. le comte d'Argental.

2. Archives nationales, registres de la Tournelle, année 1766.

« vif sur la roue pour y rester, la face tournée vers
« le ciel, tant qu'il plaira à Dieu le conserver en
« vie ».

Mais au bas de l'arrêt, après les signatures, sont
écrits ces mots : « *Retentum*. Arrête que ledit Jean
« Mathé ne recevra qu'un coup vif et sera ensuite
« étranglé. »

Il semble qu'une gracieuseté de cette nature n'aurait rien coûté aux magistrats dans l'affaire de La
Barre; ils ne l'auraient point oubliée si les hésitations
dont parle Voltaire s'étaient produites dans la délibération, et elle eût été bien de mise, puisque le
malheureux devait avoir la langue coupée devant
l'église Saint-Wulfran, et voyager ensuite en cet état
jusqu'à la place du Marché!

Restait, après l'arrêt, la clémence du roi.

VI

Pour exposer l'acte final du drame, pénétrons dans
le cabinet même du Procureur général, au centre
des instructions, des pourparlers et des intrigues.

Autour du roi on veut la mort. Cela se sent, se lit
à chaque ligne des lettres écrites ou reçues par le
flexible Joly de Fleury, qui s'étudie à bien traduire
les volontés de la Cour.

Les d'Ormesson s'agitent cependant; l'abbesse
obtient de son côté, à force de prières, l'intervention
d'une parente influente : la marquise Dalbert, alliée
aux d'Ormesson comme aux Fleury. Le Procureur
général échappe à ces ennuis épistolaires avec d'in-

finies courbettes, justement mesurées sur le rang et le sexe des correspondants.

Et l'action officielle, qui a pour but d'exécuter l'arrêt, se déroule implacable, parallèlement aux petits billets évasifs.

Huit jours après l'arrêt confirmatif, Hecquet écrit ainsi au Procureur général :

« Monseigneur [1], j'ay appris par la voix publique « que le Parlement avait confirmé la sentence rendue « en ce siège contre les sieurs Gaillard d'Estalonde « et Lefebvre de La Barre. Je crois devoir vous pré- « venir, dans le cas où le Parlement renverrait les « condamnés par devant M. le lieutenant criminel, « qu'il n'y a dans cette province aucun exécuteur « capable de mettre cet arrêt à exécution.

« HECQUET. »

Le 25 juin, M. Joly de Fleury envoie ses instructions au substitut [2] : « J'ay chargé le sieur Muron, « inspecteur de police, qui a déjà amené lesdits sieurs « Lefebvre de La Barre et Moisnel des prisons de « votre siège dans celles de la Conciergerie, de les « reconduire dans vos prisons. Je l'ay chargé en même « temps de vous remettre la grosse en parchemin de « l'arrêt, ainsy que plusieurs imprimés en placard « de ce même arrêt, que vous aurés attention de ne « faire afficher que le jour de l'exécution dudit Lefeb- « vre de La Barre. Quant aux mesures à prendre

1. Lettre de Hecquet au Procureur général, du 12 janvier 1766 (dossier Joly de Fleury). Inédite.
. 2. Lettre du 25 juin 1766, du Procureur général à Hecquet (collection Joly de Fleury). Inédite.

« pour cette exécution, j'ai prévenu le prévôt général
« de la maréchaussée de votre département, de vous
« envoyer le nombre de brigades dont vous croirés
« avoir besoin, et que vous luy demanderez, mais
« vous aurés soin que votre lettre à ce prévôt général
« ne soit point un ordre que vous lui donnerés, mais
« une politesse que vous luy ferés, et dont vous sca-
« vés que les officiers de la maréchaussée sont fort
« jaloux ; et afin que les brigades qu'il vous envoyera
« arrivent à tems pour cette exécution, vous ne man-
« querés pas de le prévenir du jour auquel elle aura
« été fixée. Au surplus, comme on ne saurait prendre
« trop de précautions pour assurer une exécution
« aussi importante, et que l'inspecteur de police qui
« vous remettra ma lettre est un officier sûr et intel-
« ligent, surtout pour ces sortes d'affaires, je suis
« convenu avec luy qu'il resterait à Abbeville jus-
« qu'à ce que l'exécution soit faite. »

Le lendemain, nouvelle lettre du Procureur
général [1] :

« Vous m'avés marqué qu'il n'y avait dans la pro-
« vince aucun exécuteur capable de mettre à exécu-
« tion l'arrêt du 4 de ce mois concernant le sieur
« Lefebvre de La Barre. J'ay donné ordre en consé-
« quence à l'exécuteur de Paris de se rendre à Abbe-
« ville où il arrivera dimanche prochain au soir au
« plus tard. Je luy ai recommandé de se conformer
« dans cette occasion à tout ce que M. le lieutenant
« criminel et vous estimerez devoir lui prescrire pour
« l'exécution dont il s'agit. »

---

1. Lettre du 26 juin 1766, du Procureur général à Hecquet
(dossier Joly de Fleury). Inédite.

Ainsi l'exécution était prochaine et sa date déjà fixée quand, le jour même où M. Joly de Fleury donnait les instructions suprêmes à son substitut d'Abbeville, survint un incident très grave.

A Amiens, l'évêque de Lamotte fut saisi de remords à la vue de son œuvre, et, désavouant la menace qu'il avait fulminée pieds nus et corde au col sur le pont d'Abbeville, il jugea un peu tard que le pauvre chevalier n'avait peut-être pas mérité « les derniers supplices en ce monde ». Le prélat se mit donc en campagne pour sauver de La Barre; il envoya, le 26 juin, au Procureur général le billet suivant [1] :

« Je vous suplie, Monsieur, de suspendre autant
« qu'il se pourra l'exécution de la sentence d'Abbe-
« ville contre les accusés d'impiété. Nous travaillons
« à obtenir du roy que la peine de mort soit changée
« en prison perpétuelle, il est certain que rien ne
« souffrira du délay que je prends la liberté de vous
« demander. Le public serait content d'un enferme-
« ment, et il suffirait pour empêcher que le nombre
« des impies n'augmente. Daignés avoir égard à ma
« très humble prière et me croire toujours avec res-
« pect, Monsieur, votre très humble et très obéissant
« serviteur.

« ÉV. D'AMIENS.

« 26 juin 1766. »

N'était-ce point trop tard? Il n'était plus question à l'heure actuelle de ce bénin « enfermement » qui aurait contenté le public. Aussi M. Joly de Fleury

1. Lettre de l'évêque d'Amiens à M. Joly de Fleury, du 26 juin 1766 (dossier Joly de Fleury). Inédite.

s'empressa-t-il de répondre à l'évêque dans les termes suivants [1] :

« J'ay reçu hier, 27 de ce mois, la lettre que vous
« m'avez fait l'honneur de m'écrire le 26 au sujet de
« l'exécution de la sentence d'Abbeville contre les
« accusés d'Impiété. J'aurais bien désiré pouvoir me
« prêter à ce que vous désirés de moi dans cette occa-
« sion. Mais ces accusés étaient partis de Paris la
« nuit du 26 au 27 de ce mois pour être transférés à
« Abbeville à l'effet d'y subir leurs condamnations.
« Ainsy il n'est plus en mon pouvoir de rien prendre
« sur moy dans cette affaire, à moins que je ne
« reçoive des ordres de surseoir, et si j'en reçois, je
« vous suplie d'être persuadé que *je les ferai exé-*
« *cuter avec toute la célérité qui pourra dépendre de*
« *moy.* »

Le Procureur général n'ignorait point que la prière
de l'évêque avait frappé l'oreille du roi. Louis XV
hésitait peut-être.

Mais si le roi accordait la grâce, il fallait que
l'ordre de salut parvînt en temps utile au pied de
l'échafaud. A présent cette question suprême devenait une question d'heures, de minutes même.

Voici les instructions que, dès le 25, le Procureur
général avait données à l'exécuteur de Paris [2] :

« Le maître des hautes œuvres de Paris se trans-
« portera en la ville d'Abbeville pour y arriver lundy
« prochain trente de ce mois au soir, à l'effet de

---

1. Minute de la réponse à l'évêque de la main du Procureur
général, et portant la date du 28 juin 1766 (dossier Joly de
Fleury). Inédite.
2. Ordre du Procureur général. Minute de sa main (dossier
Joly de Fleury). Pièce inédite.

« mettre à exécution l'arrest du parlement, intervenu
« le quatre de ce mème mois contre le sieur Jean-
« François Lefebvre de La Barre, et prendra à cet
« effet le monde qui luy sera nécessaire pour laditte
« exécution.

« Fait à Paris, ce 25 juin 1766. »

Ainsi, le jour du supplice est fixé au 1ᵉʳ juillet.
Les protecteurs du chevalier ignorent cette date, et
M. Joly de Fleury, sur ce point capital, les trompe,
ou tout au moins les laisse s'égarer [1].

Du jeudi 26 au lundi 30 juin le Procureur général
ruse et joue au plus fin avec ses assaillants.

Ceux-ci, dans le suprème espoir que leur donne
l'appui de l'évèque de Lamotte, vont frapper à toutes
les portes, et surtout à la porte du vice-chancelier de
Maupeou.

Celui-ci en effet entre au Conseil du roi, lui parle
chaque jour et peut d'un mot hostile lever tous les
scrupules que le prélat a suscités. Or, on le sait, le
vice-chancelier est opposé à toute idée de clémence.
Comment le retourner, obtenir son appui?

Par ses amis. Peut-être par un certain La Grange
qui a promis aux d'Ormesson de lui écrire en termes
pressants. Peut-être par un autre ami, M. Méliand,
qui doit dîner avec lui.

1. Le Président d'Ormesson croyait le Procureur général dans
son jeu, et lui faisait part, comme à un allié, de ses espoirs,
de ses moindres démarches. « J'ai vu, lui écrivait-il, M. de
« Boëncourt qui m'a assuré que les exécutions ne se faisaient
« jamais à Abbeville que le jeudy. Si cela est, on aura tout le
« tems d'y envoyer un exprès à tems, s'il y a un sursis à l'exé-
« cution. » Ainsi, même à son collègue, le Procureur général
dissimulait la date de l'exécution. Linguet, rôdant sans cesse
autour du Parquet général, se heurtait au silence du substitut
Boullenois et ne parvenait pas à recueillir d'utiles indications.

Ce Méliand, convaincu par quelques bonnes paroles du Procureur général qu'il a en lui un allié sincère, lui rend compte, avec une touchante naïveté, de ses démarches et de ses espoirs.

« Il a vu le vice-chancelier, écrit-il à M. Joly de Fleury, il lui a parlé de la supplique de M. l'évêque d'Amiens; M. de Maupeou[1], qui allait entrer au Conseil des dépêches et par conséquent voir le roi, lui a déclaré qu'il ne pouvait parler le premier à Louis XV d'une telle affaire, car il n'avait reçu là-dessus aucune communication du Procureur général[2]. »

Et là-dessus, Méliand de supplier M. Joly de Fleury d'écrire en toute hâte au vice-chancelier !

Le Procureur général se livre alors à une petite comédie, bien curieuse à observer quand on a le secret des coulisses. Il répond avec empressement à Méliand :

« J'ay reçu, Monsieur, la lettre que vous m'avez
« fait l'honneur de m'écrire. Il est vray que j'ay ce
« matin communiqué de confiance à M. le P. d'Or-
« messon la lettre que j'ay reçue de M. l'Évesque
« d'Amiens. Mais M. d'Ormesson est convenu que je
« n'étais pas dans le cas d'en faire part à M. le vice-
« chancelier, parce que dans ces sortes d'affaires
« mon ministère ne me permet que d'attendre les
« ordres que M. le vice-chancelier juge à propos de
« me donner. Aussi quelque désir que j'aye de con-

1. Messire René-Charles de Maupeou, chevalier, vice-chancelier, garde des sceaux de France; successeur et non ami sans doute de Paul-Esprit Feydeau de Brou; prédécesseur de son propre fils, c'est-à-dire du plus célèbre des Maupeou, premier Président, comme nous l'avons vu, en 1766.

2. Lettre de M. Méliand à Joly de Fleury, datée du 28 juin, samedi, 9 heures du matin (dossier Joly de Fleury). Inédite.

« courir à ce que vous paraissez désirer, je me flatte
« que vous sentés que je suis retenu dans cette occa-
« sion par la nature de l'affaire dont il s'agit. Mais je
« vous prie d'être persuadé que si M. le vice-chan-
« celier m'adresse ses ordres, je les exécuterai avec
« toute la promptitude qui pourra dépendre de moy[1]. »

Jusqu'ici rien que de fort correct, normal et bien
conforme aux traditions administratives : on se renvoie la balle, chacun s'esquive et s'efface devant les
responsabilités, c'est la règle.

Mais on trouvera peut-être ici que le Procureur
général a un peu forcé la note : il s'est empressé
d'envoyer par exprès au vice-chancelier, à Versailles,
la lettre de Méliand et sa propre réponse. Et deux
heures après, toujours ce samedi, il reçoit de Maupeou la lettre qu'on va lire[2] :

« J'ay l'honneur de vous renvoyer cy-joint, Mon-
« sieur, la lettre que M. Méliand vous a écrit, la
« Réponse que vous lui avés faite me paraît fort
« bien, je suis très sensible à l'attention que vous
« avés eû de m'en faire part, recevés-en, je vous
« prie, mes remercîments, et soyés bien persuadé de
« tous les sentimens avec lesquels j'ay l'honneur
« d'être, Monsieur, votre très humble et très obéis-
« sant serviteur.

« DEMAUPEOU. »

Ainsi tous étaient implacables.

Sourd aux supplications qui l'avaient un instant

1. Lettre du Procureur général à M. Méliand (dossier Joly de
Fleury). Inédite.
2. Lettre de M. de Maupeou, vice-chancelier, au Procureur
général, du 28 juin 1766 (dossier Joly de Fleury). Inédite.

ébranlé, Louis XV trouva enfin pour justifier l'arrêt de mort un joli mot : « Le Parlement, dit-il, a été « inexorable pour le crime de Damiens qui était un « crime de lèse-majesté humaine. Comment pour- « rais-je gracier celui qui s'est rendu coupable d'un « crime de lèse-majesté divine? »

Dans les petits appartements, cette raison sembla péremptoire. Mais comment ce bon roi qui s'indignait si fort contre de La Barre et ses complices convaincus « d'avoir appris par cœur et récité l'*Ode à Priape* de « Piron », ne remarquait-il pas que l'auteur même de l'*Ode à Priape* était, sur sa cassette, pourvu d'une pension de 1 200 livres?... Ce détail fut noté et fit beaucoup rire dans les ruelles de Paris.

Donc l'exécution était certaine. Dès le samedi 28 juin, les amis du chevalier avaient perdu toute espérance.

Et quant à nous, parvenu à ces dates suprêmes, nous pensions, en tournant les feuillets jaunis du dossier du Parquet, rencontrer le procès-verbal du supplice, lorsque des pièces imprévues se sont offertes à nos yeux, pièces datées par la place même qu'elles occupent dans la liasse, et relatives à un fait mystérieux.

Voici ces documents dont Voltaire et Linguet n'ont jamais connu l'existence.

Le premier, libellé par un secrétaire, ou peut-être par le substitut Boullenois, mais portant des corrections de la main du Procureur général, est la minute d'une lettre de M. Joly de Fleury au Procureur du roi d'Abbeville. Voici cette lettre [1] :

1. Lettre du Procureur général à Hecquet, pièce 103 (dossier Joly de Fleury). Inédite.

« Ayés agréable, aussitôt ma présente lettre reçue,
« de faire surseoir l'exécution de l'arrest du parle-
« ment du 4 de ce mois, que je vous ai envoyé contre
« Jean-François Lefebvre de La Barre et autres, jus-
« qu'à ce que vous ayez reçu autres nouvelles de ma
« part. En conséquence vous ferez repartir, aussitôt
« ma présente reçue, l'exécuteur de la haute justice,
« et je vous prie de faire part de ce que je vous
« marque à M. le lieutenant criminel de votre siège
« afin qu il puisse s'y conformer également. *Comme
« il n'y a pas un moment à perdre, je vous envoie
« ma lettre par un exprès*, pour faire surseoir à l'exé-
« cution de cet arrest; mais cela ne doit pas vous
« empêcher de faire garder très soigneusement les
« prisonniers dans vos prisons jusqu'à ce que je vous
« aye donné de mes nouvelles. »

A la suite de cette lettre sont classées plusieurs
minutes, adressées aux divers officiers de justice, et
destinées à assurer le sursis [1].

A ces documents est joint l'ordre donné à un inspecteur de police, nommé de la Villegardier, de
partir en toute hâte pour Abbeville avec les lettres
de grâce.

Enfin, un singulier petit billet du Président d'Ormesson est épinglé sur tout cela.

Ce billet, destiné au Procureur général, est ainsi
conçu :

« M. de Boëncourt reçoit, Monsieur, une lettre
« qu'il est nécessaire que vous voiiez sur le champ,
« et qui vous mettra peut-être dans le cas de surseoir.

---

1. Ces pièces portent au dossier Joly de Fleury les n°° 104,
105, 108, 109, 110, 111, 112, 113.

« Donnez ordre, je vous prie, qu'on le fasse entrer;
« il est luy-même le porteur de cette lettre [1]. »

Tels sont les documents qui posent l'inquiétante
énigme.

Nous n'essaierons pas de la deviner.

L'ordre de surseoir est-il parvenu au Parquet le
dimanche soir, le lundi à la dernière heure? De la
Villegardier, parti en toute hâte, est-il arrivé trop
tard?

Ou bien ces pièces, préparées à tout événement,
sont-elles restées sans emploi?

Ceci paraît invraisemblable si l'on observe les men-
tions administratives portées sur les minutes relatives au sursis. Il semble bien que ces lettres ont été
copiées par les expéditionnaires, signées par le Procureur général, et ensuite remises à la Villegardier.

N'insistons point sur ce mystère, que la lettre suivante du Procureur général semble envelopper à
dessein d'un voile plus impénétrable encore.

« Il s'est répandu à Paris, écrit M. Joly de Fleury
« à Hecquet [2], que vous deviez différer l'exécution
« de l'arrêt du Parlement du 4 du mois dernier.
« Comme je ne comprens pas d'où ce bruit peut
« provenir, et qu'il ne peut y avoir aucun prétexte
« à aucun délay, vous aurés agréable aussitôt ma
« présente lettre reçue et dans le cas où ledit arrêt
« n'aurait pas encore été exécuté de faire procéder
« sans délay à son exécution et de m'en donner avis
« aussitôt. »

1. Billet du Président d'Ormesson à M. Joly de Fleury (dossier Joly de Fleury). Inédit.

2. Minute, portant en tête, et de la main du Procureur général, la mention suivante : *Ex. le 1ᵉʳ juillet 1766.*

A l'heure même où le Procureur général traçait ces lignes, celui auquel elles étaient adressées lui écrivait en ces termes :

« Du 1er juillet 1766.

« Monseigneur, l'exécution s'est faite avec tout « l'ordre possible. Le condamné a avoué à la ques- « tion tous ses crimes. J'aurai l'honneur de vous « envoyer sous peu de jours l'extrait du procès- « verbal de torture [1]. »

VII

Il faut ici revenir en arrière, au jeudi 26 juin, à l'heure du départ du chevalier et de ses bourreaux. Ce jour-là, Linguet reçut un avis. On l'engageait à se calmer, à se taire, à interrompre le mémoire qu'il composait pour le chevalier.

Déjà les propos qu'au mois de mai précédent il avait tenus au Palais sur la condamnation de Lally lui avaient attiré toutes sortes d'inconvénients. Force fut donc à Linguet de retrancher une partie de son œuvre, et, abandonnant au bourreau une de ses vic- times, de s'occuper exclusivement, dans le mémoire qu'il publia le 27, des jeunes Moisnel, de Saveuse et de Maillefeu.

Pendant ce temps, le chevalier de La Barre accom- plissait son dernier voyage.

1. Lettre de Hecquet au Procureur général (dossier Joly de Fleury). Inédite.

En ce retour funèbre à Abbeville, il n'eut pas, chose extraordinaire, son complice, son compagnon fidèle, le *Dictionnaire philosophique*.

Le croirait-on, ce condamné avait été oublié dans la poudre du Greffe, de ce Greffe où resta si long-temps, dit-on, la couronne des rois de France!

Dès qu'au parquet du Parlement on s'aperçut d'un oubli si funeste, ce fut un émoi universel!

Malgré sa qualité de doyen, le substitut Boullenois dut recevoir une sévère réprimande, et M. Joly de Fleury s'occupa en personne des mesures indispensables pour expédier à temps le criminel dictionnaire! Il y parvint, secondé par M. de Sartine.

Le 27 juin il écrivit de sa propre main à Hecquet la lettre suivante qui narre, par le menu, tout ce grave incident [1] :

« Le sieur Muron, inspecteur de police, est party
« cette nuit pour reconduire les sieurs Lefebvre de
« La Barre et Moisnel dans vos prisons; mais on s'est
« apperçu ce matin que l'on avait obmis de remestre
« à cet officier de police un sac qui avait été envoyé
« au Greffe du Parlement contenant les livres saisis
« à votre Requête dans la chambre du sieur Lefebvre
« de La Barre; comme cet arrêt porte une disposi-
« tion précise relativement à l'un de ces livres, inti-
« tulé *Dictionnaire philosophique portatif*, et qu'ainsi
« il est nécessaire que le sac contenant ce livre soit
« promptement remis à votre Greffe, le Greffier de la
« Tournelle vient de charger le messager d'envoyer
« le sac par un exprès en poste, auquel je vous prie

1. Lettre du Procureur général à Hecquet, du 27 juin 1766 (dossier Joly de Fleury). Inédite.

« de faire donner une décharge dudit sac, en la ma-
« nière accoutumée. Le messager prendra toutes les
« mesures nécessaires pour que l'exprès n'arrive
« qu'en même tems que le sieur Muron, afin que
« l'arrivée de cet exprès ne cause aucune sensation
« dans la ville. Si cependant cet exprès arrivait avant
« le sieur Muron, comme, à son arrivée, il vous
« remettra ma lettre, vous prendrez avec luy toutes
« les précautions nécessaires pour que la remise de
« ce sac ne soit faite au greffé que dans le moment
« où cette remise ne pourra donner aucun soupçon
« de la reconduite prochaine des deux accusés dont
« il s'agit, et à cet effet, l'exprès du messager attendra
« dans son bureau les ordres que vous lui donnerez. »

Le 1ᵉʳ juillet, à 5 heures du matin, Duval de Soicourt, l'exécuteur Sanson et ses aides firent subir au
chevalier quelques tourments préalables et du tout
fut dressé procès-verbal.

Voici les passages essentiels de ce document :

Du mardy 1ᵉʳ juillet 1766 [1], 5 heures du matin [2].

« *Procès verbal de lecture et prononciation de sen-*
« *tence et arrêt à Jean François Lefebvre de la Barre*
« *condamné, et interrogatoire avant la question* [3]. »

Demande du juge au condamné. — « A-t-il dit à
« quelqu'un je te fouterai un million de crucifix au
« visage?

1. Pièce 123 (dossier Joly de Fleury). Inédite.

2. Ainsi le supplice du chevalier de La Barre a commencé
à 5 heures du matin pour s'achever à 6 heures du soir.

3. La question, aux termes de l'art. IX de l'Ordonnance, était
donnée en présence des commissaires, et modérée, variée ou

« Réponse. — Il peut l'avoir dit, mais il ne s'en
« souvient pas.

« D. — A-t-il appris à Moisnel la chanson com-
« mençant par ces mots :

> Un jour que Saint-Cyr naquit
> Il fut grand'fête en Paradis, etc.

« R. — Il l'a chantée, mais il ne l'a pas apprise à
« Moisnel.

D. — A-t il profané une hostie?

« R. — Le chevalier nie énergiquement. »

Ici les bourreaux s'emparent du condamné et le
soumettent aux premières tortures.

Le procès-verbal continue :

« Le condamné appliqué à la question [1]. »

Demande du juge au condamné. — « A-t-il appris
« à Moisnel la chanson commençant par ces mots :

> Un jour que Saint-Cyr naquit
> Il fut grand'fête en Paradis, etc.

« R. (comme précédemment). — Il l'a chantée
« mais il ne l'a pas apprise à Moisnel.

aggravée suivant les caprices de ces officiers. A quelque genre
de question qu'on appliquât le patient il fallait avoir attention « qu'il ait été auparavant huit ou dix heures sans man-
ger ». Et là-dessus les érudits commentateurs citent Zacchias,
in *Quæst. medico-legal.*, t. I, liv. VI, tit. 2, et Jul. Clar. et
Farinacius.

1. Il s'agit ici de la question des brodequins. On enfermait,
pour la donner, les pieds, les jambes et les genoux du patient
entre quatre planches de chêne, deux en dedans et deux en
dehors, qu'on liait ensuite fortement avec des cordes. Cela
fait, on enfonçait à coups de maillet un certain nombre de
coins entre les deux planches du milieu, un aux chevilles et les
autres au niveau des genoux : il y avait quatre coins pour la
question ordinaire et huit pour la question extraordinaire.

« Au second coin. » (Mêmes questions, mêmes
« réponses.)

« Au troisième coin.... »

A ce moment, le plus pénible des tortures, le juge
impitoyable presse le chevalier de questions si absurdes et si ignobles que la plume se refuse à copier
cet incroyable procès-verbal. En voici un extrait
pourtant, qui permettra de juger du reste.

« Demande. — A-t-il « poussé sa selle » et « mis de
« la m... » aux pieds du Crucifix du cimetière? »

Sur les dénégations obstinées du patient, les bourreaux emploient alors le moyen suprême que traduit le procès-verbal sinistre, dans sa monotonie,
dans l'allure paterne de son style basochien.

« A luy représenté que ce n'est que le commen-
« cement des douleurs, qu'il peut s'en faire sou-
« lager en convenant de ses crimes et de ses com-
« plices.

« A dit qu'il nous a dit la vérité et que s'il nous
« déclarait autre chose, ce serait contre la vérité et
« par la violence des tourments.

« Avons alors présenté au condamné le quatrième
« coin pour la question ordinaire, et les quatre autres
« coins pour la question extraordinaire qui ont été
« placés les uns sur les autres, prêts d'être frapés et
« enfoncés.

« Avons interpellé derechef le condamné de nous
« déclarer s'il n'a aucun autre complice; l'avons
« exhorté à nous le déclarer pour sa décharge et
« l'acquit de sa conscience.

« A dit qu'il nous a dit la vérité, et que s'il nous
« déclarait autre chose, ce serait contre la vérité et
« par la violence des tourmens. »

Les trois coins n'avaient servi de rien. Allait-on
« fraper et enfoncer » les autres?

Le chevalier devait le croire au moment de sa fière
et suprême dénégation; mais de plus experts que lui
en procédure criminelle l'eussent, avant toute réponse, rassuré pleinement.

En effet, le quatrième coin de la question ordinaire
et les quatre coins de la question extraordinaire
ayant presque toujours pour effet de broyer les chairs
et de faire éclater les os, Duval de Soicourt aurait
manqué à toutes les traditions de l'élégance professionnelle s'il avait ainsi détérioré sa victime et risqué
de l'achever avant l'exécution. Aussi le procès-verbal
conclut-il simplement par ces mots :

« Ce fait, la question ayant duré une heure, le con-
« damné a été retiré et détaché de la question et mis
« sur le matelas, et luy avons d'abondant fait prêter
« serment de dire vérité.

« Interrogé de tous les faits repris dans les inter-
« rogatoires cy-dessus transcrits et des autres parts,
« y a persisté sans augmenter ni diminuer. »

Tel est le procès-verbal qui, selon le Procureur
Hecquet, contenait le formel aveu de tous les crimes
de La Barre.

Après que les exécuteurs eurent levé le chevalier
du matelas, il fut admis au bénéfice du sacrement
que l'Ordonnance, par un texte formel, réservait à
tout condamné, et qu'on nommait « confession à la
mort ».

VIII

Et maintenant, suivant l'arrêt, article par article, s'accomplit le cérémonial du supplice. Au son des cloches, de la prison à Saint-Wulfran, de Saint-Wulfran à la place publique, le chevalier va et revient entre les flots pressés des curieux.

On a réglé l'itinéraire avec le souci délicat de faire passer le condamné sous les fenêtres de ses parents, et des parents, amis ou bien alliés de ses complices [1].

L'affluence en ce beau jour d'été est prodigieuse par la ville. Il faut, pour contenir la foule, si l'on en croit Lacombe, prévôt général de la maréchaussée de Picardie, quarante brigadiers et quatre exempts [2].

Enfin, à 6 heures du soir, le chevalier a la tête tranchée.

Il avait, dans cette journée affreuse, trouvé des mots charmants et ironiques. « A 6 heures du soir, « il se banda les yeux lui-même, dit Devérité, se tint « bien ferme, et sa tête fut enlevée avec une adresse « *qui concilia à l'exécuteur un battement de mains* « *universel.* »

1. Lettre du 7 août 1766 de M. Gaillard de Boëncourt (père de Gaillard d'Estalonde), lequel écrit au Procureur général pour porter plainte contre Hecquet. Celui-ci, d'après M. de Boëncourt, a, le 1er juillet, allongé tout exprès l'itinéraire pour faire passer de La Barre devant le domicile de lui-même et de ses parents. M. de Boëncourt demande que le Procureur soit contraint de lui faire des excuses en présence de deux conseillers au présidial. (Dossier Joly de Fleury.) Inédite.

2. Rapport du prévôt général de la maréchaussée de Picardie au Procureur général, relatif à l'exécution du chevalier de La Barre. (Dossier Joly de Fleury.) Inédit.

Ce bourreau, nous le savons, n'était autre que le
bourreau de Paris [1]. Bien qu'il eût manqué Lally,
c'était un spécialiste adroit, que les connaisseurs
d'Abbeville surent bien apprécier. D'autres exécuteurs assistaient à la cérémonie, mais c'étaient des
bourreaux de province venus là simplement pour
s'instruire et pour figurer.

L'un d'eux pourtant, celui de Saint-Omer, recueillit
des éloges pour la complainte en vers que lui inspira
cet événement. Il fut ainsi le seul homme de lettres
qui jamais, en prose ou en vers, ait marqué quelque
joie de l'exécution du chevalier de La Barre [2].

Cette exécution coûta cher au trésor du roi. L'iné-
puisable dossier de M. Joly de Fleury nous permet
de savoir, par livres et sols, à combien revenaient les
services du distingué spécialiste Sanson [3].

Voici son état de frais [4] :

1. Charles-Henry Sanson, père du Sanson qui a exécuté
Louis XVI.

2. D'après Devérité et d'après la tradition orale que M. de
Douville Maillefeu nous a rapportée, le chevalier de La Barre
était amoureux d'une des plus belles personnes d'Abbeville.
Cette jolie femme fut indignée du crime commis par son
amant, elle approuva la condamnation et fit preuve d'une férocité singulière en assistant avec gaieté à l'exécution. Le chevalier la vit sur son passage et parut un instant troublé.

3. Fort chatouilleux sur le point d'honneur, les Sanson
n'ont jamais permis qu'on les appelât des *bourreaux*. Le
fils de celui-ci, Charles-Henri Sanson, « exécuteur des jugements criminels » sous la Révolution, assignait Camille Des-
moulins, le 15 janvier 1790 en son domicile, rue de Tournon, 42,
et concluait qu'il lui fût fait défense notamment « de plus à
« l'avenir appeler le demandeur du nom de *bourreau*, attendu
« que cette dénomination est proscrite par plusieurs arrêts du
« Parlement, et par un arrêt du Conseil du 12 janvier 1787 »
(*Révolutions de France et de Brabant*, 1790, p. 389).

4. Mémoire de Charles Sanson (dossier Joly de Fleury).
Pièce inédite.

« Mémoire de Ce quy est dut à Charles Sanson pour avoir My à Éxécution La sentence de la Sénéchaussé de Ponthieu du vingt-huitte février dernier confirmé par arest du 4 juin aussy dernier rendu contre jean françois Lefebures, Chevalier de la barre, Et Gaillard destalonde.

« Savoir [1]

	Pour avoir présenté ledit de Labarre à la question et ensuitte àppliqué à la ditte Question la somme	
10 livres.	de......................	35 livres.
	Plus pour l'avoir mené et conduit faire hamande honorable devant la principale Église la somme de.	
10 livres.		20 livres.
	Plus pour audit lieux luy avoir coupé la langue la	
10 livres.	. somme de...............	20 livres.
	Plus pour lavoir ensuitte conduit sur l'échafaud et luy avoir tranché la	
100 livres.	teste la somme de......	100 livres.
	Plus pour lavoir transporté sur un buché et avoir construy ledit buché et y avoir réduit En cendre ledit de Labarre et les cendres jeté au vent la	
50 livres.	somme de.............	90 livres.
180 livres.	*A reporter*........	265 livres.

1. Les chiffres inscrits à droite représentent la somme *en demande*, le chiffre réclamé par le bourreau. Les chiffres in-

180 livres.	*Report*..........	265 livres.
	Plus avoir lacéré et brullé	
	un livre dans ledit buché	
10 livres.	la somme de..........	20 livres.
	Plus pour avoir exécuté en	
	efigie les paines prononcé	
	contre le dit déstalondes	
15 livres.	la somme de..........	50 livres.
	Plus pour s'estre transporté	
	à Abbeville luy qua-	
	trième et trois cheveaux	
	et une voiture pour huite	
	jours a dix livres par	
	personne par jour la	
224 livres.	somme de............	320 livres.
	Plus pour la fourniture de	
	diferante chause comme	
	mace pour la question	
	cordages pour ladite	
	question et pour l'exé-	
	cution, et autre *menue*	
12 livres.	*ustencille* la somme de.	15 livres.
441 livres.	Totale....	670 livres.

« Ce considéré il vous plaise ordonné le payement
« être fait de laditte somme audit Sanson sur les
« domennes de Sa Majesté et vous feré justice.

« C. SANSON. »

En résumé, Sanson demandait 670 livres, et son
mémoire, soigneusement examiné article par article,
devait être réduit à 441 livres.

scrits à gauche représentent *la taxe*, c'est-à-dire la réduction
opérée par le Parquet après vérification.

Ainsi, pour avoir coupé la langue au chevalier, il réclamait 20 livres. Or tout le monde admet que, de La Barre ayant, sur cet article, fait quelque résistance, l'exécuteur n'avait pas insisté. Aussi le Parquet lui retint-il 10 livres.

C'est que, sur ce chapitre des frais de justice criminelle, M. Joly de Fleury n'entendait point la plaisanterie !

Il est aisé de s'en convaincre en lisant les divers mémoires relatifs à l'affaire de La Barre, tous annotés et rectifiés de la main du Procureur général [1].

Un seul point échappa à sa vigilance, ou bien fut de sa part l'objet d'une très large appréciation : on sait que le fameux *Dictionnaire philosophique* avant d'être lacéré et brûlé (coût : 20 livres; taxe : 10 livres)... avait donné lieu à un transport spécial et à des frais supplémentaires. Cet état de frais extraordinaires se détaillait ainsi :

20 postes......................	66 livres 17 sols
bouche........	6 — 18 —
Id..........................	17 — 9 —
Id..........................	13 — 7 —
A reporter....	102 livres 51 sols.

1. Voici un résumé général des frais, de la main même du Procureur général :

1ᵉʳ mémoire de l'inspecteur Muron (transport d'Abbeville à Paris)...............	1 476 l. 15 s.
2ᵉ mémoire de l'inspecteur Muron (transport de Paris à Abbeville).............	2 323 l. 12 s.
Total, après taxe.....	3 535 l.
Mémoire de Sanson.....................	441 l.
Nourriture des prisonniers à la Conciergerie.	175 l.
Transport du *Dictionnaire philosophique*..	154 l.
Total général...........	4 305 livres.

(Dossier Joly de Fleury). Pièces inédites.

Report.......... 102 livres 51 sols

Une place dans le carrosse d'Abbeville.............................. 15 —

117 livres 51 sols

Salaire............................ 36 —

Total pour ce transport urgent du
Dictionnaire philosophique....... 153 livres 51 sols

De ce dernier total, M. Joly de Fleury ne défalqua rien.

L'exécuté Voltaire déclare que « la France entière regarda le supplice de de La Barre avec horreur ».

Ce trait, avons-nous dit ailleurs, nous semble fort exagéré, si l'on juge surtout des sentiments de la nation par ceux que manifesta le peuple d'Abbeville.

« Une chose qu'on doit remarquer, dit Devérité, « c'est que le peuple d'Abbeville qui, quelque temps « auparavant, avait été chercher dans la cendre d'un « semblable bûcher les prétendues reliques d'un « jeune scélérat qui avait empoisonné ses père et « mère, mais qui était mort avec beaucoup d'onc- « tion, ce même peuple *ne vit qu'avec le plus grand* « *mépris les cendres de de La Barre et les dispersa* [1]. »

Ceci prouve tout au moins que, malgré l'exécution du chevalier, les haines n'étaient point satisfaites, et que Linguet avait fort à faire pour fléchir des juges aveuglés.

---

1. Le bruit courut que Voltaire exaspéré voulut alors quitter la France. Voici ce qu'il écrivait à ce sujet : « Il est vrai que « j'ai été saisi de l'indignation la plus vive, mais je n'ai pas pris « le parti qu'on suppose. J'en serais très capable si j'étais plus « jeune et plus vigoureux; mais il est très difficile de se trans- « porter à mon âge. J'attendrai sous les arbres que j'ai plantés « le moment que je n'entendrai plus parler de ces horreurs, « qui font préférer les ours de nos montagnes, à des singes, « à des tigres déguisés en hommes. »

Il y parvint, et ce succès, qu'aucun écrivain ne relève, aurait dû compter pour sa gloire.

Son Mémoire pour les jeunes Moisnel, de Saveuse et Douville de Maillefeu parut le 27 juin 1766.

IX

Ce courageux écrit, dont on connaît déjà plusieurs passages, était bien fait pour déchaîner contre son auteur les plus redoutables colères.

Le 1ᵉʳ juillet, M. Joly de Fleury écrivit, à son sujet, la lettre suivante au lieutenant général de police :

« Il a été ce matin, Monsieur [1], fait un arrêté à la « Grand'Chambre qui porte qu'un *mémoire à con-* « *sulter* pour les nommés Moisnel, Dumesniel de « Saveuse et Douville de Maillefeu, imprimé chez « Cellot, rue Dauphine, sera remis entre les mains « des Gens du Roy, et par lequel ils sont chargés de « prendre toutes les mesures pour en arrêter la dis- « tribution.

« J'ay l'honneur de vous écrire en conséquence pour « vous prier de donner les ordres les plus précis « pour en arrêter tous les exemplaires et la distribu- « tion. Je vais veiller de mon côté à ce qu'il n'en « soit fait aucune distribution au Palais. »

Cette mesure resta secrète ; et, malgré les cris et les plaintes de Duval de Soicourt, le Parlement n'osa point cette fois sévir publiquement contre Linguet [2].

---

1. Lettre du Procureur général à M. de Sartine, du 1ᵉʳ juillet 1766 (dossier Joly de Fleury). Inédite.

2. Au mémoire était jointe une consultation purement juri-

Duval se plaignait, disions-nous, il assiégeait de ses doléances le Parquet général et ne cessait d'appeler sur Linguet la foudre des réquisitions de M. Joly de Fleury.

« J'implore votre protection, Monsieur, écrivait-il
« le 5 juillet[1], je me flatte que vous vouderez bien me
« l'accorder, et me permettre de déposer au Greffe
« de la Cour un exemplaire de ce mémoire pour servir
« de dénonciation. J'ai de justes motifs de croire,
« Monseigneur, que M. Linguet, avocat, en est l'au-
« teur, puisqu'il est le dernier qui a signé la con-
« sultation; j'ai lieu de croire aussi que les instruc-
« tions auront été fournies par le sieur Douville, père
« du sieur Douville de Maillefeu accusé; l'amitié qui
« les lie depuis quelques années et que les éloges qu'il
« lui prodigue annoncent, autorise ma présomption,
« ainsi que les discours que le dit sieur Douville a
« tenu hautement contre moi en cette ville....

Signé : « DUVAL DE SOICOURT,

« Lieutenant particulier,
« Assesseur criminel en la sénéchaussée de Ponthieu. »

Le 6[2], le 10 juillet[3], nouvelles lettres. L'assesseur explique au Procureur général que, s'il a été forcé

dique que Linguet avait fait signer aux plus célèbres avocats : Cellier, d'Outremont, Gerbier, et même au féodal Muyart de Vouglans qui pourtant à cette heure même s'évertuait, impuissant, à réfuter Beccaria.

1. Lettre de Duval de Soicourt à M. Joly de Fleury, du 5 juillet 1766 (dossier Joly de Fleury). Inédite.

2. Lettre de Duval de Soicourt à M. Joly de Fleury, du 6 juillet 1766 (dossier Joly de Fleury). Inédite.

3. Lettre de Duval de Soicourt à M. Joly de Fleury, du 10 juillet 1766 (dossier Joly de Fleury). Inédite.

de faire juger la cause par de Broutelles, « le marchand de porcs », c'est parce que sur 24 officiers, conseillers ou avocats au siège, 21 étaient parents des accusés. Il insiste « sur tout ce que son cœur dictait « de favorable pour les accusés, et que le devoir seul a « pu faire taire ». D'ailleurs il ne fait aucune réponse directe et topique aux accusations de Linguet.

Cependant, le 13 juillet [1], il triomphe pour avoir relevé dans le mémoire une bien grande inexactitude ! L'avocat n'a-t-il pas dit que Moisnel était cousin germain du rival préféré, alors qu'on peut prouver qu'il n'était que *parent à un degré fort éloigné* !

Duval de Soicourt ajoute : « Je ne dois pas vous « laisser ignorer, Monseigneur, les sollicitations vives « que les parents des sieurs Moisnel, Saveuse et Mail-« lefeu font auprès de moi depuis quelques jours, « pour m'engager à procéder à leur jugement; quelle « conduite contradictoire et inconséquente ! Yci on « me presse de juger, et on attaque à Paris des « moyens de récusation contre moi [2]. »

A Paris, en effet, M. Douville et Linguet faisaient les plus actives démarches auprès de M. Joly de Fleury pour obliger Duval à se récuser.

Voici la note courageuse que Linguet remettait luimême au Procureur général :

1. Lettre de Duval de Soicourt au Procureur général, du 13 juillet 1766 (dossier Joly de Fleury). Inédite.

2. Duval de Soicourt ne se contentait point d'agir par luimême. Son fils, mousquetaire noir, qui joignait une orthographe extraordinaire au style le plus insolent, accablait de lettres le Procureur général ou ses amis. (Voir notamment une lettre de Duval de Soicourt fils à M. d'Estampes, pour le prier d'intervenir auprès de Joly de Fleury (dossier Joly de Fleury). Inédite.

« L'affaire d'Abbeville n'est pas encore terminée [1]
« et de jour en jour la lenteur qu'on y affecte devient
« plus criante. L'arrêt a renvoyé le jugement des
« accusés jusqu'après l'exécution du coupable. Cette
« exécution est faite. Le testament de mort est reçu.
« Le reste du procès est en état : il est bien étonnant
« que la seule obstination du juge à ne pas juger,
« expose un jeune homme de dix-huit ans, aussi inno-
« cent que malheureux, à pourrir dans les prisons où
« il languit depuis un an.

« Ce n'est pas même tout : une circonstance plus
« odieuse que tout le procès doit rendre le juge sus-
« pect, et l'exposer à son tour à l'animadversion des
« magistrats supérieurs. Aussitôt après l'exécution,
« les parents des accusés l'ont sollicité de rendre la
« sentence définitive : il n'a pas eu honte de répondre
« que si on voulait passer un arrêt qui supprimât le
« *Mémoire à consulter*, il jugerait aussitôt, et jugerait
« doucement !

« C'est ce qu'on sera en état de prouver par enquête,
« et par le témoignage des quatre personnes à qui il
« a tenu ce propos. Ainsi il ne rougissait pas de
« mettre un prix à son jugement; mais il y a plus
« encore ! Voyant qu'il ne réussissait point par cette
« voie à détruire le mémoire dont la vérité l'incom-
« modait, et dont des raisons personnelles à lui ou
« à son fils lui font souhaiter l'anéantissement, il a
« eu recours à une autre manœuvre encore plus
« révoltante que sa première proposition. Celui des
« accusés qui est en prison, est un enfant faible, sans

1. Note de Linguet à M. Joly de Fleury (dossier Joly de
Fleury). Inédite.

« jugement, comme il a paru au procès, et qui n'est
« coupable que d'avoir perpétuellement varié, sans
« rien dire de fixe et de positif. On a trouvé moyen
« de l'effrayer, d'obtenir de lui une rétractation en
« forme de ce que ses défenseurs ont dit pour lui,
« d'après ses propres aveux, d'après ses sollicitations
« et celles de toute sa famille!

« Le juge, muni de cette pièce s'est hâté de se
« rendre à Paris, où il est, et où sans doute il a dû
« solliciter auprès des magistrats, la suppression du
« mémoire, et peut-être quelque chose de plus....

« Les parents des deux autres accusés sont bien
« loin de se rétracter, ils se préparent au contraire
« à agir plus fortement que jamais pour mettre au
« jour l'innocence de leurs enfants; mais il faut bien
« avant tout qu'on les juge de façon ou d'autre. C'est
« ce qu'ils ne sauraient obtenir. Le juge en se ren-
« dant à Paris se flate d'avoir enchaîné tout le siège.
« On demande s'il a raison, et si les juges qui res-
« tent, ou à leur défaut, parce qu'ils sont parents,
« des avocats de cette ville, ne peuvent pas exercer
« les fonctions que l'Assesseur criminel paraît aban-
« donner pour ne s'occuper que de son intérêt et de
« sa vengeance. »

Le fait est que Duval, avant de se rendre à Paris
pour exhaler de vive voix ses plaintes, avait retiré du
Greffe et serré dans son cabinet les pièces du procès,
de peur que quelqu'un ne s'avisât, en son absence, de
juger les trois accusés.

Il s'acharnait, ce robin terrible, à la proie qu'il
sentait glisser entre ses mains. Surtout à la pensée
de voir Moisnel échapper à sa haine, il délirait,
s'abandonnant à des démarches extravagantes.

Il obligea ce malheureux enfant, comme le dit Linguet, à signer dans son cachot une rétractation en forme, que lui-même avait écrite et composée. Il faut transcrire cette pièce. Qui croirait à de pareils actes accomplis il y a un siècle, si notre récit n'avait sa base dans les documents originaux?

Voici la déclaration signée par Moisnel [1] :

« J'ai l'honneur d'atester, monsieur le procureur
« général et à tous qu'il appartiendra que je n'ai
« aucune part au mémoire imprimé ou à la consul-
« tation signée Linguet et autres avocats dattée du
« 23 juin 1766, pourquoi je désavoue les faits que
« contient le dit Mémoire contre l'honneur des juges
« n'ayant donnés pouvoire à personne de publier de
« tels faits et je demande en grâce d'être jugé sans
« avoir égard au pleinte de requête civille et remis-
« sion présentés par le mémoire et la consultation
« que je désavoue. A Abbeville, le 8 juillet 1766.

« MOISNEL. »

Cette indigne manœuvre fut déjouée par Linguet. Il écrivit à M. Joly de Fleury :

« Monseigneur [2], M. de Soicourt se prévaut, je le
« sais, auprès de vous, de la rétractation du mémoire
« qu'on a arrachée au malheureux petit Moisnel, mais
« on ne vous a pas apris sans doute que cette rétrac-

1. Adressée au Procureur général et portant la date du 3 juillet 1766.

Cette pièce, signée Moisnel, n'est point de la main de l'accusé. Elle paraît avoir été écrite par Duval de Soicourt. (Dossier Joly de Fleury.) Inédite.

2. Lettre de Linguet à M. Joly de Fleury. (Dossier Joly de Fleury.) Inédite.

« tation est nulle et illusoire. Moisnel est mineur :
« c'est par son curateur que j'ai été chargé de prendre
« sa défense, et j'en ai les lettres. Le même curateur
« a donné un pouvoir en forme au sieur Moynat, pro-
« cureur en la Cour, d'occuper pour son pupille :
« c'était de lui qu'il fallait obtenir le désaveu si l'on
« voulait qu'il fît quelque impression, et non du petit
« innocent dont la tête est tournée dans l'obscurité
« du cachot, et qui en est déjà à sa cinquième rétrac-
« tation depuis le commencement du procès. »

Le gain de la partie qui s'engageait ainsi entre
Linguet et Duval de Soicourt, et qui avait pour enjeu
le sort des accusés, dépendait de la décision du Parlement sur le mémoire de Linguet du 27 juin.

Publiquement flétri (car, malgré de Sartine, plusieurs exemplaires du mémoire circulaient dans
Paris), le lieutenant criminel désirait ardemment
une réparation publique.

Jamais, s'il l'avait obtenue, il ne se fût départi du
jugement des autres accusés, et certes, dans cette
hypothèse, des trois enfants, Moisnel au moins était
perdu.

Le mémoire subsistant, il était difficile à Duval
accusé de faire encore œuvre de magistrat.

Donc, tout se concentrait autour de ce mémoire.

Le Parlement, avons-nous dit plus haut, avait
chargé les « Gens du Roy » d'en arrêter la distribution.

Mais une telle interdiction, inefficace et clandestine,
ne pouvait satisfaire Duval. Il savait à quoi s'en tenir
sur cette mesure, qui équivalait en fait au classement
de sa plainte, et déjà il récriminait.

« Nous espérons que le Parlement prendra enfin

« notre défense », écrivait-il, affectant de parler au nom du Procureur Hecquet, comme en son propre nom [1].

Mais le Parlement faisait la sourde oreille, et le Procureur général se bornait à répondre à Duval de Soicourt [2] :

« J'ay reçu, Monsieur, votre lettre. Votre conduite « dans l'instruction et le jugement définitif de votre « siège du 28 février 1766 est suffisamment justifiée « par l'arrêt que le Parlement a rendu le 4 juin der- « nier. D'ailleurs ceux qui ont signé le mémoire se « sont expliqués de manière à satisfaire le Parlement « et à devoir vous tranquiliser sur l'impression que « vous paraissez appréhender que ce mémoire n'ait « fait dans le public. »

Et Duval de répondre non sans justesse :

« L'arrêt ne me justifie pas du tout puisque le « mémoire de Linguet est postérieur [3]. »

Il voulait son *quitus* public et en due forme.

Le prudent Joly de Fleury était d'autant moins dis- posé à le lui accorder qu'il sentait gronder autour du Parquet les colères et les menaces des parents affolés, et des amis des jeunes de Saveuse, de Maillefeu et Moisnel. La marquise Dalbert lui faisait passer, avec un sage avertissement, la lettre suivante qu'elle avait reçue de M. Douville [4] :

---

1. Lettre de Duval de Soicourt au Procureur général (dos- sier Joly de Fleury). Inédite.

2. Lettre du Procureur général (minute de sa main) à Duval de Soicourt (dossier Joly de Fleury). Inédite.

3. Lettre du 18 juillet 1766 de Duval de Soicourt au Procu- reur général (dossier Joly de Fleury). Inédite.

4. Lettre de M. Douville à la marquise Dalbert (dossier Joly de Fleury). Inédite.

« Madame, l'intérêt que vous avez bien voulu
« prendre à la triste affaire où je suis si malheureu-
« sement compromis, m'engage à recourir encore à
« vous pour en accélérer la fin, s'il est possible. Vous
« savez avec quelle légèreté de la part du premier
« juge, mon fils a été impliqué dans le procès d'Ab-
« beville. L'arrest, qui a confirmé la sentence n'a
« pas eu d'autre vue sans doute en prononçant un
« sursis, contre trois accusés jusqu'a l'exécution du
« coupable, que de faciliter la découverte de l'inno-
« cence ou du crime de ces accusés. La seule pièce
« qui pouvait justifier l'une ou l'autre, c'était le tes-
« tament de mort du condamné. Ce testament est fait.
« Il n'est plus possible d'attendre aucune espèce de
« lumière sur cet article. Le premier juge n'a donc
« plus aucune raison de suspendre sa sentence. Le
« Parlement lui a même donné dernièrement un
« grand exemple de la promptitude nécessaire dans
« ces sortes de cas, on avait sursis jusqu'après l'exé-
« cution de M. Lally au jugement de quelques per-
« sonnes impliquées dans la même affaire. Le sur-
« lendemain de l'exécution elles ont été jugées. Voilà
« douze jours écoulés depuis l'exécution du cheva-
« lier de la Barre, et l'assesseur Criminel d'Abbeville
« ne juge point. Je ne crois pas qu'il y ait rien de
« plus criant que ce délai ; j'ose vous prier de vouloir
« bien le représenter à M. le Procureur Général. La
« consultation contre laquelle on a tant crié, nous
« autorisait à demander une révision de l'arrest. Je
« n'ay point saisi cette voye, parce qu'il a paru que
« le Parlement en était choqué : mais c'est donc au
« Parlement, j'ose le dire, à me tenir compte de ma
« soumission. Je ne veux pas d'autre juge que luy :

« enfin il faut bien qu'on me juge, il serait affreux
« qu'on permît à un magistrat partial, inique tel que
« celuy d'Abbeville et dont l'embarras vient de ce
« qu'il sent qu'on a de quoi mettre au jour sa par-
« tialité, il serait affreux, dis-je, qu'on souffrît, que
« pour s'épargner la honte d'en être convaincu il
« mit un obstacle invincible à la justification de deux
« innocents qu'il a voulu perdre.

« Je ne demande, Madame, ni grâce, ni indulgence,
« je sollicite simplement un jugement quelconque
« qui puisse me mettre à portée de faire connaître
« aux magistrats supérieurs, combien on leur en a
« imposé, au moins dans la partie du procès qui me
« concerne. Ce jugement, M. le Procureur général
« est le maître de me le faire obtenir, en écrivant un
« mot à son substitut d'Abbeville, pour luy enjoindre
« de faire juger sans délay. Voilà la seule marque
« de protection que j'attends de sa bonté et même
« de sa justice. Je suis prêt à partir pour retourner
« chez moi et je me rendrai, s'il le juge à propos, le
« porteur de sa lettre qui mettra enfin un terme à
« une affaire terrible qui peut être n'aurait jamais
« dû avoir de commencement.

« Votre très humble et très obéissant serviteur,

« DOUVILLE.

« A Paris, ce 12 juillet 1766. »

Enfin, à la fin d'août, comme les choses n'avan-
çaient pas, Moisnel toujours en prison, et Duval faisant la navette entre Abbeville et Paris avec la clef
de sa cassette à procédures, Linguet brusqua la situation. Il écrivit ainsi au Procureur général :

« Monsieur [1],

« J'ai appris très tard les démarches que l'on fait
« auprès de vous pour vous engager à demander la
« suppression du Mémoire à consulter qui a été
« publié il y a deux mois en faveur des sieurs Dou-
« ville de Maillefeu, Dumayniel de Saveuse et Mois-
« nel. Si le mémoire contient des faits faux et calom-
« nieux, il mérite d'être flétri; mais s'il ne contient
« rien qui ne soit conforme à la plus exacte vérité,
« c'est celui qui en sollicite la suppression, qui mérite
« d'être traité lui-même comme un calomniateur. La
« justesse ou la fausseté des faits est donc avant tout
« le point qu'il est nécessaire d'approfondir.

« C'est surtout à moi, monsieur, qu'il convient de
« vous le représenter; je suis chargé immédiatement
« de la défense des parties : c'est par mon organe
« qu'elles ont fait présenter aux autres avocats con-
« sultants les mêmes faits contre lesquels l'Assesseur
« d'Abbeville essaie de réclamer.

« S'il se croit insulté, s'il veut obtenir une justifi-
« cation éclatante, les voies régulières lui sont ou-
« vertes, il peut rendre sa plainte : il peut intimer
« celle des parties qui a signé le mémoire : il peut
« courir, s'il l'ose, les risques d'une discussion judi-
« ciaire, qui après tout aura toujours lieu tôt ou tard.
« Nous l'attendons de pied ferme; nous sommes prêts
« à prouver avec la plus éclatante authenticité, tout
« ce que nous avons avancé : mais s'en tenir comme
« il le fait à une dénonciation clandestine, chercher

1. Lettre de Linguet au Procureur général, du 21 août 1766
(dossier Joly de Fleury). Inédite.

« à surprendre un arrêt sur requête, dont il se flatte
« de tirer dans l'esprit du public, autant de fruit
« que d'un arrêt contradictoire, c'est agraver encore
« les torts dont on le charge. C'est combler la mesure
« des reproches terribles que ces parties s'apprêtent
« à lui faire, et avertir la justice de veiller sur ses
« moindres démarches avec plus de scrupule que
« jamais. »

Cette lettre eut un effet souverain. On en surprend
la preuve irrécusable dans les papiers de M. Joly de
Fleury : le Parquet avait eu la faiblesse d'écouter les
fureurs de Duval de Soicourt, et le doyen Boullenois
avait préparé des conclusions [1] dont nous possédons
la minute « donnant acte à Duval de Soicourt du
« désaveu de Moisnel et n'empêchant que le mémoire
« soit supprimé comme calomnieux, le désaveu de
« Moisnel devant rester annexé à la procédure ».

Ces conclusions se trouvent précéder en date et dans
la liasse la lettre de Linguet. D'elles, après la lettre,
il ne fut plus question.

C'est en vain que Duval, à la date du 29 août [2], sup-
pliait encore le Procureur général de « requérir lui-
même » la suppression du mémoire de Linguet. Il lui
fallait cela, osait-il dire, « pour qu'il pût rester juge
de Moisnel ».

La lettre était d'ailleurs d'un homme démonté. Il
conjurait M. Joly de Fleury de lui donner les moyens
pour se retirer « du pas qu'il avait fait », et « pour

---

1. Duval avait intrigué auprès de Maupeou pour la suppression du mémoire et s'était fait donner pour rapporteur le conseiller Titon, un des juges du chevalier de La Barre.

2. Lettre de Duval de Soicourt à M. Joly de Fleury, du
20 août 1766 (dossier Joly de Fleury). Inédite.

« que cette malheureuse affaire ne fut point remuée
« davantage ».

Il racontait très humblement « qu'il avait ren-
« contré M. Linguet dans les couloirs du Palais de
« Justice, qu'il l'avait abordé, qu'il avait écouté ses
« reproches, et qu'il lui avait fait ses réponses ».

Le Procureur général comprit qu'il fallait en finir.
Il exigea du lieutenant criminel une *déclaration de
déport*, qui se trouve au dossier du Parquet, à la date
du 3 septembre, et qui est ainsi conçue :

« Déclarons, dit Duval, nous déporter du jugement
« des sieurs Douville, de Saveuse et Moisnel, à raison
« de la dénonciation que nous avons faite du mémoire
« de M. Linguet [1] », etc., etc.

Le 10 septembre, les trois jeunes gens furent enfin
absous par Lefebvre de Villers, le moins pendable
des trois juges qui avaient participé à la condamnation de de La Barre.

Le 18 septembre, les trois acquittés présentèrent
requête au même magistrat dans le but d'être auto-
risés à publier la sentence d'absolution. La requête
fut accueillie.

Quant à Linguet, cet éclatant début le mit au premier rang des avocats-écrivains, et lui valut d'emblée une légion d'ennemis. « Ces trois enfants », a-t-il
écrit dans un de ses ouvrages [2], « paraissaient perdus.
« J'écrivis pour eux : les yeux s'ouvrirent, on rougit
« du passé. Leur innocence fut reconnue et con-
« statée sans contradiction. J'avais eu les bras liés

1. Déclaration de déport, du 3 septembre (dossier Joly de
Fleury). Pièce inédite.
2. *Mémoires et Plaidoyers*, t. IX, p. 15. *Réflexions pour M* Linguet, avocat de la comtesse de Béthune.*

« jusques-là. On crut, non sans apparence de raison,
« que Lefebvre de La Barre aurait joui du même
« avantage si la défense avait pu précéder sa con-
« damnation.

« Ce succès éveilla l'envie. Les Cicérons modernes,
« ceux à qui semblait appartenir le droit exclusif de
« recueillir des palmes dans le barreau, m'apperçu-
« rent avec surprise si près d'eux sans qu'ils en eus-
« sent été avertis. Ils furent étonnés et peut-être
« allarmés. »

On pourrait croire que Linguet a exagéré dans ses
lignes la jalousie dont il fut l'objet, et l'effet même
de son mémoire.

Il n'en est rien. Nous verrons quels déboires suivirent ce premier triomphe. Et quant à l'action
exercée sur l'âme des juges par son courageux écrit,
nous en avons des témoignages irrécusables : ceux de
Voltaire, de Brissot, de Devérité. Ce dernier déclare
« qu'après ce mémoire il ne se trouva plus de juges
« qui voulussent suivre l'instruction contre les autres
« co-accusés ».

Il est enfin un dernier témoignage plus sûr encore
et plus touchant.

Trois ans après les événements dont nous venons
de faire le récit, en juillet 1766, Linguet était attaqué
avec une extrême violence par les rédacteurs du
Mercure. M. Douville voulut plaider à son tour pour
l'avocat de son enfant, et il écrivit à Lacombe, fermier du journal, une lettre simple et émouvante où
se trouve le passage suivant :

« M. Linguet est par dessus tout un honnête homme,
« qui n'a contre lui que sa haine des protections.
« Vous l'accusez sans le connaître, il a l'âme noble

« et courageuse. Il est mon bienfaiteur, le défenseur
« de ma famille et le sauveur de mon fils. »

Ce jeune Maillefeu, que notre stagiaire avait tiré
des griffes de Duval de Soicourt, devint un gentil-
homme aussi républicain, aussi libre d'allures, et
aussi obstiné que tous ceux de sa race. Il n'oublia
jamais son terrible grief contre le Parlement, le roi
et le clergé. Devenu après 89 un des familiers de
Danton, il s'employa avec passion et avec succès à
la réhabilitation du pauvre chevalier Lefebvre de
La Barre [1].

Ensuite il s'occupa, avec non moins d'ardeur, de
la condamnation de Louis XVI. On le voyait dans
les couloirs de la Convention, gourmandant ceux
des nobles qui avaient accepté la Révolution, et
obtenant de plusieurs d'entre eux un vote pour la
mort du « tyran ».

Le « tyran » mort, et de La Barre réhabilité, il
semblait que M. Douville de Maillefeu, parvenu à
l'âge mûr, n'eût qu'à jouir en paix de son triomphe.

Il en jouissait en effet, lorsque, longtemps après,
en 1814, une nouvelle lui parvint, la nouvelle mau-
dite du retour des Bourbons. M. Douville de Maillefeu

---

1. En 1789, la noblesse de Paris demanda dans ses cahiers
la réhabilitation de de La Barre ; mais la mémoire de cet infortuné ne reçut cette réparation que par un décret de la Convention nationale. Quant à d'Estalonde, Voltaire ne put rien
obtenir pour lui. En 1774, le vertueux Maupeou refusa de lui
restituer ses biens qui avaient été confisqués. En 1775, Voltaire revint à la charge et consulta Linguet sur le point de
savoir s'il fallait reprendre le procès. Linguet fut d'avis de
s'abstenir. Plus tard, d'Estalonde adressa un mémoire au roi
(publié par M. Pouy, Amiens, 1869), et des lettres d'abolition
lui furent enfin accordées par Louis XVI et enregistrées au
Parlement le 2 décembre 1788.

eut une attaque,... et il mourut assassiné indirectement par ces Bourbons qui l'avaient voulu rôtir un
demi-siècle auparavant.

Tout cela maintenant est de l'histoire ancienne,
sauf en Picardie où la question du procès de La
Barre est, paraît-il, aussi vivante que jamais.

Le nom de Duval de Soicourt est éteint, il est vrai,
tandis que la race des Douville demeure aussi répu-
blicaine, vibrante et guerroyante qu'au temps jadis.

A cela près, rien n'est changé sur les bords de la
Somme; les partis continuent leurs anciennes disputes près de l'église de Saint-Wulfran, et la question de savoir si le chevalier de La Barre aura sa
statue à l'endroit même où le peuple a dispersé ses
cendres, semble encore bien loin de recevoir une
solution.

CHAPITRE IV

(1766-1770)

I

« Les juges de province ne brûlent pas tous les jours
« de jeunes gens, et l'attention publique ne s'attache
« guères qu'aux affaires qui portent sur de grandes
« infortunes ou sur de grandes singularités [1]. »

1. *Mémoires et Plaidoyers*, t. IX, p. 17. *Réflexions pour M° Linguet, avocat de la comtesse de Béthune.*

Aussi Linguet, qui a écrit ces lignes où perce une mélancolie particulière, une mélancolie d'avocat, fut-il condamné, après l'affaire de La Barre, à de longs et pénibles loisirs.

« J'errais au Palais, dit-il, sans protecteur, sans
« caution ; une figure inconnue et peu prévenante,
« un air timide que l'on pouvait croire sauvage, ne
« détruisaient pas les impressions que l'on tâchait
« d'accréditer contre moi. J'ignorais que pour se
« ménager un accès facile au barreau, il fallut s'atta-
« cher aux pas d'un ancien, choyer sa décadence,
« épargner à sa main fatiguée et quelquefois à sa tête
« épuisée, les travaux qu'exigeait la confiance publi-
« que, lui sacrifier sa propre jeunesse en attendant
« le moment de s'approprier un jour celle d'un autre ;
« enfin, en nouvel Élisée, recueillir le manteau de
« quelque vieil Élie, et ne débuter dans ses essais
« qu'à l'abri de cette égide respectable. »

Dans ce tableau poussé au noir, Linguet exagérait ses infortunes. Il avait quelques dossiers dans ses sacs, surtout des procès venant de Picardie, où il était grand homme. Mais ces travaux étaient insuffisants à coup sûr pour absorber son activité et pour satisfaire son ambition.

Aussi incapable de renoncer à la gloire que de l'attendre avec patience, ou de la poursuivre avec art, il se morfondait dans la rédaction d'obscurs écrits judiciaires : pour le « sieur Virloys contre les « prétentions du sieur Bellegueule prêtre à Amiens », pour « la dame Masset contre les échevins de Saint- « Valéry », pour « le capitaine Saisseval », « le cha- « noine Thévenin » ou « la communauté des maîtres « maréchaux de Troyes »... C'était une maigre pâture !

Qu'on ajoute à l'ennui d'écrire sur des objets sans importance l'ennui plus grave et plus réel de ne pas plaider.

Au XVIII⁰ siècle, la consultation, les mémoires, tenaient plus de place au barreau que la plaidoirie. Le moindre incident de procédure fournissait matière à de grosses dissertations. Cela s'imprimait, par faveur spéciale, sans l'autorisation du roi, sans aucun examen des censeurs, au simple vu de la signature de l'avocat et du Procureur.

Beaucoup d'avocats, même des plus connus, n'usaient jamais que de la plume, et Linguet, arrivant au Palais à trente ans avec un bagage d'auteur, semblait exclusivement destiné à la carrière d'avocat-écrivain. Il était déjà célèbre, lorsqu'en 1771 il prit la parole pour la première fois et se révéla orateur.

En attendant il s'immergeait dans de gros livres de droit « qui ne sont, disait-il [1], que des recueils « d'illusions et de chimères »; dans la chicane, dont un de ses frères, clerc chez un procureur et connu plus tard sous le nom de Linguet-Deshalliers, lui apprenait les détours.

Tout cela, d'ailleurs, n'était dans sa vie qu'un fatigant hors-d'œuvre. La littérature l'avait ressaisi.

En 1767, Linguet mit la dernière main à un ouvrage longtemps caressé, et commit en le publiant une notable maladresse.

Cet ouvrage, en deux tomes, avait pour titre : *Théorie des loix civiles ou Principes fondamentaux de la société.*

---

1. *Théorie des loix civiles ou Principes fondamentaux de la société* (avec l'épigraphe : *Quis talia fando temperet a lacrymis*). Londres, 1767.

Par son cadre et ses prétentions il était donc à la mode du jour. En ce temps-là, il n'était pas décent d'écrire sur les hommes sans remonter à leur origine, à la naissance des sociétés et des lois. Que Linguet s'appliquât à ces problèmes sur lesquels chacun disait son mot (parfois en dix volumes); qu'il recherchât le titre, dont Voltaire l'a gratifié, de *Rousseau parisien*[1], cela ne tirait pas à conséquence; cela même aurait pu l'avancer dans la gloire, si, dans ces cartons à la mode, il avait débité des articles au goût du jour.

Mais il fit tout le contraire, heurta de front les idées philosophiques en faveur, et conquit à ce jeu l'impopularité la plus solide.

La *Théorie des loix civiles* s'ouvrait par un discours préliminaire dédié à M. Douville, conseiller au présidial d'Abbeville. L'auteur, dans ce discours, affectait un ton chagrin et rude, le ton d'un homme qui va casser les vitres et dire leur fait à ses contemporains. Il débutait, dans sa dédicace, par railler, non sans esprit, les fadeurs et la platitude des dédicaces ordinaires.

« On y voit presque toujours, disait-il, un homme
« d'esprit occupé à lécher la poussière devant un
« grand et riche orgueilleux qui le dédaigne ouver-
« tement, et que lui-même méprise en secret. Le
« héros y paraît, orné de qualités qui lui conviennent
« le moins, comme on voit des gentillâtres dont la
« bravoure se borne à assassiner quelques lièvres
« autour de leurs masures, se faire peindre avec la

---

1. Lettre de Voltaire à M. Tabareau (citée plus loin). *OEuvres de Voltaire*, t. LVII.

« cuirasse et les brassards, et s'enorgueillir de penser
« qu'ils figureront en cet équipage dans l'antichambre
« de leurs descendants. »

Après ce morceau, Linguet reprenait le récit de
l'affaire de La Barre, pour conclure à la nécessité de
réformes judiciaires; et il reproduisait, en termes
aussi vifs que dans son mémoire, les accusations
qu'on connaît déjà contre le juge d'Abbeville, contre
Duval de Soicourt.

Celui-ci qui, nous l'avons vu, s'était déjà plaint
avec amertume, lors du mémoire de Linguet, espéra
trouver enfin l'occasion favorable pour se faire déli-
vrer le *quitus* officiel que le Procureur général et le
Parlement lui avaient jusqu'alors refusé.

L'heure semblait bien choisie; le Parlement, en
effet, était à feu contre Linguet. Dès son apparition,
la *Théorie des loix* avait exaspéré au même degré
magistrats et philosophes. Dans ce livre insolent,
bourré d'opinions subversives, les gens de·robe et
les gens de l'Encyclopédie étaient fouaillés tour à
tour. L'auteur n'allait-il pas jusqu'à dire que *le
métier de juge est un des plus dégoûtants, peut-être
même un des plus propres à occasionner le remords!*

Une telle phrase (et bien d'autres!) confondait la
cause de Duval de Soicourt, celle du commerçant de
Broutelles (ce gradué si injustement injurié, disait
un mémoire de Duval), même celle du Procureur
Hecquet si faiblement défendu par Joly de Fleury,
avec la cause du Parlement de Paris.

L'occasion pour Duval de Soicourt semblait donc
unique; il se résolut à porter plainte contre Linguet,
et chargea de ce soin son fils, l'impétueux et maladroit mousquetaire noir.

Celui-ci, le 21 juin 1767, envoya au Procureur général une longue dénonciation de la *Théorie des loix civiles.*

« C'est le sieur Linguet [1], avocat suivant la Cour, « qui est l'autheur du livre, disait-il d'abord.... Il « est bon, Monsieur, de vous dire un mot du projet « qu'avait le sieur Linguet. Cet homme est remuant, « ambitieux, et, à ce que j'ai ouï dire, peu délicat.... « Il avait formé le beau projet de saisir l'occasion de « cette affaire pour se faire connaître et se faire une « réputation comme celle qu'Élie de Beaumont s'était « acquise dans l'affaire des Calas. En conséquence, « il a fait le mémoire, et l'a envoyé dans je ne sais « combien de villes, et à je ne sais combien de per- « sonnes soit connues, soit inconnues. Ensuite, il a « voulu engager Voltaire à prendre fait et cause pour « lui. Voltaire semblait d'abord s'y prêter, mais ayant « été instruit de la vérité des faits, à ce que j'ai ouï « dire, par Mme de Florian, sa nièce, laquelle demeure « près d'Abbeville [2], il n'a plus voulu se mêler de « cette affaire. Voilà qui a un peu rompu le projet du « sieur Linguet ; mais cependant le voilà qui cherche « à remuer les esprits, par son livre de la *Théorie des* « *Loix* et à aigrir tout le monde contre mon père, et « l'on m'a même assuré que son projet était de ne « pas faire le moindre ouvrage qui ne parle de cette « misérable affaire. »

Bref, le mousquetaire appelait sur la *Théorie des*

---

1. Collection Joly de Fleury. Lettre de M. de Soicourt fils au Procureur général. Inédite.

2. Mme de Florian, nièce de Voltaire, sœur de Mme Denis, et M. de Florian possédaient à huit lieues d'Amiens le château d'Hornoy.

loix les foudres du Parlement. Il fut exaucé, et c'est ainsi qu'à la requête de Duval de Soicourt les magistrats statuèrent, à la date du 14 juillet 1767, sur l'ouvrage de Linguet.

Brûler le livre eût été sans doute doux au cœur de Messieurs. Mais cette exécution n'allait pas sans difficultés. L'écrivain, en effet, protestait à chaque page de son dévoûment à l'Église et au roi. Il n'abaissait les Parlements que pour grandir l'autorité du monarque, et se faisait ainsi un rempart de Versailles contre les fureurs du Palais.

D'ailleurs les magistrats avaient un intérêt puissant à étouffer le bruit de cette affaire de La Barre. Quoi qu'en pût dire le mousquetaire noir, Voltaire les guettait. En brûlant la *Théorie des loix*, en se vengeant ainsi de l'audacieux défenseur des accusés d'Abbeville, ils auraient provoqué de nouvelles rumeurs. La plainte de Duval de Soicourt, peut-être suggérée, offrit un biais, un moyen pratique de blâmer Linguet sans faire un éclat.

Le 14 juillet 1767 [1], le Parlement ordonnait simple-

---

1. L'arrêt du 14 juillet 1767, rapporté *in extenso* par Devérité dans son *Recueil de pièces intéressantes sur l'affaire du crucifix d'Abbeville* (déjà cité, Londres, 1776), supprimait notamment le passage suivant : « Il y a eu, comme on voit, treize « mois d'intervalle entre l'oppression de l'innocence et la réha- « bilitation. Ce n'était pas la difficulté de la reconnaître qui en « a fait si longtemps retarder l'aveu. Il y aurait à ce sujet de « terribles choses à dire. Je me contenterai d'observer que les « juges qui ont décrété ce jeune homme (Douville de Maillefeu) « n'étaient point du nombre de ceux qui l'ont absous. » Ce que nous savons de la patience parlementaire permet de penser que s'il n'y avait pas eu, en effet, *de terribles choses à dire*, d'autres peines que l'illusoire suppression auraient été prononcées contre la *Théorie des loix* et contre son auteur.

ment la suppression des passages de la *Théorie des loix* incriminés par le juge d'Abbeville :

« ... et généralement de tous ceux qui tendraient,
« dans le *Discours préliminaire*, à diffamer ledit
« Duval de Soicourt, comme étant un libelle diffa-
« matoire contre l'honneur, la réputation et la con-
« duite *intacte* dudit Duval de Soicourt, qui a ins-
« truit, à la requête du substitut du Procureur général
« en la sénéchaussée de Ponthieu, le procès criminel
« jugé par sentence du 28 février 1766, confirmé par
« arrêt de la Cour du 4 juin suivant. »

A la queue de son arrêt, la Cour logeait le mot qu'elle voulait dire :

« Ordonne le dépôt au greffe de la *Théorie des*
« *Loix*, pour en être pris par notre Procureur général,
« communication, et par lui requis sur le surplus du
« contenu dudit livre s'il y écheoit. »

Cela signifiait qu'à la prochaine incartade, Linguet ne pourrait se flatter d'en être quitte à si bon compte. Le Parlement lui promettait des fagots. Nous verrons par la suite qu'il sut les mériter, et en obtint de toute taille.... Mais pour cette fois on se contenta de la menace, et la *Théorie des loix* ne fut pas brûlée.

II

Le bûcher cependant, dans ce cas, eût été populaire. Jamais livre, en effet, n'excita une plus violente indignation.

Comment Linguet arriva-t-il ainsi à rallier toutes les colères, et, dans ce temps où les livres étaient des actes, à prendre la figure d'un malfaiteur public?

Un mot l'explique et résume son œuvre : la *Théorie des loix* est un manuel de pessimisme politique.

Il y a des heures qui conviennent à ces livres désenchantés, mais celui-ci venait à contre-temps. Il faisait entendre une voix sardonique, la voix cruelle d'un sceptique, à l'instant précis où les âmes s'ouvraient à toutes les espérances politiques et sociales.

Il sembla que Linguet avait voulu écrire le Code de la réaction, du despotisme et de la contre-révolution, à l'heure même où la Révolution s'installait avec Rousseau dans les âmes, vingt ans avant de s'accomplir dans les faits.

« Vos théories, disait Linguet au philosophe de
« Genève, sont des contes de fées politiques, où un
« coup de baguette fait sortir du sein de la terre des
« sociétés d'hommes tous égaux, tous riches, tous
« heureux.... Ces déclamations sont vuides de sens....
« Leurs auteurs disent qu'ils voudraient voir tous les
« hommes libres, mais ils ne songent pas que l'ac-
« complissement de ce vœu est incompatible avec
« l'existence de la société, à laquelle ils sont pourtant
« plus attachés que les autres, parce que le raffine-
« ment de leurs goûts la leur rend plus nécessaire, et
« qu'ils en goûtent mieux les douceurs....

« Leurs prêches politiques sont inutiles, en ce que
« le monde n'en va pas moins son train ordinaire.
« Toutes leurs lamentations sur la servitude n'ont pas
« fait augmenter d'un sou la paye, ni de nos journa-
« liers, ni de nos soldats, ni de nos domestiques :
« c'est le bon marché des services de cette espèce
« d'hommes qui fait la richesse de la société et la
« base des gouvernements.... Ne voyez-vous pas que

« l'obéissance, l'anéantissement, puisqu'il faut le dire,
« de cette nombreuse partie du troupeau, fait l'opu-
« lence des bergers? Si les brebis qui la composent
« s'avisaient jamais de présenter la tête au chien qui
« les rassemble, ne seraient-elles pas bientôt disper-
« sées et détruites, et leur maître ruiné? Croyez-moi,
« pour son intérêt, pour le vôtre et même pour le
« leur, laissez-les dans la persuasion où elles sont,
« que ce roquet qui les aboie a plus de force à lui
« seul qu'elles toutes ensemble.

« Laissez-les fuir stupidement au seul aspect de son
« ombre. Tout le monde y gagne. Vous avez plus
« de facilité à les rassembler pour vous approprier
« leurs toisons : elles sont plus aisément garanties
« d'être dévorées par les loups. Ce n'est, il est vrai,
« que pour être dévorées par des hommes. Mais enfin,
« c'est là leur sort, du moment qu'elles sont entrées
« dans une étable. *Avant que de parler de les y sous-*
« *traire, commencez par renverser l'étable, c'est-à-*
« *dire la société !*

« Je sais bien que ce langage n'est pas celui qu'on
« tient ordinairement dans les livres : mais c'est celui
« de la raison et de la vérité. Je me ferais sans doute
« plus de partisans en embrassant le sentiment con-
« traire, il prêterait plus à l'éloquence.... Il est si
« aisé de déclamer contre les puissances et contre les
« maîtres! Mais cela est-il digne de ces esprits élevés
« qui ambitionnent le titre de précepteurs des hom-
« mes?... Ils veulent, disent-ils, consoler le genre
« humain?... Ah! cruelle philosophie! que tes con-
« solations sont douloureuses!... Mes maux sont incu-
« rables : pourquoi t'obstines-tu à faire devant moi
« l'éloge de la santé?... En rapprochant mon état de

« celui que tu me peins, je n'en sens qu'avec plus
« d'amertume la fausseté des espérances qui m'ont
« trompé…. Quel est donc le but de tes discours? Je
« souffre, et, suivant toi, je pourrais, je devrais même
« ne pas souffrir! Je péris dans les fers, et tu me cries
« qu'on n'a pas le droit de m'y retenir! Quel est donc
« ton dessein? Est-ce de me forcer de réunir dans
« mon cœur le sentiment de l'injustice et celui de
« l'esclavage?… Combien plus sage serait la voix ter-
« rible, mais salutaire, qui me dirait : Souffre et meurs
« enchaîné : c'est là ton destin! »

Aujourd'hui on entendrait cela sans colère, et peut-
être même y verrait-on exactement le contraire de
ce que le XVIIIe siècle y a vu.

En effet, ces pages du soi-disant prôneur du despotisme ne sentent-elles pas l'insurrection? Avec ses
allures audacieuses, ses emportements d'ironie, ne
semble-t-il pas que Linguet va conclure, de l'inanité
des systèmes philosophiques, de l'impuissance de
Montesquieu et de Rousseau, à la nécessité d'une
reconstitution intégrale de la société?

On dirait que, par delà la Révolution bourgeoise,
qu'il couvre de sarcasmes, qu'il déclare en faillite
avant la lettre, il prévoit un autre bouleversement,
plus profond. Il revient sans cesse sur cette idée,
grosse des futurs orages, que sous les noms divers
d'esclave, de serf, de manouvrier libre, le travailleur
n'obtient jamais du riche que ce qui lui est strictement nécessaire pour ne pas mourir de faim.

C'est la moderne « loi d'airain du salaire » que,
sauf la différence des mots, Linguet a formulée avec
une netteté prophétique, et dans des termes que
Karl Marx et Lassalle n'auraient pas désavoués.

« En supprimant la servitude, dit-il [1], on n'a pré-
« tendu supprimer ni l'opulence, ni ses avantages. On
« n'a pas pensé à remettre entre les hommes l'égalité
« originelle ; la renonciation que le riche a faite de
« ses prérogatives n'a été qu'apparente. Il a donc fallu
« que les choses restassent, au nom près, dans le
« même état. La servitude s'est perpétuée sur la
« terre, mais sous un nom plus doux.... Les villes
« et les campagnes sont peuplées d'une espèce
« d'hommes connus sous le nom de journaliers,
« manouvriers, etc. Ils n'ont jamais de part à l'abon-
« dance dont leur travail est la source. La richesse
« semble leur faire grâce quand elle veut bien agréer
« les présents qu'ils lui font....

« Cette espèce d'hommes est sans contredit la plus
« nombreuse portion de chaque nation. Il s'agit d'exa-
« miner quel est le gain effectif que lui a procuré la
« suppression de l'esclavage.

« Je le dis avec autant de douleur que de fran-
« chise : tout ce qu'ils y ont gagné, c'est d'être à chaque
« instant tourmentés par la crainte de mourir de
« faim, malheur dont étaient du moins exempts leurs
« prédécesseurs dans ce dernier rang de l'humanité.
« L'esclave était nourri lors même qu'il ne travail-
« lait pas, comme nos chevaux ont du foin les jours
« de fête....

« Mais le manouvrier libre, qui est souvent mal
« payé quand il travaille, que devient-il lorsqu'il ne
« travaille pas?...

« A qui en coûte-t-il quelque chose quand il vient
« à périr de langueur et de misère?

1. *Théorie des loix*, p. 462, t. I.

« Il est libre, dites-vous! Eh! voilà son malheur!
« Il ne tient à personne, mais aussi personne ne tient
« à lui. Quand on en a besoin, on le loue au meil-
« leur marché que l'on peut. La faible somme qu'on
« lui promet égale à peine le prix de sa subsistance
« pour la journée qu'il fournit en échange. On lui
« donne des surveillants pour l'obliger à remplir
« promptement sa tâche; on le presse, de crainte
« que l'espoir de rester plus longtemps occupé au
« même ouvrage ne retarde son bras.... A-t-il fini,
« on le renvoie comme on l'a pris, avec la plus
« froide indifférence, et sans s'embarrasser si les
« vingt ou trente sols qu'il vient de gagner par une
« journée pénible, suffiront à sa subsistance, en cas
« qu'il ne trouve pas à travailler le jour d'après.

« Il est libre! C'est précisément de quoi je le plains.
« On l'en ménage beaucoup moins. On en est plus
« hardi à prodiguer sa vie. L'esclave était précieux
« à son maître, en raison de l'argent qu'il lui avait
« coûté. Mais le manouvrier ne coûte rien au riche
« qui l'occupe. Du tems de la servitude, le sang des
« hommes avait quelque prix. Ils valaient du moins
« la somme qu'on les vendait au marché. Depuis
« qu'on ne les vend plus, ils n'ont réellement aucune
« valeur intrinsèque.

« Dans une armée, on estime bien moins un pion-
« nier qu'un cheval de caisson, parce que le cheval
« est fort cher, et qu'on a le pionnier pour rien.
« La suppression de l'esclavage a fait passer ce calcul
« de la guerre dans la vie commune, et depuis cette
« époque il n'y a pas de bourgeois à son aise qui ne
« suppute en ce genre comme le font les héros. »

Ne croirait-on pas entendre Ferdinand Lassalle,

criant à Schulze-Delitsch dans une des invectives
passionnées de son livre *Capital et Travail* [1] :

« Enfin éclate le tonnerre de la Révolution fran-
« çaise! Servages, servitudes, jurandes, tout disparut
« comme emporté par la foudre!

« On était arrivé à la concurrence libre! Le travail
« fut proclamé libre *de jure*, et grande fut la joie!
« Y avait-il réellement quelque chose de changé dans
« cet ancien état des choses, où les travailleurs de-
« vaient toujours laisser couler le produit de leur tra-
« vail dans les poches des classes possédantes, privi-
« légiées? Le travail était déclaré libre *de jure*, et rien
« n'empêchait personne d'acquérir, d'accumuler et
« d'épargner son propre produit de travail. Rien
« qu'une petite difficulté.... Avant de pouvoir entre-
« prendre un travail quelconque il faut avoir à sa
« disposition du travail précédent, c'est-à-dire du
« capital. Comme ces travailleurs ne possédaient pas
« ce qu'il faut pour entreprendre un travail quel-
« conque, que leur restait-il, que leur reste-t-il à
« faire, malgré la liberté juridique et la déclaration
« de la concurrence libre, sinon de vendre leur vie
« pour les besoins de leur existence? »

La critique moderne des rapports du capital et du
travail est parvenue ici à des formules plus scientifiques, mais l'idée fondamentale du socialisme contemporain n'est pas exprimée avec plus de force par Lassalle qu'elle ne le fut par Linguet en vingt passages
de cette étrange *Théorie des loix*.

« A quoi bon, s'écriait-il, ces parades sentimentales,

---

1. F. Lassalle, *Capital et Travail, ou M. Bastiat Schulze (de
Delitsch)*. Traduction de Benoît Malon, p. 125.

« ces projets de réformes dans les finances et les
« impôts? A quoi bon le parlementarisme, les imita-
« tions du régime politique de l'Angleterre? A quoi
« bon ces corps intermédiaires prônés par Montes-
« quieu, ces avides compagnies judiciaires qui, sous
« prétexte de contenir le pouvoir royal, ne servent
« qu'à leurs propres privilèges, et ne font que mul-
« tiplier les instruments de la tyrannie? A quoi bon
« tout cela, puisque le pauvre doit être toujours
« opprimé par le riche, puisque celui qui travaille
« doit toujours servir celui qui possède? Mieux vaut
« un tyran que mille tyranneaux! »

Et par là Linguet était conduit à tracer l'ébauche,
bien moderne aussi, souvent reprise et caressée dans
ses œuvres, du *bon tyran*, du gouvernant supérieur
et paternel dont le pouvoir n'aurait d'autre limite que
le droit des gouvernés à l'insurrection.

« Il faudrait qu'une voix majestueuse dît souvent
« à ce despote : Tu n'as pas de châtiment légal à
« craindre, ta tête est sacrée... mais prends garde!...
« Si tu opprimes ce peuple que Dieu t'a soumis,
« l'effort avec lequel il brisera sa chaîne viendra de
« Dieu également. Le ciel, arbitre unique entre le
« maître et les sujets soulevés, ne s'explique que par
« des victoires. Ne les réduis pas à la nécessité d'im-
« plorer ces terribles oracles! »

Ainsi parlait ce Linguet déchaîné, chargeant Rousseau et sabrant Montesquieu, foulant avec délices
toutes les plates-bandes de la philosophie, irrespectueux, osant tout dire, dogmatique et gavroche,
ancêtre et précurseur tour à tour de Joseph de
Maistre, de Veuillot et de Rochefort, révolutionnaire
qui se piquait d'être monarchiste, et dont la cognée,

détruisant tout autour du pouvoir royal, l'isolait, le découvrait, le désignait à l'assaut futur.

Ses contemporains s'y trompèrent. On vit en lui l'apôtre du « bon plaisir royal », alors que par sa critique amère des institutions sociales, par son mépris du parlementarisme et de la révolution bourgeoise, il marquait réellement sa place parmi les précurseurs de notre socialisme contemporain.

Il semble que cet aspect nouveau et assez inattendu de la physionomie de Linguet ait été entrevu par M. Benoît Malon, car il prend soin de nommer notre héros dans son *Étude sur le socialisme dans le passé*[1].

Linguet lui-même prévoyait cette évolution dans les jugements portés sur son œuvre, car il écrivait dans un des innombrables plaidoyers *pro domo* que nous a laissés sa plume intempérante :

« On a vu dans la *Théorie des loix* ce qui n'y était « point ; on n'a rien vu de ce qui y était. On y a cru « trouver des motifs pour m'accuser d'être le flatteur « de la tyrannie, et je ne serais pas étonné qu'on y « trouvât un jour de quoi me poursuivre comme « un républicain furieux[2]. »

C'était bien, en effet, avec l'audace d'un « répu- « blicain furieux » que Linguet s'attaquait aux institutions fondamentales de la monarchie catholique! N'allait-il pas jusqu'à se faire l'apologiste du divorce? et cela à une époque où l'Église et le Parlement n'admettaient guère de tels badinages !

En ce chapitre délicat, où il traite du mariage,

---

1. *Précis historique, théorique et pratique de socialisme,* par B. Malon, Paris, 1892, p. 29.

2. *Mémoires et Plaidoyers,* t. IX, p. 19. *Réflexions pour M⁰ Linguet, avocat de Madame la comtesse de Béthune.*

Linguet se montre d'ailleurs aussi peu galant à l'égard des femmes, que peu respectueux du sacrement qui leur défère leur puissance sociale. Il remarque avec impertinence que « le courage et « la vertu fleurissent dans une nation tant qu'une « discipline exacte contient les femmes dans la « retraite... ».

Autrement dit dans le sérail, institution que Linguet préfère infiniment aux salons de son temps. Pour lui, comme pour Montesquieu, la polygamie n'est pas un cas pendable. Quant au divorce, Linguet le catholique, le défenseur de Loyola, ne craint pas d'en être partisan !

Toutefois, sur ce sujet scabreux, sentant d'une lieue le fagot, il prend quelques précautions.

« La question, dit-il, n'est pour nous qu'un sujet « de pure théorie. La solution ne peut tirer à con- « séquence pour la pratique, non plus que celle que « nous nous sommes proposée relativement à la poly- « gamie. Il s'agit ici des avantages politiques, et non « de l'utilité des règlements spirituels que Dieu lui- « même nous a transmis par l'organe de son Église, « et qui doivent l'emporter sur toute espèce d'uti- « lité. »

Ces réserves faites, Linguet se donne carrière :

« Dire que le mariage indissoluble est un état « supérieur, cela est exact. Mais quand on a avancé « que la société serait blessée si chaque mari avait « le droit de quitter sa femme lorsqu'il ne peut plus « vivre avec elle, si chaque femme pouvait s'éloigner « de son mari quand un dégoût ou une aversion « invicible le lui rend odieux, il est clair qu'on s'est « trompé sur cet article. »

Objectera-t-on que les divorces seraient trop nombreux?

L'auteur répond que « les esprits humains en « général sont des malades sur qui la facilité de se « procurer le remède produit plus d'effet que son « application. Il suffit de savoir qu'on pourra le « prendre pour n'en pas sentir le besoin. »

Enfin Linguet s'écrie, oubliant à la fin du chapitre la prudence du début :

« Telle est encore, et telle a été dans tous les temps « l'utilité politique du divorce, qui dut suivre de « près l'établissement du mariage, comme on voit les « herbes salutaires croître dans les mêmes climats « que les poisons dont elles sont les préservatifs. »

Ainsi, d'une main audacieuse, Linguet touche à tous les problèmes, mêlant les redites aux paradoxes, aussi inégal dans son style que dans ses vues, mais éclairant d'expressions fortes, d'idées ingénieuses, ses phrases les plus lourdes, ses passages les plus diffus.

L'idée maîtresse de son livre, c'est que les lois, et la société dont elles sont la base, ne sont, ne furent et ne seront jamais, malgré les belles et hypocrites promesses des philosophes, que le rempart du riche et du propriétaire contre le meurt-de-faim.

Qu'est-ce que la loi? dit Linguet [1]. — C'est la sauvegarde accordée au riche contre le pauvre.

Quel est son but? — La paix des riches.

Les hommes séparés en deux camps : le camp de ceux qui possèdent et le camp de ceux qui n'ont rien, se déchireraient si l'on ne faisait intervenir entre eux la justice et les lois, « comme on sépare

1. *Théorie des loix*, 2ᵉ chap., p. 195 et suiv.

« deux essaims acharnés en leur jetant un peu d'eau
« et de poussière ».

Linguet d'ailleurs ne conclut pas; il fait même
observer que ses idées « sont plus vraies qu'utiles ».
Sur certains points, le socialisme a conclu pour lui;
sur d'autres (et par là encore il est bien moderne),
l'anarchie eût été, à ce qu'il semble, son dernier
mot.

III

Jamais crime ne fut plus funeste à un coupable
que la *Théorie des loix* ne devait l'être à son auteur.

Dès l'apparition de ce livre, le nom de l'écrivain
fut connu, colporté et noté d'infamie. Il devint classique de flétrir ses tirades ambiguës sur les despotes;
et le mépris de ce « Linguet apologiste des tyrans »
fut, pour les jeunes gens désireux de se pousser dans
les salons et dans les lettres, un brevet de bon goût,
de philosophie et d'excellentes mœurs.

Pendant vingt ans, il allait être à la mode de
charger d'anathèmes « le prôneur de Tibère et de
Caligula ». Chacun y mit sa pierre, depuis Gerbier
et le bâtonnier Lambon, depuis les Mirabeau père
et fils, depuis Turgot et La Harpe, jusqu'à Brissot,
jusqu'à Fouquier-Tinville. A la fin, cela fit un tas,
et sous ce tas, un des plus gros qui aient jamais
lapidé un homme de lettres, Linguet est demeuré
enseveli; plus étouffé et comprimé sous les malé-
dictions que jamais momie ne le fut sous ses ban-
delettes.

Dans ce concert d'imprécations, Voltaire, toujours

prudent, et même peureux à l'égard de Linguet dont il commençait à apercevoir les griffes, apporta une note plus douce, presque louangeuse.

Linguet, d'ailleurs, lui avait envoyé son livre, avec une lettre respectueuse, et quelques vers que voici [1] :

> Le Dieu du goût, ce Dieu sensible et délicat
> Dont vous avez si bien fait connaître l'Empire,
>   Vous a remis les sceaux de cet Etat.
>   Malgré les cris de la satire,
> Il vous en a nommé le premier magistrat.
>   Ce poste-là, pour la finance,
>   Ne vaut pas tant, comme je crois,
>   Que la garde des sceaux de France....
>   Et ce n'est pas la seule différence
>   Qui distingue ces deux emplois.
>   Chacun peut se croire capable
>   De bien garder ces derniers sceaux :
>   Aussi voit-on, à ce poste honorable
> Prétendre à chaque instant des concurrents nouveaux.
>   Mais ici le cas est tout autre :
>   Vous n'aurez jamais de rivaux
>   Assez hardis pour demander le vôtre.

Voltaire se montra courtois dans sa réponse. Mais personne n'imita sa douceur. Un volume ne contiendrait pas les injures de toutes sortes dont Linguet fut accablé.

Un sieur G... [2], après l'avoir flagellé en vers détestables, finissait ainsi sa diatribe :

> Sans amis, sans asile et sans postérité,
> Tu mourras, du libraire à peine regretté.

On tira de l'obscurité ses premiers ouvrages; ils furent lus, commentés et fournirent de nouveaux

---

1. Voltaire, *OEuvres*, éd. Garnier, t. XLVII, année 1767.
2. *Poésies satiriques du* xviiie *siècle*, 2 vol.

traits à la critique. Les uns blâmaient en Linguet le courtisan du despotisme, les autres l'adversaire de la féodalité.

Un certain vicomte de Toustain déplorait dans un livre fort sot intitulé *Mes Rêves* [1] les erreurs d'un homme « dont il admirait le génie ».

« Pourquoi M. Linguet, s'écriait le naïf vicomte, « a-t-il déclamé si violemment contre les chaînes « féodales? Ignore-t-il les douceurs et la tranquil- « lité dont jouissent encore les main-mortables de « l'abbaye de Saint-Claude en Franche-Comté, aussi « bien que les serfs de la vicomté de Rohan, en « Bretagne? »

La *Correspondance* de Grimm se montra impi- toyable. Le style, l'homme et la doctrine furent éga- lement flétris. Grimm réédita sans scrupule l'histoire des cent louis dérobés au poète Dorat, et conclut par ces mots méprisants :

« Quant au président de Montesquieu, j'observe à « M. Linguet qu'il se peut qu'il soit souvent plus « brillant et ingénieux que vrai; mais que j'aime « mieux une tournure de Montesquieu qu'une vérité « de Linguet. »

Le seul Dupont de Nemours, doux et paternel économiste du clan Quesnay, Turgot et Malesherbes, se montra indulgent.

« La jeunesse de l'auteur de la *Théorie des Loix* », dit-il dans ses *Éphémérides du citoyen* [2], « est une « excuse. Nous aimons à croire que son cœur n'a « point de part aux écarts d'une imagination ardente.

---

1. *Mes Rêves*, par le vicomte de Toustain, 1772.
2. *Éphémérides du citoyen*, t. III, 1767, p. 191.

« Si nous jugeons son écrit avec quelque sévérité,
« il ne doit s'en prendre qu'à sa grande célébrité,
« justifiée par les séductions de son style.... »

Plus clairvoyant, d'ailleurs, que les autres critiques, Dupont avait compris la *Théorie des loix*. Il devinait que Linguet avait eu moins pour objet de rajeunir le paradoxe connu de Hobbes sur le droit du plus fort, que d'offrir un tableau frappant des injustices sociales.

Dupont de Nemours admettait ce point de vue.

« Mais *il aurait fallu*, ajoutait-il, pour consoler,
« pour instruire la malheureuse humanité, finir par
« l'exposition simple, naïve et touchante d'une société
« parfaitement conforme aux principes constitutifs de
« l'ordre; y montrer l'innocence, la justice, la paix
« et le bonheur coulant de la même source; tous
« les vœux, tous les désirs conspirant à la prospérité
« publique et privée. C'est l'auteur de la *Théorie des*
« *Loix* que nous exhortons sans balancer à édifier
« par un pareil ouvrage le public honnête, justement
« affligé de celui qu'il vient de publier. »

Ceci est caractéristique. Il fallait au XVIIIe siècle troublé, désorienté, un Éden, un Paradis en vue. Taine l'a noté à diverses reprises, surtout dans l'un des passages où il met en relief l'influence énorme, la souveraineté exercée sur ce temps par J.-J. Rousseau.

Qu'avaient promis Montesquieu et Voltaire? — De moindres maux.

Et d'Holbach, Diderot? — Un Eldorado brillant ou une Cythère commode. Rousseau paraît :

« Avec Rousseau je vois à portée de ma main un
« Éden où du premier coup je retrouverai ma noblesse,

« inséparable de mon bonheur. Avec quelle colère et
« de quel élan vais-je me jeter contre la vieille bar-
« rière [1] ! »

De quel élan aussi va se jeter la critique contre
l'écrivain assez téméraire pour parler de la société et
des lois sans « consoler la malheureuse humanité »,
sans lui prédire avec optimisme le succès de sa
chasse au bonheur, de son éternel assaut au paradis
terrestre !

Le *Mercure* se montra bien plus acerbe que le
journal de Dupont de Nemours.

Au *Mercure* régnait le « bébé littéraire », le har-
gneux, le médiocre La Harpe. A peine Linguet fut-il
en vue à l'horizon des lettres, que La Harpe sauta
sur lui et le mordit à belles dents. Il crut n'en faire
qu'une bouchée ; mais il rencontra une vigoureuse
résistance. Jamais homme ne sut moins que Linguet
supporter une injure ; pour un coup qu'on lui portait, il en rendait dix sur l'heure, et en pleine poitrine. La *Théorie des loix* établit entre La Harpe et
Linguet une guerre implacable, plus longue et plus
acharnée (mais moins sanglante, il est vrai) que ne
le fut la guerre de Sept Ans.

Guerre de rhétoriciens, de rivaux de collège, de
lauréats de concours général, dont nous suivrons les
nombreux épisodes, et qui sera l'une des causes de
l'exil de Linguet.

Donc La Harpe se montra enragé contre la *Théorie
des loix*. Linguet répliqua à ses attaques par la pro-
messe de lui envoyer tous les lundis une épigramme.

---

1. Taine, *Origines de la France contemporaine. L'ancien
régime*, p. 294.

Il tint parole pendant cinq semaines. Linguet était médiocre au jeu des petits vers : il n'était vif et mordant qu'en prose. La première de ces cinq épigrammes mérite seule d'être rapportée :

> Monsieur Laharpe, en son *Mercure*,
> Blâme le feu de mes écrits.
> Monsieur Laharpe, je vous jure,
> D'un défaut de cette nature
> Vous ne serez jamais repris ;
> Et s'il me prend un jour envie
> D'abandonner ce mauvais ton,
> Pour bien refroidir mon génie
> J'étudirai *Timoléon*,
> *Warwick*, *Gustave* et *Mélanie*.

Grimm jugeait les coups avec une égale malveillance pour les belligérants.

« M. de La Harpe, disait sa *Correspondance*, qui « aime la petite guerre, et à qui ce goût sera funeste, parce qu'il a déjà plus d'ennemis qu'il ne « lui en faudrait, s'est aussi colleté avec M. Linguet « dans le *Mercure*. Les deux ou trois pages qu'il a « faites contre lui sont fort solides, et encore plus « dédaigneuses. Mais c'est bouillir du lait à Linguet « de lui prêter le collet; et voilà une campagne « d'hiver qui se prépare entre deux partisans qui « ont fait preuve de leur vocation [1]. »

Parmi tant d'adversaires, d'ennemis même, suscités à Linguet par sa *Théorie des loix*, notons enfin le plus célèbre : Mirabeau. En 1767, Mirabeau avait dix-sept ans. Il n'écrivait pas, ou du moins il n'avait écrit encore que son *Éloge du prince de Condé mis en*

---

1. Grimm, *Correspondance*, t. VIII, p. 197.

parallèle avec Scipion l'Africain [1]. Il se préparait à entrer dans la cavalerie légère. Mais on sait que son service de cavalier dura peu, tourna mal, et s'acheva à l'île de Ré, puis en Corse. Après ces équipées, et parmi bien d'autres, il forma son bagage philosophique, économique et littéraire.

Linguet fut sa première haine, et la *Théorie des loix* fut l'occasion de son premier ouvrage : l'*Essai sur le despotisme* [2], qu'il achevait à Manosque au moment même où il fut arrêté pour être conduit au château d'If.

Cet *Essai sur le despotisme* est un ouvrage d'écolier, et n'offre aucun indice de talent. Néanmoins le parti des philosophes, et surtout Suard dans sa *Gazette littéraire*, le portèrent aux nues par haine de Linguet, que Mirabeau appelait « l'ignorant et « ampoulé M. Linguet, avocat des Néron, des sul- « tans et des visirs, un des plus méprisables, mais « cependant des plus accrédités prôneurs du pou- « voir arbitraire ».

Et Mirabeau ajoutait :

« Les crimes littéraires ne sont-ils pas les plus « grands des crimes? Il m'importe peu que mon « voisin ait des principes abominables si je n'ai point « affaire à lui; mais divulguer et rendre publics des « principes horribles, c'est un délit social qui inté- « resse tous les citoyens. Élevons-nous sans cesse « contre les monstres qui blasphèment la liberté [3]! »

Plus tard, lorsque Linguet fut mis à la Bastille, Mirabeau, qui était à ce moment au donjon de Vin-

---

1. *Les Mirabeau*, par de Loménie, t. III, p. 28.
2. *Ibid.*, t. III, p. 145.
3. *Essai sur le despotisme*, Mirabeau, p. 69 et 156.

cennes, s'indigna peu du crime commis contre la
liberté de Linguet, à cause du « monstre » qui en
était victime.

« Linguet est en effet arrêté », écrivait-il à Sophie
le 13 novembre 1779, « mais je ne sais où il est.
« Au reste, cela est vieux comme les rues.... C'est
« un être bien peu intéressant, et qui a, dans le fait,
« beaucoup plus de perversité et d'impudence que
« de talent. Sa verve, qui est son principal mérite,
« et peut-être son unique, est empreinte de tous les
« vices de son âme [1]. »

On voit que la haine de Mirabeau contre l'homme
« qui fomentait la corruption et l'esclavage » ne
désarma jamais.

Cela ne l'empêcha pas du reste de lire assidûment
le journal de Linguet à partir de 1777, d'en conseiller la lecture à Sophie, et de recourir au monstre
lui-même, sans succès d'ailleurs, lorsqu'il songea
en 1784 à faire du journalisme!

En résumé, la *Théorie des loix* fut dans la vie de
Linguet un événement considérable. Elle mit en
pleine lumière ce stagiaire un peu mûr. Après ce
livre, après l'affaire d'Abbeville, il tenait la célébrité,
mais non le bonheur et le calme.

La violence de ses ennemis, et ses propres colères,
allaient l'entraîner dans une escrime meurtrière,
dans des batailles sans merci. Il eut des torts, et
nous les mettrons en lumière. Mais à l'heure où nous
sommes, à ce premier engagement de Linguet avec
son siècle, notons qu'aucun de ceux qui l'attaquaient
à propos de la *Théorie des loix* ne daigna reconnaître

1. Lettres du donjon de Vincennes, p. 225.

que le soi-disant partisan du despotisme venait de combattre avec passion, et avec un rare courage, pour la liberté et le droit, dans l'affaire du chevalier de La Barre.

IV

Linguet tenait bravement tête à tous ses ennemis, mais il souffrait amèrement des critiques dont il était l'objet. Il s'en exagérait même l'importance, croyant y voir un système de persécutions organisé contre lui.

Au barreau, il est vrai, il était une sorte d'épouvantail. Qui donc l'aurait aimé, dans « cette canaille « verboyante et jugeante » qu'il fouaillait dans tous ses écrits?

Malgré tous, et malgré lui-même, il faisait pourtant sa trouée, la trouée d'un esprit vif et clair, d'une plume alerte et précise, dans le fatras extraordinaire des écritures de Palais de son temps.

En 1768, les clients commencèrent à affluer dans son cabinet. Il prit alors plusieurs secrétaires. Trois de ses frères d'abord.

Le premier, Linguet-Deshalliers, dont nous avons déjà prononcé le nom, vivait avec lui depuis 1765. Les deux autres, Marie et François, vinrent à la rescousse.

Marie devint plus tard secrétaire de l'intendant de Saint-Domingue et mourut dans cette île.

François, le plus paisible des Linguet, devint chanoine et mourut en 1802, à la Ferté-Bernard.

Tous trois, bien entendu, étaient à la charge du courtisan des Tibère et des Néron, qui resta toujours pour les siens le parent le plus tendre et le plus généreux.

Enfin un autre auxiliaire, plus digne d'un tel patron par sa célébrité et par ses aventures, entra à son tour dans cette orageuse officine. C'était François de Neufchâteau.

Bien qu'il eût dix-neuf ans à peine lorsqu'il prit Linguet pour conseil et pour guide, le comte François de Neufchâteau avait déjà une réputation, une auréole d'enfant célèbre. On sait qu'il avait débuté à treize ans par des vers à Voltaire.

Au barreau, Linguet lui porta malheur. Après la révolution Maupeou, la disgrâce du patron rejaillit sur le secrétaire.

« Il fut cité (c'est Linguet qui parle [1]) devant les « Minos du tableau. On lui faisait trois crimes : « 1° il avait composé une ode à la louange du chan- « celier; 2° à la recommandation de ce ministre, il « avait été reçu docteur à Rheims, sans examen et « sans argent; 3° en m'honorant de son amitié, il « publiait que son projet était de me prendre pour « modèle.... Il en fut quitte pour une rude répri- « mande du sénat enfumé. Malheureusement, on lui « offrit dans le même tems un parti avantageux : « une demoiselle honnète, avec de la fortune, con- « sentit à lui donner sa main : il l'épousa. On sut « bientôt qu'elle était nièce d'un comédien [2] et fille « d'un ancien danseur. Aussitôt grand bruit au

---

1. *Annales*, t. I, p. 50.

2. Mme de Neufchâteau était la nièce de Préville, « le pre-mier acteur, à mon avis, qui ait jamais existé », dit Linguet.

« Palais : assemblée des députés. On arrêta de ne
« jamais recevoir sur le tableau un homme souillé
« par une pareille alliance! »

Notons, pour n'y plus revenir, qu'après ce premier
affront, François de Neufchâteau voulut se faire admettre parmi les avocats au Conseil, et que ceux-ci
repoussèrent, comme leurs confrères du Parlement,
et pour le même motif, le neveu de Préville.

Mme de Neufchâteau en mourut de chagrin et
de honte. L'infortuné « enfant célèbre » s'enfonça
alors dans la retraite, fut lieutenant général dans un
bailliage de Lorraine, puis s'en alla en Amérique [1].
Plus tard, au Cap français, il exerça les fonctions de
Procureur général.

Président de l'Assemblée législative, ministre de
l'Intérieur en 1797, Directeur après Carnot, il devait
entrer en 1816 à l'Académie française, et mourir
en 1820, fort loin, comme on le voit, de ses anciennes
mésaventures, et oublieux sans doute des affaires
« Ruby contre le maréchal de Richelieu » et « de la
Saussaye contre les comédiens françois », qu'il préparait en 1769 dans le cabinet de Linguet.

---

1. Pendant les voyages de François de Neufchâteau, le bruit
courut qu'il avait péri dans une tempête. Aussitôt Linguet,
qui était réfugié en Angleterre, annonça ce décès dans ses
Annales et fit la biographie de son ancien secrétaire. Mais à
peine cette oraison funèbre avait-elle paru que l'on apprit que
« M. François » vivait encore. D'après la suspecte *Correspondance secrète*, Linguet aurait tenté de faire passer pour mort
François de Neufchâteau pour lui être agréable, et sur sa
propre demande. Le fait est que, dans plusieurs lettres inédites, et notamment dans une lettre du 10 vendémiaire an xiv,
qu'il a écrite étant président du Sénat (Bibliothèque nationale,
Manuscrits, fonds français, nouvelles acquisitions), François de
Neufchâteau parlant de ses voyages et de ses traversées ne fait
aucune allusion à la tempête qu'il aurait essuyée.

Même avec le secours de quatre secrétaires, on a peine à comprendre comment Linguet a pu venir à bout, en 1768 et 1769, des multiples besognes qu'il avait entreprises.

Il composa, dans ces deux années, sept ouvrages littéraires sur les sujets les plus variés, et cela sans négliger les procès qui le faisaient vivre.

Ces procès, avons-nous dit, étaient déjà nombreux. Il en est un que nous ne saurions passer sous silence, car il se lie étroitement, par les relations qu'il fit naître, à la vie de notre héros.

Deux négociants, nommés Pierre Lequesne [1] et Levasseur de Verville, plaidaient contre un certain Charles Roger, marchand d'étoffes de soie, détenu à la Conciergerie pour crime de banqueroute frauduleuse. Linguet se chargea de leur cause.

L'affaire était banale en elle-même, mais elle fourmillait de détails curieux, et l'avocat sut les mettre en relief dans un mémoire qui nous est resté.

Charles Roger n'était pas un accusé ordinaire; il avait l'esprit plein de stratagèmes, l'esprit d'un Gil Blas de la banqueroute. En 1765, il avait découvert une amusante ruse pour mettre sa personne et ses marchandises à l'abri des poursuites de ses créanciers.

Il avait acheté, à prix d'or, la complaisance d'un des Suisses des Tuileries; et, de connivence avec cet homme, nommé Cazenove, il s'était installé, avec ses soieries, dans une chambre du château. Quel asile plus sûr aurait-il pu souhaiter qu'une maison royale, où, par respect pour le prince qui était censé

---

1. *Mémoires et Plaidoyers* de Linguet, t. II, p. 1 et suiv.

l'habiter, les tribunaux réguliers s'interdisaient toute espèce de recherches?

L'aventure se prolongea, les créanciers ne savaient où trouver leur homme, lorsque le Suisse, trop bavard, dit son secret à quelque voisin : on découvrit tout le mystère.

Il fallut des procédures spéciales, des ordonnances de la Prévôté de l'Hôtel, pour permettre aux créanciers de franchir la porte du roi, et de saisir les marchandises dans son palais même. Le Suisse Cazenove perdit sa place après trois mois de cachot. L'ingénieux banqueroutier fut attaché au pilori pendant trois jours, et ensuite banni pour neuf ans [1].

Quant à Linguet, tout en gagnant sa cause, il avait gagné un ami. Pierre Lequesne lui montra dès ce jour un dévoûment à toute épreuve. Il devint plus tard son banquier, son mandataire dans les années d'exil.

Nous verrons que Linguet, quelques années plus tard, paya cet homme excellent par des soupçons, des procès et des violences, sans parvenir d'ailleurs à ébranler l'admiration profonde et l'affection touchante que lui porta Lequesne jusqu'à son dernier jour.

V

Le procès de Lequesne contre Charles Roger et le Suisse, lestement raconté, ne détournait pas Linguet de ses travaux littéraires.

1. Arrêt du Parlement du 16 juin 1768, rapporté à la suite du mémoire de Linguet.

En 1766, il publia : *L'aveu sincère ou Lettre à une mère sur les dangers que court la jeunesse en se livrant à un goût trop vif pour la littérature*[1].... Puis il s'appliqua derechef à montrer par son exemple même l'étendue et la gravité des dangers qu'il venait de signaler.

Son *Histoire impartiale des Jésuites*, publiée la même année, acheva de le rendre odieux au Parlement et aux philosophes. Elle déplut d'ailleurs aux Jésuites eux-mêmes, qui y étaient jugés avec liberté.

M. Henri Martin vante pourtant cet ouvrage [2] où Linguet apporte, selon lui, « une plus juste applica-« tion de sa tendance au renversement des opinions « accréditées ».

Mais personne, ou peu s'en faut, ne fut de cet avis parmi les contemporains de Linguet. Le Parlement ordonna des poursuites, et maître Antoine Séguier, qui venait de monter à la place de premier avocat général après la retraite d'Omer Joly de Fleury, fit ainsi ses débuts par un réquisitoire contre les Jésuites.

Cela était, en ce temps-là, d'un excellent augure pour la carrière d'un jeune magistrat.

Malgré la protection ouverte de Maupeou, l'*Histoire impartiale des Jésuites* fut condamnée; le Parlement la fit brûler [3]. Ainsi Linguet alla au feu pour

---

1. Paris, in-12, 1768.
2. *Étude sur Linguet*, par Henri Martin, Reims, 1861.
3. *Correspondance* de Grimm, t. VIII, p. 34. « Réquisitoire de « l'avocat général Séguier contre l'*Histoire impartiale des* « *Jésuites* de Linguet. Le Parlement, sur ce réquisitoire, l'a « fait brûler. Le grand tort de Linguet aux yeux du Parlement « est d'avoir composé la consultation en faveur des enfants « d'Abbeville. »

la première fois, baptême nécessaire et qui lui eût profité, si son malencontreux ouvrage n'eût été de ceux qui blessent tous les partis.

Grimm pourtant se montra cette fois moins sévère :

« On sent en lisant Linguet », dit la *Correspondance* [1], « qu'il vaut mieux que ses livres, qu'il vit « dans la mauvaise compagnie, qu'il faudrait d'abord « qu'il se mît dans la bonne, et qu'il mûrît sa tête, qui « ne paraît pas la meilleure du monde, afin d'obtenir « avec le temps un rang dans la littérature, car il ne « manque pas d'idées, et son coup d'œil n'est pas « commun. »

Linguet avait eu la singulière idée de dédier l'*Histoire des Jésuites* au roi de Prusse, par une épître fort étendue où il causait familièrement avec ce monarque, « quoique, selon toute apparence », faisait remarquer la *Correspondance* de Grimm, « il ne fût « pas fort lié avec Sa Majesté ».

Le roi de Prusse ne répondit pas à ces avances, ou plutôt il y répondit indirectement, de façon à dégoûter Linguet d'une autre politesse, par les vers que voici [2] :

> ... Tel est ce fou qui pousse en ses écarts
> Comme un feu d'artifice un nombre des pétards,
> Qui produit à la fois la fumée et les flammes
> Et qui met sans pudeur l'Europe en épigrammes ;
> Qui change dans un jour, tantôt blanc tantôt noir,
> Votre ami le matin, votre ennemi le soir ;
> Qui parle, se repent, affirme, désavoue,
> Et qui sait vous blâmer de même qu'il vous loue.

1. *Correspondance* de Grimm, t. VIII, 1768.
2. *Poésies du philosophe Sans-Souci*, éd. de Potsdam, p. 192 ; épître à Finck, *in fine*.

Après l'*Histoire des Jésuites*, Linguet publia coup sur coup : *la Pierre philosophale* [1], satire contre les économistes, et sa *Lettre sur la nouvelle traduction de Tacite par M. de la Bletterie* [2]. Ce dernier ouvrage eut du succès et releva l'auteur pendant quelques jours dans l'opinion des gens de lettres, avec lesquels, une fois sur mille, il se trouvait d'accord.

L'abbé de la Bletterie était un pédant d'importance qui avait eu le talent de se faire passer pour grand homme, et qu'on bafoua avec délices le jour où Linguet démasqua son ignorance et sa sottise. L'aventure est assez plaisante. Il y a des écrivains qui n'ont jamais rien publié, mais qui vivent, progressent et étendent leur gloire dans des cercles influents par l'annonce d'un livre qu'ils couvent, qu'ils ruminent, qu'ils polissent éternellement : d'un chef-d'œuvre, au dire de leurs amis !

La Bletterie était du nombre. Pendant vingt ans et plus, il fut question parmi les érudits de sa traduction de Tacite, qui devait faire révolution. La traduction ne paraissait pas, mais le traducteur allait aux étoiles. Professeur d'éloquence au Collège de France et bientôt membre de l'Académie des belles-lettres, il régentait le latin en monarque absolu.

L'histoire romaine était sa chose, son domaine; malheur à l'imprudent qui s'avisait de chasser sur les terres du traducteur de Tacite !

1. *La Pierre philosophale. Discours économique, prononcé dans l'Académie impériale de Foung-Yang-fou par le lettré Koung-Kia.* Paris, in-12, 1768.
2. 1 vol. in-12, Paris.

Ce braconnier de Linguet, qui trouvait des défauts à César et des qualités à Tibère, fut repris et morigéné par M. de la Bletterie avec un solennel dédain. Linguet compta les coups et attendit la fameuse traduction des Annales.

Elle parut enfin en 1768, et quelle fut la stupéfaction de tous, lorsque, au lieu du chef-d'œuvre attendu, on vit une œuvre ridicule, bourrée d'âneries et de contresens! — Le célèbre abbé ne possédait (on s'en aperçut un peu tard) ni la langue des Césars, ni la langue française, ni le sens commun. Ce fut un éclat de rire universel!

Linguet se chargea de venger Tacite et lui-même. Il y réussit, bien que sa critique, juste et spirituelle, paraisse un peu trop prolongée.

Cette fois, la *Correspondance* applaudit, non sans observer que « le Chef de la manufacture de Ferney [1] « aurait su exécuter le coupable sur un ton plus leste « et plus vif ».

Il est vrai que Linguet appuyait trop, non dans ses Plaidoyers ou ses Mémoires, qui sont, pour la plupart, des modèles de sobriété et de concision, mais dans ses œuvres littéraires.

Il eût sauvé bien des paradoxes, en se bornant à les indiquer d'un trait. En s'obstinant à les déduire, à les défendre, à les enfoncer jusqu'au bout, il finissait par être choquant; il dépassait la mesure et perdait ainsi tout le bénéfice d'une idée neuve et originale.

C'est ainsi que dans son ouvrage sur les *Canaux navigables* (où, selon la mode du temps, il mêlait des

---

1. *Correspondance* de Grimm, t. VIII, 1768.

sujets de toute sorte à ses idées sur la navigation), il
eut la curieuse hardiesse de s'attaquer à Cicéron, et
le mauvais goût de pousser trop loin sa critique.

En ce temps-là il fallait qu'un avocat, un homme
de lettres, eût une étrange audace pour élever la
voix contre celui que tant de harangues, tant d'écrits
en prose ou en vers, n'appelaient que l'*Orateur
romain* avec une familiarité solennelle.

Cicéron a été le vrai Dieu et souverain de nos
pères; d'innombrables générations ont absorbé ses
périphrases, comme le seul lait pur et garanti de
l'éloquence et du style.

Quel scandale lorsque Linguet osa parler de lui
dans les termes suivants :

« La vie de Cicéron est pleine de traits honteux;
« son éloquence était vénale autant que son âme était
« pusillanime. Si ce n'était pas l'intérêt qui dirigeait
« sa plume, c'était la frayeur ou l'espérance. Le désir
« de se faire des appuis le portait à la tribune pour y
« défendre sans pudeur des hommes plus déshonorés,
« plus dangereux cent fois que Catilina. Parmi ses
« clients, on ne voit presque que des scélérats, et,
« par un trait singulier de la justice divine, il reçut
« enfin la mort des mains d'un de ces misérables que
« son art avait dérobés aux rigueurs de la justice
« humaine [1]. »

D'une si incroyable audace, qui fit lever au ciel
toutes les manches de toutes les robes noires, Voltaire lui-même resta médusé. Et loin de s'indigner, il
admira, il s'attendrit :

---

1. *Les Canaux navigables pour la Picardie et la France.* Linguet, Paris, 1769, in-12.

« J'ai lu enfin les *Canaux* et les lettres de M. Lin-
« guet, écrivait-il à M. Taboureau [1].

« Cet homme est intrépide ; il traite Cicéron comme
« le dernier des hommes et n'est en rien de l'avis de
« personne [2].

« Paris a donc aussi son Jean-Jacques ; mais puis-
« qu'il n'est que Parisien, il n'aura jamais autant de
« vogue à Paris qu'un étranger. »

La note est presque affectueuse : Voltaire et Linguet étaient à ce moment en coquetterie réglée. Ils
se mettaient volontiers l'un pour l'autre en frais
de badinage épistolaire. Voltaire ayant proscrit certaines expressions et notamment celle de *cul-de-sac*,
Linguet qui habitait, comme on sait, le cul-de-sac
de Rohan, se gendarma contre l'arrêt du maître. Il
lui écrivit dans les termes suivants :

« Il y a bien longtemps, Monsieur [3], que j'ai le
« malheur de demeurer dans un *cul-de-sac*. Quand
« j'ai fait la sottise de choisir ce séjour indécent, je
« n'avais pas encore lu ceux de vos ouvrages où vous
« en proscrivez le nom ; je ne les connaissais pas,

---

1. *Correspondance* de Voltaire (*OEuvres*, t. XLVII, éd. Garnier).

2. Voici sur ce même sujet ce que Voltaire écrivait plus
tard :

« Ferney, 27 avril 1772.

« A M. Marin.......................... .... A propos,
« j'ai été fâché que M. Linguet, élève de Cicéron, ait traité
« Cicéron de lâche, qui ne plaidait que pour des coquins ; il
« ne faut pas qu'un cordelier prêche contre St François d'As-
« sise ; mais j'ai toujours pensé comme lui sur l'Histoire
« ancienne, et je l'ai dit longtemps avant lui, et ensuite je
« me suis appuyé de son opinion. »

3. Lettres de Linguet à Voltaire et de Voltaire à Linguet
(*OEuvres de Voltaire*, éd. Garnier, t. XIV, année 1769).

« ce que je regarde comme un malheur plus triste
« encore.

« Depuis qu'ils me sont parvenus, à ma grande
« satisfaction, vous ne sauriez croire combien j'ai
« rougi d'être si mal logé. J'étais un aveugle, des
« yeux de qui vous avez fait tomber les écailles.
« Quand j'ai vu de près et dans toute sa laideur la
« difformité de ce vilain mot, que vous présentez à
« vos lecteurs d'une manière si frappante, j'ai fait
« tout mon possible, mais vainement, pour m'en
« tirer.

« Mais, pour mon honneur et pour la sûreté de ma
« conscience, n'y aurait-il pas un arrangement à
« prendre avec vous? Ne vous serait-il pas plus aisé
« de changer d'avis qu'à moi de logement? Ne pour-
« rait-on pas vous proposer une réconciliation avec
« les culs-de-sacs? Vous voudriez que les Français
« choisissent le mot *impasse*. Assurément, s'il y a
« quelqu'un qui puisse être législateur dans notre
« langue, c'est vous, Monsieur.... j'oserai cependant
« vous présenter avec modestie mes doutes. *Impasse*
« signifierait *où l'on ne passe pas* : cependant je passe
« et je repasse tous les jours dans mon cul-de-sac;
« nombre de belles dames qui en occupent les diffé-
« rentes parties en font autant : il est vrai qu'on ne
« le traverse pas; mais qu'importe? on y entre et l'on
« en sort; et c'est assez, je crois, pour ne pas lui
« adopter le nom d'impasse.

« Enfin, Monsieur, je vous l'avoue, je tiens à mon
« cul-de-sac. Je voudrais bien lui faire trouver grâce
« à vos yeux. Ce qui m'y attache le plus, c'est le voi-
« sinage qui est, en vérité, charmant. J'ai à ma porte
« une très jolie demoiselle qui me permet d'en par-

« tager les agréments avec elle, et qui les augmente
« par ses charmes et sa vivacité. Je me suis bien
« gardé de lui faire part de vos scrupules, et de mes
« efforts pour les combattre, il lui viendrait peut-être
« des scrupules à son tour : elle fuirait un apparte-
« ment par le nom duquel elle se croirait déshonorée.
« Notre malheureux cul-de-sac perdrait une citoyenne
« qui en fait l'agrément, qui en corrige bien assuré-
« ment l'indécence par sa beauté et par l'usage
« qu'elle en fait.

« Je vous abandonne sans regret le cul-de-sac des
« Bernardins, le cul-de-sac Maurice, le cul-de-sac
« du Paon, le cul-de-sac Saint-Thomas, le cul-de-
« sac Notre-Dame, le cul-de-sac Saint-Pierre, le cul-
« de-sac Saint-Faron, et une infinité d'autres sales
« retraites dont le nom seul répugne. Je ne voudrais
« pas même défendre les culs d'artichauts, ni les
« culs-de-lampe, ni les culasses de canons. J'irais
« jusqu'à sacrifier une foule de vilains mots où le
« cul se présente d'abord, comme cuculle et ceux
« qui la portent, cucurbite, culeron, culée, cuistre,
« cupidité, curée, cutanée, etc., mais je vous sup-
« plie de ménager le cul-de-sac de Rohan, je vous
« le demande au nom de Cupidon, qui n'a pas
« dédaigné d'incorporer ce monosyllabe à son nom,
« et de ma belle voisine qui est, assurément, l'un
« des plus beaux sujets de son empire. — J'ai l'hon-
« neur.... »

A quoi Voltaire répondit le 15 mars 1769 :

« Vous êtes *aucunement* le maître, Monsieur, de
« demeurer dans un *cul-de-sac*, de dater vos lettres
« du mois d'*Août*, quoique celui qui a donné son
« nom à ce mois se nommât *Augustus*, et d'appeler la

« ville de *Cadomum, Can*, quoiqu'on l'écrive *Caen*.
« Vous aurez pu voir des *courtisans* chez le roi, sans
« avoir jamais vu de *courtisanes* chez la reine. Vous
« aurez vu dans votre *cul-de-sac* passer les coureurs
« du cardinal de Rohan, mais point de *coureuses*.
« Vous avez vu chez lui de beaux garçons et point
« de *garces*; des architraves dans son palais, et aucune
« *trave*. Les· gendarmes qui font la revue dans la
« cour de l'hôtel de Soubise sont si intrépides qu'il
« n'y en a pas un de *trépide*.

« La langue d'ailleurs s'embellit tous les jours ; on
« commence à *éduquer* les enfants, au lieu de les
« élever; on *fixe* une femme au lieu de fixer les yeux
« sur elle. Le roi n'est plus endetté envers le public,
« mais *vis-à-vis* le public. Les maîtres d'hôtel ser-
« vent à présent des *rostbif* de mouton, tandis que
« le Parlement *obtempère* ou n'*obtempère* pas aux
« édits.

« Notre jargon deviendra ce qu'il pourra. Je suis
« moitié suisse, moitié savoyard; enseveli à soixante-
« quinze ans sous les neiges des Alpes et du Mont
« Jura, je m'intéresse peu aux beautés anciennes et
« nouvelles de la langue française ; mais je m'inté-
« resse beaucoup à vos grands talents, à vos succès;
« au courage avec lequel vous avez dit quelques
« vérités. Vous en diriez de plus fortes si ceux qui
« sont faits pour les redouter ne cherchaient point à
« les écraser ; cependant elles percent malgré eux. Le
« temps amène tout, et la raison vient enfin consoler
« jusqu'aux misérables qui se sont déclarés contre
« elle. Le même imbécile, conseiller de grand cham-
« bre, qui a donné sa voix contre l'inoculation, finira
« par inoculer son fils, et quand la campagne aura

« besoin de pluie on ne fera plus promener la châsse
« de Sainte-Geneviève sur le pont Notre-Dame. —
« J'ai l'honneur.... »

VI

Linguet trouva encore en 1768 et 1769 le temps de
donner au public sa traduction du *Théâtre espagnol* [1]
et de composer une *Histoire du XVIᵉ siècle*, que Mesdames de France lui avaient commandée pour faire
suite à l'*Histoire universelle* de leur professeur Hardion [2].

Il ne négligeait point d'ailleurs de soutenir avec
ses détracteurs, et surtout avec le *Mercure*, une guerre
de plume qui devenait de jour en jour plus irritante
et plus vive.

Exaspéré par des articles qu'il attribuait non sans
raison à La Harpe, Linguet expédia un jour à Lacombe,
libraire du *Mercure*, une déclaration de guerre en
bonne forme. Il lui disait [3] :

« Savez-vous que si jamais l'humeur me prenait,
« je pourrais vous donner un coin à côté de M. Lablet-

· 1. *Théâtre Espagnol, Traduction de Linguet*, 4 vol. in-12, 1768.
« M. Linguet, dit Devérité (notice déjà citée, p. 43), donna cette
« même année le *Théâtre Espagnol*, en 4 volumes, dont il tira
« 50 louis, et en cela il fut plus heureux qu'il ne l'avait encore
« été. »

2. Le doux historien, l'ami des fleurs, Hardion, mort à
Versailles en septembre 1766, professeur de Mesdames, laissait
18 volumes de son *Histoire universelle*. Linguet fut chargé de
la suite, annonça 4 volumes, et n'en publia que 2.

3. Devérité, p. 51.

« terie? Je suis l'homme du monde le plus paisible,
« je ne veux de mal à personne, je n'en fais à per-
« sonne; mais quoiqu'indulgent par caractère, je
« deviens vindicatif par raison. Je m'apperçois qu'on
« n'est ménagé dans le monde qu'autant qu'on y
« paraît méchant. La littérature à cet égard est un
« monde perfectionné. Ainsi je n'attaquerai jamais
« le premier; mais j'ai juré de ne me laisser jamais
« attaquer impunément. Je tiendrai ma parole, et
« vous serez bientôt le maître d'en faire l'expérience.
« Je n'exige pas que vous louiez mes ouvrages, criti-
« quez-les; mais parlez-en décemment si vous en
« parlez. Sinon je relirai mon Voltaire, pour y
« apprendre comment il faut traiter un journaliste
« qui s'oublie. »

Cette fois Lacombe prit peur. Il rejeta la faute sur
La Harpe, qu'il engagea vivement à s'arranger avec
Linguet. Les deux ennemis s'abouchèrent, échangè-
rent des lettres aigres-douces.

« Monsieur, écrivait La Harpe [1], je n'examine pas
« si vous avez à vous plaindre de l'extrait; mais pour
« vous plaindre de moi, vous auriez dû, ce me semble,
« être sûr que j'en étais l'auteur. Je ne le suis point;
« je n'aurais pas parlé si légèrement d'ouvrages dont
« l'objet est si important. Je n'en sais pas assez pour
« juger vos projets; mais je vois qu'ils sont dictés
« par le zèle du bien public, et que plusieurs mor-
« ceaux sont écrits avec force et chaleur, qualités
« qu'on retrouve dans tout ce que vous avez écrit.

« Je vous en dirais davantage, si j'étais lié avec vous;
« mais soyez sûr que quoique je pense très différem-

1. Notice de Devérité (déjà citée), p. 52.

« ment de vous sur beaucoup d'objets, je n'en ai pas
« moins de vos talents l'idée qu'on doit en avoir.

« J'ai l'honneur d'être, etc.

« P.-S. — Si vous vouliez m'adresser ceux de vos
« ouvrages dont vous souhaitez qu'on parle avec
« quelque détail, je tâcherais d'en faire un extrait
« convenable que je mettrais sous vos yeux avant de
« l'imprimer. C'est ainsi que j'aime à agir avec les
« personnes qui ont un mérite assez distingué pour
« aimer la critique honnête et motivée. Je vous ren-
« verrai les ouvrages après en avoir rendu compte. »

Donc, l'ennemi capitulait. Croira-t-on que Linguet
saisit cette occasion de signer le traité de paix? Ce
serait le bien mal connaître!

Voici d'abord en quels termes hautains il répondit
à La Harpe.

« Je profite, Monsieur, de l'offre pleine d'honnêteté
« que vous avez bien voulu me faire. Je publie un
« ouvrage nouveau : en voici un exemplaire que je
« vous prie d'accepter [1], non pas pour me le rendre,
« comme vous m'annoncez que c'était votre dessein,
« mais pour le garder, si vous trouvez, après l'avoir
« lu, qu'il en vaille la peine. Vous n'en serez pas
« moins libre dans le compte que vous en devez
« rendre. Je n'ai jamais exigé de personne, pas
« même de mes meilleurs amis, autre chose qu'une
« justice honnête. Je ne demande pas des compli-
« ments, mais des égards, et j'ose croire que tous les
« gens de lettres s'en doivent de réciproques.

« Dispensez-vous donc, je vous prie, de me rien
« faire passer sous les yeux du compte que vous avez

1. Devérité, p. 53.

« à rendre de mon ouvrage. Ce serait doubler votre
« travail, sans qu'il m'en revînt aucune utilité, parce
« qu'assurément je ne prendrais pas la liberté d'avoir
« seulement un avis en matière si délicate. Si vous
« me demandez comment je souhaite d'être traité, je
« vous répondrai, non pas comme Porus, en roi,
« mais en homme qui s'estime assez pour s'applaudir
« d'être jugé par vous. »

Quant à Lacombe, il reçut un autre paquet, dont
voici l'échantillon.

« .... Vous voulez faire aller votre *Mercure*; vous
« êtes bien aise d'en retirer votre argent, ou plutôt
« celui de la singulière société dont vous êtes le porte-
« nom : à la bonne heure; je ne m'y oppose pas....
« Vous voyez, Monsieur, comme je suis franc et
« décidé : c'est là mon caractère; je n'ai jamais fait
« ma cour à personne. Je ne la ferai jamais. J'aurais
« peut-être déjà une réputation, je le sais, si j'avais
« pu me plier aux courbettes.... Je n'accepte pas le
« parti que vous me proposez de fournir moi-même
« les extraits des ouvrages que je pourrai publier
« par la suite. Je n'ignore pas combien cette ruse
« est usitée aujourd'hui. Je sais très bien que les
« éloges des ouvrages médiocres, et même quel-
« quefois ceux des bons qui se trouvent dans les
« journaux, sont les fruits de la paresse intéressée
« des Journalistes, et de l'amour-propre peu délicat
« des Écrivains. J'en suis fâché pour ceux-ci; mais
« je ne me crois pas obligé de les imiter. J'aurais
« trop à rougir d'un succès ainsi motivé, et je ne
« me pardonnerais jamais une réputation fondée
« sur les panégyriques que j'aurais faits de moi-
« même.

« Non, Monsieur, je donnerai toute ma vie l'exem-
« ple, peu suivi, d'une fierté indépendante. Avec de
« pareils principes, je sens que je n'ai rien à attendre
« de la génération actuelle des journalistes, peut-
« être même du public; mais la justice que la sui-
« vante me rendra en sera plus pure, et je suis assez
« jeune pour espérer d'en jouir. En attendant, je tra-
« vaillerai bien plus à mériter des éloges, qu'à m'en
« donner. »

Ces lettres, cela va sans dire, ruinèrent toute idée
de conciliation. La Harpe monta sur ses ergots et
reprit un duel dont les années allaient augmenter la
violence.

VII

Si éloigné que fût Linguet par sa sauvagerie, et
par les exigences de sa vie laborieuse, des salons,
des couloirs, des appartements grands et petits où
se tramait la politique, ses théories, ses joutes avec
les philosophes avaient fait connaître son nom à
Versailles.

Ses livres le classaient, l'enrégimentaient par avance
au nombre des autoritaires, des partisans du pouvoir
absolu : des réactionnaires, comme on dirait maintenant.

Il allait donc, à cet instant critique où Choiseul et
d'Aiguillon se disputaient la France, être poussé vers
d'Aiguillon.

Celui-ci, en 1769, était déjà tout-puissant par la
favorite, Mme du Barry, que lui et de Maupeou, avec

l'aide de Lebel, avaient installée sur le trône de la
Pompadour.

Non contents de ce triomphe, le chancelier et le
futur premier Ministre songèrent, paraît-il, à faire
monter leur créature jusqu'au trône de France ; ils
ébauchèrent une intrigue dont le but aurait été le
mariage de Louis XV avec la favorite.

Espérèrent-ils jamais réussir dans une semblable
entreprise ? Ils auraient bien mal connu, en ce cas,
les sentiments du souverain, qui dans une lettre à
Choiseul disait expressément : « Vous ne verrez pas
« de ma part une dame de Maintenon ».

Il est peu probable que d'Aiguillon et Maupeou se
soient fait longtemps illusion sur les intentions de
Louis XV ; mais il semble qu'ils les aient cachées à
la favorite, qu'ils aient tout mis en œuvre pour la
faire vivre, pour l'entretenir savamment dans ces
rêves d'union royale.

La première objection à cet étrange projet était le
mariage de Mme du Barry, et l'impossibilité du
divorce dans le royaume de France.

Pour attaquer cette première difficulté, on eut
recours à la plume de Linguet [1].

On connaissait sa *Théorie des loix*, et l'audacieux
chapitre où il se déclarait partisan du divorce. On
l'engagea à reprendre d'une manière plus complète
et plus saisissante ce plaidoyer dangereux.

Comment se noua la négociation ? quel fut le négo-
ciateur ? Linguet ne le dit jamais ; mais il est certain
qu'il accepta de composer, sous la forme d'un *Mémoire
à consulter*, avec des noms imaginaires, un écrit

---

1. *La Du Barry*, par Édmond et Jules de Goncourt, p. 168, n. 1.

destiné à tâter l'opinion publique, à créer un courant en faveur du divorce.

Le *Mémoire pour Simon Sommer, charpentier à
Landau*[1], fut donc rédigé vers 1769. Linguet supposait le cas « d'un mari dont la femme s'est remariée
« en pays protestant et qui demande s'il peut se
« remarier en France »; il examinait successivement
si le divorce peut être légitimement permis, et à qui
l'on doit s'adresser pour obtenir la permission de se
remarier du vivant de sa première femme.

« L'indissolubilité du mariage, écrivait Linguet,
« est-elle un article de foi, ou bien un point de disci
« pline que l'Église et la législation civile peuvent
« changer à leur gré? La matière a toujours été
« regardée comme problématique....

« L'Église peut avoir à cet égard son opinion et ses
« usages. Mais si elle jugeait à propos de se réfor
« mer elle-même, et de faire revivre aujourd'hui les
« règlements sur le mariage qui ont été en vigueur
« dans les premiers siècles, il n'y a aucun doute
« qu'elle n'en ait le droit, et que l'autorité laïque qui
« promulguerait des lois d'après ces principes ne le
« pût faire en toute sûreté de conscience. »

Que Simon Sommer s'adresse donc au pape, concluait Linguet : « Si une fois il obtient une bulle
« favorable, il y a grande apparence qu'il éprouvera
« peu de difficultés de la part des tribunaux laïques,
« dont le consentement est nécessaire pour faire
« valider un mariage. Les effets civils dépendant
« entièrement du souverain, ce sera par devers le
« roi qu'il faudra se retirer pour obtenir la ratifica-

---

1. *Mémoires et Plaidoyers*, t. IV, p. 287 à 328.

« tion de la Bulle. Et cette dérogation particulière
« pourrait peut-être par la suite devenir une loi
« générale, quand un examen réfléchi en aurait bien
« fait connaître tous les avantages. »

L'intrigue n'aboutit pas. Il n'était pas dans les destinées de Mme du Barry d'épouser Louis XV, et de donner à la France une loi autorisant le divorce. Mais l'illusion que le *Mémoire pour Simon Sommer* avait flattée, prit racine dans l'esprit de la favorite, et l'abbé Terray, un peu plus tard, ne manqua pas « de reprendre cette affaire où elle était restée », dans le vague des chimères [1].

« Il ne croyait pas plus qu'un autre à la possibilité
« du fait, disent les *Mémoires*, mais il pouvait au
« moins faire illusion à la favorite pendant quelques
« mois. »

A tout cela Linguet ne fut mêlé que par son *Mémoire*, et peut-être inconsciemment. Mais les événements politiques allaient le jeter dans une intrigue d'une portée bien plus vaste, en lui apportant, pour sa gloire et pour son malheur, un premier rôle dans le procès du duc d'Aiguillon.

1. *Mémoires* de l'abbé Terray, Paris, 1776

CHAPITRE V

(1770-1771)

Linguet avait quitté le cul-de-sac de Rohan, et il
habitait rue Saint-Séverin, au coin de la rue de La
Harpe, lorsqu'un matin, au mois de février 1770, le
célèbre duc d'Aiguillon pénétra dans son cabinet.
Le procès de Bretagne, champ clos où se jouait le sort
du ministère, drame en plusieurs tableaux, encombré
de personnages noirs, d'intrigues infinies, était parvenu à son instant le plus critique, quand l'accusé,
impatient du pathos juridique dont l'accablaient ses

avocats ordinaires, eut l'idée de remettre le soin de sa défense à Linguet.

Qui lui avait inspiré ce choix? « Il ne me connais-
« sait pas, dit Linguet, je ne l'avais jamais vu, et je
« n'ai jamais su ce qui m'avait valu le fatal honneur
« d'être choisi par lui pour le défendre. »

Quoi qu'il en soit, Linguet et d'Aiguillon se trouvaient en présence. Qu'allait produire la rencontre
de ces deux êtres bilieux, autoritaires, séparés socia-
lement par une distance énorme, mais rapprochés
par le commerce intime et familier qui naît d'avocat
à plaideur?

Elle allait aboutir, après une courte lune de miel,
à la plus noire de toutes les querelles qui aient
empoisonné l'existence de Linguet.

Ces longues et orageuses relations de notre héros
avec l'ancien gouverneur de Bretagne composent
d'elles-mêmes une sorte de tragi-comédie qui, dans
un cycle de seize ans, offre en raccourci l'histoire du
temps, une revue du XVIIIe siècle. Les scènes de ce
drame s'ajusteront aux phases successives de la vie
de Linguet, mais nous pouvons ici les classer en
trois actes.

Le premier comprendra le procès de Bretagne,
qui s'achève par le double triomphe du duc et de son
défenseur. Pendant cette période, Linguet montre le
plus grand dévoûment, et le duc exprime une vive
reconnaissance.

Au second acte, lune rousse. L'accusé d'hier est
premier ministre, et se montre fort oublieux des services rendus. L'avocat se fait créancier, et réclame,
avec douceur d'abord, d'assez gros honoraires. On
l'éconduit : il s'échauffe, et s'emporte en réclamations

qui témoignent peut-être moins de sa cupidité, que
de l'obstination et des violences de son tempérament.

Un duel s'engage et se poursuit à travers les changements de ministères, à travers les révolutions de
Parlements. Après la mort de Louis XV, sous le
ministère de M. de Maurepas, oncle de d'Aiguillon, la
lutte atteint son maximum de violence. Le duc résiste ;
Linguet s'acharne sous la perpétuelle menace de la
Bastille et de l'exil. Il s'adresse directement au roi,
à Marie-Antoinette, qui par haine de d'Aiguillon l'en-
courage secrètement. Il va faire aux ministres des
scènes de violence. Par ces maladroites fureurs il
met en joie ses adversaires, provoque la calomnie et
se fait une situation intolérable dans les lettres et au
barreau.

Enfin l'exil arrive. A peine en Angleterre, Linguet
condense toutes ses colères dans un pamphlet qu'il
intitule *Aiguilloniana*. Le ministère, effrayé, entre
en négociations, et obtient à grand'peine (mais non
à prix d'argent, nous en verrons les preuves) la suppression de ce pamphlet [1]. Mais sous mille autres

1. *Aiguilloniana ou Anecdotes utiles pour l'Histoire de France
au XVIIIe siècle depuis l'année 1770*. Par M. Linguet, à Londres, 1777. — Nous devons à l'extrême obligeance de MM
les bibliothécaires de la ville de Reims la communication
d'un exemplaire, peut-être unique aujourd'hui, de ce pamphlet
contre d'Aiguillon. Aux Archives diplomatiques du ministère
des affaires étrangères, nous avons trouvé une correspondance
inédite relative à la publication, ou plutôt aux menaces de
publication de ce pamphlet. Nous produirons plus loin ces
documents qui se rattachent à l'histoire curieuse des relations
de Linguet avec les ministres, et notamment avec M. de Vergennes. Mais nous devons indiquer dès à présent que ce
recueil de l'*Aiguilloniana* donna lieu aux négociations les plus
compliquées. Linguet consentit à le faire disparaître à de
certaines conditions ; l'édition tout entière fut enfermée dans

formes, avant et après le séjour de Linguet à la Bastille, la lutte continue obstinée, implacable.

Enfin en 1786, la scène change, et le troisième
acte nous montre l'apothéose de Linguet triomphant.

A la suite d'une active correspondance entre M. de
Vergennes et Mercy-Argenteau, le baron Linguet,
conseiller d'État de Sa Majesté l'empereur d'Autriche,
est autorisé à se rendre à Paris pour plaider lui-
même à la Grand'Chambre du Parlement sa réclamation d'honoraires contre M. le duc d'Aiguillon.

Aux applaudissements de la foule, à la joie de la
reine dont les dames d'honneur assistent à l'audience,
l'ancien ministre de Louis XV est, par arrêt du
Parlement, condamné à payer à son avocat la somme
de 24 000 livres.

I

Mais reprenons le récit où nous l'avons laissé, à
l'heure où d'Aiguillon charge Linguet du soin de sa
défense.

Linguet voulut avant tout connaître la procédure
qui, depuis tant de mois, envahissait les greffes de
son flot grossissant de mémoires, factums, arrêts,
dépositions. Il voulut, l'imprudent, avoir toutes les

des caisses, transportée à Paris par les soins du marquis de
Noailles, alors ambassadeur à Londres, où Linguet résidait. Le
tout alla à la Bastille, et fut mis au pilon, ou bien brûlé. Linguet a toujours affirmé que quatre exemplaires seulement de
l'ouvrage avaient subsisté : le sien, celui du comte de Maurepas, celui de M. de Vergennes, et en dernier lieu l'exemplaire du garde des sceaux, M. de Miroménil.

pièces sous les yeux.... Et par ordre de d'Aiguillon, les pièces en effet arrivèrent chez lui.

Dès l'aube, les rues Saint-Séverin et de La Harpe étaient mises en émoi par l'apparition d'une énorme charrette qui s'arrêtait devant la porte de l'avocat.

« Ce n'était point un portefaix qu'il avait fallu « prendre pour ce transport ; ce n'était point une « brouette ordinaire ; c'était une *charette*, et deux « chevaux à peine suffisaient pour la faire mouvoir [1]. »

Le tableau paraît-il chargé? — Qu'on songe qu'en avril 1770 les taxes pour témoins dans le procès d'Aiguillon avaient déjà coûté douze mille livres, et que le Procureur général Joly de Fleury, ne pouvant plus payer, écrivait à Terray, contrôleur général, pour obtenir des fonds extraordinaires [2].

Le dossier était donc énorme; mais cela n'était point pour effrayer Linguet. On voit l'entrain, la furie avec laquelle le maigre petit homme se plongea dans cet océan de papiers! Ses frères et « M. François », François de Neufchâteau, l'aidaient à ranger, à classer. Lui voyait et compulsait tout, et après huit jours et huit nuits de travail, faisait jaillir de ce dédale inextricable un exposé limpide, substantiel et nerveux.

Ce mémoire, dont le succès devait être grand dans le public, ne fut pas du goût des douze avocats attitrés de M. le duc d'Aiguillon.

Le duc, en effet, en dehors de Linguet, n'avait pas

1. *Plaidoyer pour Linguet, écuyer*, prononcé par lui-même en la Grand'Chambre du Parlement dans sa discussion avec le duc d'Aiguillon, Londres, 1786.
2. Collection Joly de Fleury, Bibliothèque nationale, R. 2080, Correspondance inédite du Procureur général avec l'abbé Terray.

moins de douze avocats, composant un solennel *Conseil privé*.

Ces douze maîtres du barreau étaient tous, à la vérité, « très peu connus, mais tous très jaloux, et « très flattés d'y être; tous envisageaient cette affaire « comme l'événement le plus heureux de leur vie, « et le choix qu'on avait fait d'eux comme le gage « d'une réputation brillante, avec une ample mois-« son d'honoraires [1] ».

Linguet, dans ce Conseil, compta du premier jour autant d'ennemis que de collègues.

« J'aurais honte, dit-il, de rapporter les petites « manœuvres qu'on mit en usage pour me dégoûter, « ou pour dégoûter le duc d'Aiguillon de son choix. »

Comment les Cellier, les Marguet, les Thévenot, les Dessaule, que le duc écoutait à peine, n'eussent-ils pas été jaloux des relations constantes, quotidiennes, qu'ils voyaient s'établir entre leur client et son nouvel avocat?

Linguet et d'Aiguillon entrèrent en effet en correspondance suivie, et cela par l'intermédiaire d'un familier du duc, le chevalier d'Abrieu. Celui-ci faisait la navette entre Versailles et la rue Saint-Séverin, et ne soupçonnait guère, dans le premier quartier de cette lune de miel, les ennuis futurs de son emploi de commissionnaire!

Des nuages légers troublèrent bien vite l'accord de l'ancien commandant de Bretagne avec son avocat.

Le duc, altier, autoritaire, d'une extrême activité, prétendait à la direction de sa cause. Linguet n'était pas homme à la lui abandonner!

1. *Aiguilloniana,* p. 16.

Un autre aurait joui de cette grande affaire, y trouvant un marchepied commode, peu curieux d'en tenir tous les fils dans sa main, simplement usant d'elle pour arriver à tout : Linguet ignorait ces habiletés; il travaillait en forcené, dans sa cellule de la rue Saint-Séverin, et prétendait être le maître du procès, imposer ses vues à d'Aiguillon.

Il voulut d'abord que le duc se débarrassât du Conseil officiel dont nous avons déjà parlé :

« Vous vous êtes formé un Conseil nombreux », écrivait-il le 7 mars 1770, « et je suis loin de vous
« en blâmer. La quantité de noms vous est ici néces-
« saire. Il faut à un homme comme vous beaucoup
« d'avocats, comme, les jours de cérémonie, il vous
« fallait à Rennes beaucoup de gardes.... Ce n'est
« donc pas de la multitude de vos avocats que je
« me plains; au contraire, vu le choix qu'on a fait
« des premiers, il faut absolument en augmenter le
« nombre.

« Je l'ai dit à M. d'Abrieu et je vous le répète :
« un des principaux griefs que l'on vous objecte,
« celui peut-être qui a donné plus de partisans à vos
« ennemis, celui qui est sans contredit le plus grave,
« aux yeux des Parlements, c'est d'avoir protégé les
« Jésuites. Or, on voit dans votre conseil tous les
« défenseurs des Jésuites. Pouvez-vous croire que les
« avocats de la Société soient bien propres à vous
« justifier du reproche d'en avoir été l'ami?

« Ce n'est pas que MM. Cellier, Thévenot, Des-
« saule, etc., ayent été criminels en défendant les
« Jésuites, il s'en faut bien. Mais enfin cet emploi
« qu'ils ont fait de leurs talents les rend dans la cir-
« constance actuelle moins capables de vous servir.

« Je ne veux pas dire qu'il faille les réformer, mais
« joignez-leur d'autres noms qui se soient trouvés en
« opposition avec les Jésuites ; les plus connus seront
« les meilleurs.

« En un mot, Monsieur le Duc, il vous faut des
« Jansénistes, et les plus fanatiques seront à vos
« ordres dès que vous paraîtrez vouloir les consulter.

« Ce Conseil, si nombreux, si nécessaire, que vous
« formez à si grands frais, il ne faut pas vous attendre
« qu'il soit d'aucune utilité réelle. Il faut qu'il s'as-
« semble avec éclat, mais rarement. Il faut qu'on y
« parle beaucoup, comme dans tous les conseils ;
« qu'on se retire sans y avoir rien décidé, comme
« dans tous les conseils ; que le vrai travail soit fait
« par un homme seul, comme dans tous les conseils,
« examiné, adopté par un comité particulier, très peu
« nombreux ; sauf à le produire définitivement en céré-
« monie dans la grande cohue, où il recevra, à travers
« beaucoup de bavardages, sa dernière sanction. »

Ces réflexions, jolies et justes, nous font visiter les
dessous complexes et savamment machinés de ces
grands procès d'autrefois, dont l'histoire, en général,
n'a conservé que le décor.

A regarder ces majestueux ballets parlementaires,
qui déroulaient il y a si peu d'années leur savante,
puérile et ruineuse ordonnance, on voit combien
d'efforts il a fallu déjà, et il faudra encore, pour
parvenir à un outil moderne de justice, simple,
précis, rapide, approprié à son but.

Linguet prétendait être, à lui seul, cet outil.
Comme toujours, au lieu de s'insinuer, il s'imposait
à force ouverte, avec l'intempérance de ses sarcasmes
et de ses fureurs.

Grâce à lui, le Conseil devint un lieu d'affreuses disputes, où, seul de son avis, il se voyait battu, contrecarré.

D'Aiguillon, présent aux réunions, intervenait parfois :

« Mais enfin, disait-il, quand on assemble un con-
« seil, c'est pour suivre la pluralité des voix! »

Et Linguet de répliquer :

« Croyez, Monsieur le Duc, qu'il y a des occasions
« (et elles ne sont pas rares) où deux hommes seuls
« peuvent avoir plus de raison que toute une assem-
« blée! »

Le fait est que cette assemblée perdait son temps en minuties.

Elle épluchait chaque témoignage reçu contre le Duc, et méditait de rendre plainte en subornation contre les témoins qui accusaient d'Aiguillon du même crime! — A ce jeu on pouvait aller loin.

On recherchait gravement s'il était vrai qu'il y ait eu un paravent dans la chambre du gouverneur à Rennes.... Cela mettait Linguet hors de lui.

« Quand des jurisconsultes en troupes, écrivait-il[1],
« raisonneraient mieux que les autres hommes, ils
« perdraient ici cette faculté.

« Votre affaire est toute extraordinaire, M. le Duc,
« elle ne veut pas être traitée d'après les règles com-
« munes. Négligez les impertinences de tel ou tel
« témoin. Il ne faut qu'un trait pour se débarrasser
« de ces insectes; ce serait une grande imprudence
« que de s'amuser à en compter toutes les piqûres!

« Croyez que ce n'est pas sur des dépositions par-

1. *Aiguilloniana*, p. 20.

« ticulières que vous serez jugé ; c'est sur l'idée géné-
« rale qu'on aura de l'ensemble de votre administra-
« tion. Le grand art de vos ennemis est d'avoir su
« persuader au public que vous lui étiez odieux.
« Leur plus grande espérance est de vous voir,
« embarrassé dans une discussion juridique, perdre
« le temps à débattre de petites particularités. *Ils*
« *veulent que vous restiez toujours taché, même après*
« *avoir été lavé;* ils veulent vous écarter du ministère,
« et ils se promettent d'en venir à bout en supposant
« que vous êtes haï de la nation, en représentant au
« roi que son autorité pourrait être compromise s'il
« vous en confiait l'exercice. Voilà pourquoi ils affec-
« tent aujourd'hui de se borner au reproche de l'abus
« d'autorité ; car c'est, de tous ceux qu'on peut faire
« à un homme en place, le plus naturel à croire, le
« plus aisé à prouver, le plus impossible à détruire.

« Laissez donc les subtilités de droit et les citations
« d'ordonnances ! Rendez-vous inaccessible sur les
« grands objets, et je vous réponds du succès. »

Ce langage n'était point celui d'un avocat vulgaire.

Linguet voyait fort bien les ressorts cachés de ce
procès exclusivement politique. Tout l'appareil judiciaire n'avait pour but que d'amuser la galerie.

Le parti de Choiseul et du Parlement s'inquiétait
des progrès trop rapides de d'Aiguillon, du protégé
de la Du Barry, dans la faveur du roi. Ce parti, tantôt
servi, tantôt trahi par le chancelier de Maupeou,
arriverait-il à discréditer assez le duc pour lui interdire à jamais l'entrée du ministère?

Tel était le fond du litige.

Et quant au juge souverain qui devait le trancher,
c'était l'opinion publique.

« Vos juges, s'écriait Linguet, seront, sans même
« s'en apercevoir, ou subjugués, ou contenus par le
« public, par l'opinion la plus répandue. C'est donc
« le public qu'il faut éclairer, convaincre et gagner. »

C'était une rude tâche que s'imposait ainsi l'avocat
belliqueux. Voyons comment il osa l'entreprendre.

II

En mai 1770, Linguet termina son premier mémoire pour d'Aiguillon [1], et cet écrit, remis au duc,
faillit ne jamais voir le jour, à cause d'un terrible
incident dont son exorde fut la cause.

Après avoir envoyé son manuscrit à d'Aiguillon,
Linguet, pendant plusieurs jours, n'en eut aucune
nouvelle.

Enfin le chevalier d'Abrieu arrive chez lui avec le
mémoire.

L'avocat s'en saisit, l'ouvre... et qu'aperçoit-il?
Injure sans égale! son exorde est biffé, et on voit à
la place, en tête de l'ouvrage, à cet endroit si cher à
tout auteur classique, une prose étrangère, une prose
inconnue!

Aussitôt (le propre de Linguet étant de bien juger
les affaires d'autrui et de divaguer dans les siennes)
il s'enflamme, s'exalte. Sans regarder le pauvre
d'Abrieu, il sort, arrive chez le duc, ne peut parler
qu'à un secrétaire, et fait à ce commis la scène la
plus folle. D'où vient cet exorde funeste? qui a osé...?

1. Paris, imprimé chez Quillan, 1770. Collection Gaultier de
Breuil, vol. 41. *Bibliothèque des avocats à la cour d'appel de Paris.*

Marmontel aurait pu le lui dire, car il était le coupable. C'est à lui que le duc avait envoyé le mémoire par un certain Garville, en le priant d'y faire quelques retouches; et l'auteur des *Incas* conte dans ses *Mémoires* [1] qu'il avait « adouci les pointes » du jeune avocat, et refait son exorde.

Le secrétaire n'ose point révéler à Linguet tout cet affreux mystère, mais il croit lui fermer la bouche, l'arrêter net avec ces mots :

« L'exorde est de Monseigneur.

— De Monseigneur! s'écrie l'avocat. Monseigneur sait bien mieux gouverner les provinces que moi, mais, mordieu, je fais mieux les mémoires et les exordes que lui! le mien aura la préférence ou bien je ne signerai point.

— Eh bien, vous ne signerez point, dit le secrétaire.

— Et je partirai dès demain! » conclut Linguet exaspéré.

Le lendemain, dès l'aube, nouvel incident.

« On frappe à ma porte, dit Linguet [2]; le domes-
« tique en l'ouvrant voit déboucher de l'escalier une
« longue sacoche qui s'avance pesamment sur les
« épaules d'un palefrenier en grande livrée, et tombe
« avec un fracas entendu de toute la maison sur mon
« plancher. Que vois-je? Cent louis! que le duc
« m'envoyait *en argent blanc* en me souhaitant un
« bon voyage! »

Linguet, blême de rage, envoie à tous les diables le duc, le sac et le palefrenier. Il s'apprête à quitter

1. *Mémoires* de Marmontel, t. II.
2. *Plaidoyer pour Linguet prononcé par lui-même*, Londres, 1786.

Paris quand le chevalier d'Abrieu intervient et l'apaise : Linguet consent à recevoir cent louis, mais en or, et sur l'exorde il demeure intraitable.

D'Aiguillon finit par céder, et le mémoire paraît en juin.

Cet écrit, bien qu'il soit adressé à la Cour des Pairs, dans la forme habituelle des travaux de Palais, est moins une défense en justice qu'un tableau histori-que, largement tracé, de l'administration du duc dans la province de Bretagne.

Par le style nerveux et rapide, par le ton simple et élevé, cette œuvre, réimprimée dans les *Annales du Barreau français*, offre un singulier contraste avec la verbosité creuse des soi-disant chefs-d'œuvre auxquels elle est accolée.

Mais à quoi sert de bien écrire, et dans un tel pro-cès, si on n'a pas le bonheur ou l'adresse d'écrire selon l'opinion de son temps?

D'Aiguillon était aux yeux du public un person-nage si antipathique qu'on n'arrivait guère, en le défendant, qu'à partager sa défaveur.

Cependant l'amie des Choiseul, Mme du Deffand, écrivait le 27 juin à Voltaire [1] que « le mémoire de Linguet avait produit un grand effet sur le pu-blic ».

Le 17 juin, les *Mémoires secrets* l'avaient ainsi annoncé [2] : « Quoique le nouveau mémoire pour « M. le duc d'Aiguillon ne doive être publié que mardi, « jour de l'Assemblée des Pairs, on en voit déjà quel-« ques exemplaires dans le public. Outre le fond de

1. *Correspondance* de Mme du Deffand, lettre du 27 juin 1770.
2. *Mémoires secrets*, t. V, p. 146.

« l'affaire qu'il traite, et qui est fort curieux en lui-
« même, on y trouve un détail historique et circon-
« stancié concernant les États de Bretagne, leur ori-
« gine, leurs changements, qui rendra cet ouvrage
« intéressant en tous tems. Il est signé du sieur
« Linguet, dont on connaît la plume chaude et rapide.
« On parlera plus amplement de cet écrit. »

Les *Mémoires secrets* en reparlèrent en effet, mais
un mot d'ordre nouveau avait été donné aux rédacteurs, et leurs appréciations changèrent du tout au
tout.

Il ne fut plus question de la plume « chaude et
rapide » de Linguet. On le cribla au contraire d'anathèmes, de sarcasmes et de petits vers.

> Linguet loua jadis et Tibère et Néron,
> Calomnia Trajan, Titus et Marc-Aurèle.
> Cet infâme aujourd'hui, dans un affreux libelle,
> Noircit La Chalotais et blanchit d'Aiguillon.

L' « affreux libelle » est bien près aujourd'hui de
passer pour la vérité historique, même aux yeux les
moins prévenus en faveur du dernier ministre de
Louis XV [1].

Au point de vue de la cause elle-même, il résulte
clairement du mémoire que jamais procédure criminelle ne fut édifiée sur des présomptions plus vagues,
sur des racontars plus suspects. L'incroyable légèreté
des Parlements en matière criminelle se rencontre
ici aussi bien que dans l'affaire de La Barre.

---

1. M. Vatel dans son ouvrage sur Mme du Barry (1883, Paris) a
plaidé l'innocence absolue du duc d'Aiguillon. M. Flammermont
(*le Chancelier Maupeou et les parlements*, Paris, 1883), au contraire, juge fort sévèrement le gouverneur de Bretagne.

Quant au grief général fondé sur « l'administration despotique et cruelle du duc d'Aiguillon », on peut tout plaider et tout dire; c'est matière à dispute et non pas à procès.

Linguet l'a bien montré, le procès d'Aiguillon est le type achevé des grandes causes politiques. Ce sont lieux de bataille où le droit disparaît dans le choc furieux des passions, où l'objet même du litige s'oublie bientôt dans la mêlée.

L'organisation judiciaire de l'ancien régime se prêtait à ces déviations d'un débat. Aujourd'hui les affaires de cette sorte sont encore faussées, distendues, transformées par les partis au gré de leurs calculs et de leurs passions; mais les formes modernes, les juridictions exactement limitées fourniront aux historiens futurs quelques points de repère. Ils sauront au moins en vertu de quel texte de loi l'accusé était poursuivi.

Dans l'affaire de Bretagne, où étaient les charges? où était l'accusation?

« Des accusations », avait dit le chancelier Maupeou le 4 avril 1770 à la première séance de la Cour des Pairs [1], « s'élèvent contre un Pair du royaume. Il « s'agit d'examiner si un pouvoir qui avait été donné « pour la félicité des peuples est devenu l'instrument « de leur malheur; si la confiance du souverain a été « trahie ou calomniée. »

Telle est la phrase qu'on a plus tard traduite par le mot historique :

« Il faut laver la Pairie des crimes d'un Pair, ou « un Pair des crimes qui lui sont imputés. »

---

1. Collection Gaultier du Breuil, t. XLI, p. 7.

Mais quels étaient ces crimes?

Qu'on imagine un de nos préfets, ayant pendant plusieurs années administré un département, et tout à coup traduit devant l'autorité judiciaire pour répondre, non d'un acte déterminé, mais de tous les actes de son administration, tantôt prise dans son ensemble, tantôt scrutée dans le moindre détail.

Ce préfet prouve-t-il par témoins qu'il a « usé « de son pouvoir pour la félicité publique », vite, ses ennemis affirment qu'il a suborné les témoins! Aujourd'hui on déclare le préfet concussionnaire; demain on l'accuse d'avoir comploté la mort du plus important de ses adversaires. Tout cela, dans un crescendo de calomnies, d'injures réciproques, fait l'objet de plaintes successives, d'écritures sans fin.

Qu'on imagine un tel procès fait à un administrateur, et remis à la décision d'un Parlement, c'est-à-dire d'un corps politique furieux d'ambition, et toujours prêt à menacer ses ennemis du glaive des Sanson.... Et l'on aura l'image assez exacte de ce que fut le procès de Bretagne.

III

Le *Mémoire pour le Duc d'Aiguillon* et l'*Aiguilloniana* s'éclairent mutuellement et se complètent.

Que d'observations justes et fortes, dans ces pages si dédaignées, que d'appréciations curieuses et inattendues sur des personnages historiques : sur La Chalotais par exemple.

La Chalotais! ce nom évoque une statue de magistrat martyr, de Commandeur en robe et en perruque, montrant du doigt d'Aiguillon foudroyé.

Linguet, nous le savons, n'avait guère de respect pour les attitudes historiques. Il faisait volontiers descendre les statues de leurs piédestaux, et éprouvait même à ce jeu un plaisir tout particulier, une vraie joie d'iconoclaste.

Tel qu'il se dégage du récit de Linguet, le célèbre Procureur général nous apparaît sous un aspect nouveau, bien différent de sa figure traditionnelle.

Le duc d'Aiguillon, nous raconte Linguet, n'avait guère plus de trente ans quand il fut nommé commandant en chef de la province de Bretagne. A ce gouverneur un peu jeune, on jugea qu'il fallait un conseil, et pour tuteur on lui donna M. de la Chalotais en personne.

« Ce magistrat, nous dit Linguet, homme d'esprit, « doué d'une imagination ardente, avait même, avant « son *Compte rendu*, une réputation à Paris. Il était « déjà lié avec la secte soi-disant philosophique. Il « avait de plus contracté une liaison intime avec la « duchesse d'Aiguillon la mère, femme habile, amie, « comme les grands peuvent l'être, des gens d'esprit. « Quand son fils partit, c'est au Procureur général de « Rennes qu'elle le confia. Mr de la Chalotais fut « l'ange à qui elle recommanda son Tobie. »

Tout alla bien d'abord. Le duc s'acquittait de son mieux de fonctions qui exigeaient qu'il fût un homme universel. Il administrait; il représentait le roi aux États de Bretagne; il faisait la guerre, et battait les Anglais à Saint-Cast en 1758. En 1762, après neuf ans d'administration, ses relations avec les États de Bretagne étaient encore bien cordiales; car cette assemblée faisait vis-à-vis de lui une démarche fort courtoise, relatée dans la délibération que voici :

« Les États [1] ont par acclamation chargé leurs « Députés en Cour de nommer l'enfant dont Mme la « duchesse d'Aiguillon est grosse, si c'est un garçon; « et les autorisent de faire à cet égard toutes les « dépenses qui seront nécessaires. Ordonnent que la « présente délibération sera présentée à Mgr le Duc « d'Aiguillon par la même commission qui a été « nommée pour complimenter Mme la Duchesse, et « qu'elle l'assurera en même temps de la joie qu'elle « ressent de trouver cette occasion de lui prouver « l'étendue de sa reconnaissance. »

Comment la guerre succéda-t-elle à de si tendres effusions?

Faut-il chercher le germe des querelles dans la protection que le duc accorda aux jésuites pourchassés par le Parlement? ou bien dans les taxes nouvelles dont le gouverneur assurait la levée? Tous ces griefs, si l'on en croit Linguet, ne furent invoqués qu'après coup, après la guerre déclarée par M. de la Chalotais, devenu maître du Parlement et des États, à son ancien pupille.

Mais pourquoi cette guerre?

Elle naquit peut-être d'un incident qui fut, sinon la cause, au moins la plaisante préface du dramatique procès de Bretagne, et des révolutions sans nombre, ministérielles et parlementaires, que ce procès engendra.

« Un jour, nous dit Linguet, La Chalotais assistant

---

1. Délibération des États de Bretagne du jeudi 25 novembre 1762, rapportée dans le *Mémoire* de Linguet, p. 58.

« aux États [1] avec d'autres gens de robe, en qualité de
« commissaire du roi, imagine de s'y présenter *en*
« *simarre*.

« La simarre est une espèce de robe de chambre
« de soie noire, dont les juges d'un ordre supérieur,
« en France, sont habillés chez eux. Quand ils sortent,
« ils la couvrent d'un manteau de dessus ample et
« plissé, d'une espèce de froc assez semblable à celui
« des Bénédictins, et qui devient leur parure de
« cérémonie.

« Qu'un commissaire du roi de France en fonc-
« tions se chargeât de quelques aunes d'étoffe de plus
« ou de moins, cela ne paraîtra pas aux lecteurs
« sensés un objet de querelle. Probablement, à Rome,
« on n'aurait pas fait un crime à Cicéron de monter
« à la Tribune avec quatre clous de pourpre à son
« laticlave au lieu de six. A Rennes, les autres com-
« missaires furent scandalisés. Une députation solen-
« nelle vint déclarer au duc d'Aiguillon, représentant
« spécial du souverain, qu'ils ne siégeraient plus, à
« moins qu'on ne forçât leur collègue à porter le
« même uniforme qu'eux, ou qu'on ne les autorisât
« à montrer leur déshabillé comme lui.

« Le Duc d'Aiguillon eut le bon esprit d'apprécier
« cette étrange affaire. Il s'efforça d'abord, en riant,
« d'engager le Procureur général à ne rien retrancher

1. « Les États de Bretagne, assemblée solennelle, nombreuse
« et passionnée, se tenaient à Rennes dans un lieu nommé *le*
« *Théâtre*. Ils étaient composés de trois ordres : clergé, noblesse
« et tiers état, et comprenaient environ 800 membres : 40 pour
« le clergé, 40 pour le tiers, 700 pour la noblesse. Les commis-
« saires du roi, au nombre de 30 ou 40, étaient les grands fonc-
« tionnaires de la province. Le commandant en chef était pre-
« mier commissaire. »

« de sa garde-robe d'apparat. Mais, l'ayant trouvé
« inflexible, une longue négociation, où des gens de
« la première qualité avaient épuisé leurs talents,
« ayant échoué auprès de lui, il lui notifia nettement
« que sa prétention, étant contraire à l'usage, devait
« être proscrite, et que la porte des États ne s'ouvri-
« rait dorénavant pour les hommes de loi qu'au signe
« de l'uniformité.

« Le magistrat aima mieux cacher sa simarre que
« de se voir exclu d'un théâtre favorable à son ambi-
« tion; mais il ne pardonna pas à l'auteur de l'in-
« sulte qu'il croyait avoir reçue. De ce moment, le
« duc d'Aiguillon n'eut pas de plus violent ennemi.
« Son ressentiment s'exhala en bons mots, et se
« satisfit par des intrigues.

« Telle est la source des troubles que nous avons
« vus pendant dix ans bouleverser la Bretagne. Plus
« la cause est petite, plus elle paraîtra vraisemblable
« aux hommes qui ont de l'expérience. »

A cette querelle, bien petite en effet, de nombreux
griefs s'ajoutèrent sans doute, car, en 1770, la procédure criminelle suivie contre l'ancien gouverneur
l'inculpait des crimes les plus effroyables.

Pour préciser ces accusations, Linguet n'eut
d'autre ressource que le dépouillement d'innombrables brochures anonymes. Il trouva qu'elles repro-
chaient au duc d'Aiguillon :

« 1° D'avoir accablé la Bretagne sous ses coups
« d'autorité;

« 2° D'avoir protégé les Jésuites;

« 3° D'avoir avili et ruiné la magistrature et les
« magistrats;

« 4° D'avoir favorisé des complots criminels de

« toute espèce tramés pour perdre des hommes ver-
« tueux ; d'avoir ou ordonné, ou du moins souffert,
« qu'en vue de lui plaire on attaquât leur vie par le
« poison, et leur honneur par des dépositions men-
« diées ou suggérées. »

Nous ne suivrons pas l'avocat dans ses réponses à
ces divers griefs, car nous n'avons pas à refaire ici
l'histoire du procès d'Aiguillon. Quelques citations
suffiront pour mettre en relief la vigueur et la finesse
de l'argumentation de Linguet.

S'agit-il du despotisme de d'Aiguillon, et de ses
coups d'autorité ?

« Le duc d'Aiguillon était despote en Bretagne,
« écrit Linguet, il en a voulu tyranniser les États ?
« Mais où ? comment ? à quelle époque ?

« Est-ce en 1754, où il arrivait dans sa province,
« et où son entrée ne fut signalée que par des grâces
« de toute espèce ? Est-ce en 1756, où il a augmenté
« le pouvoir des États aux dépens du sien ? Est-ce
« en 1758, où il leur a facilité, à un rabais considé-
« rable, l'acquisition d'un droit que la manière de le
« percevoir rendait onéreux ?... »

Et le morceau s'en va ainsi, dans une forme vivement oratoire, soulignant d'un trait, et souvent d'une
preuve, chaque argument de la défense du duc.

Quant aux lettres de cachet, et aux « traits de
« despotisme » reprochés à M. d'Aiguillon pour les
années 1765 et 1766, comment Linguet va-t-il
répondre ?

Ces lettres et ces actes sont, d'après les libelles, au
nombre de 158 ; et ce chiffre, d'ailleurs, sauf quelques variantes, a été adopté par tous les historiens.

« Or l'avocat déclare que tout s'est borné à « six »

« ordres décernés en quinze ans contre des particu-
« liers dont les démarches avaient paru suspectes au
« gouvernement dans des circonstances délicates et
« dangereuses. Deux ont eu lieu en 1757 et quatre
« en 1766. Encore M. le Duc n'y a-t-il eu d'autre part
« que de rendre compte, comme sa place l'y obli-
« geait, des procédés qui les ont occasionnés. »

Et Linguet va plus loin ; il décompose cette « pré-
« tendue chronologie de 158 actes de despotisme ».

Nous ne le suivrons pas dans ces calculs délicats.
Déduira-t-on de l'injuste total les 78 lettres de cachet
adressées aux membres du Parlement de Rennes ? —
D'Aiguillon, quand ces lettres furent expédiées, était
aux eaux de Bagnères-de-Luchon : il faudrait donc
reporter ces lettres du compte du duc au compte du
roi.

Et de ce chiffre de 158 faut-il aussi déduire, comme
le veut Linguet, la lettre destinée à un jeune anarchiste breton du nom de Bouquerel, qui avait écrit à
un ministre « que si le roi ne changeait pas de con-
« duite, tout irait mal *au grand malheur de quel-
« qu'un* » ?

Tout cela est fort épineux et, n'ayant pas à plaider
pour le duc, nous laissons à Linguet la responsabilité
de son arithmétique. Mais que répondra-t-il au sujet
de la protection accordée aux jésuites ?

Ici Linguet observe que « se lier à des moines
« puissants est une politique humiliante même pour
« un particulier ; mais que s'attacher à des moines
« proscrits serait une inconséquence bien inconce-
« vable dans un homme en place [1] ».

---

1. *Mémoire*, p. 160.

D'ailleurs « le duc n'a point sur les jésuites d'au-
« tres idées que Mr de la Chalotais lui-même ».

Et, à l'appui de ce paradoxe, Linguet cite un billet
du Procureur général, daté du 2 juillet 1762. Ce billet
suggestif accompagnait l'envoi au gouverneur du
célèbre *Compte rendu des Constitutions des Jésuites*
et il était ainsi conçu :

« Vous ne vous embarrassez guère, Monsieur le
« Duc, des Constitutions des Jésuites, *ni moi non*
« *plus*. Cependant il faut bien que vous sachiez ce
« qui en a été dit, bien ou mal, en Bretagne. »

Ce *ni moi non plus* a bien quelque valeur docu-
mentaire. Viendrait-il à l'appui des affirmations
de Brissot?... Celui-ci, en effet, déclare, dans ses
Mémoires, que La Chalotais, homme de grand
amour-propre et de mince talent, avait fait fabriquer, par un écrivain obscur nommé M. Abeille, le
Compte rendu qui le rendit célèbre.

Enfin Linguet aborde le grand point, et défend le
duc du projet qu'on lui prête d'avoir voulu faire
mourir La Chalotais.

On sait que ce Procureur général, son fils et
quatre conseillers du Parlement de Bretagne avaient
été arrêtés le 11 novembre 1765, par suite de la résistance de leur compagnie aux ordres du roi prescri-
vant une levée de taxes dans la province. Ils furent
emprisonnés à Rennes, puis à Saint-Malo, enfin à la
Bastille, d'où ils sortirent le 22 septembre 1766, « Sa
« Majesté ne voulant pas trouver de coupables [1] ».

---

1. M. Flammermont, dans son ouvrage sur le chancelier
Maupeou et les Parlements, p. 93, dit « qu'il est certain que le
« gouverneur de Bretagne, qui avait obtenu par le crédit de son
« oncle, le duc de Saint-Florentin, l'arrestation des six magis-

C'est pendant leur détention à Saint-Malo que le duc aurait tenté de les faire disparaître :

« On voit dans vingt libelles, écrit Linguet [1], que « des inconnus étaient arrivés à Saint-Malo, avec une « caisse d'instruments dont ils prenaient grand soin; « que ces étrangers étaient des bourreaux venus pour « sacrifier des victimes à la haine de M. le duc d'Ai-« guillon; qu'on avait fait entrer à la citadelle des « charretées de planches et de poutreaux pour con-« struire un échafaud dont quelques personnes ont « vu le plan. »

Mais devant ces « effroyables extravagances », Choiseul lui-même n'a-t-il pas écrit à d'Aiguillon :

« Je déclarerai et affirmerai, Monsieur le Duc, en « toute occasion et en tous lieux, à la Cour des Pairs « si vous le jugez à propos, que rien n'est si faux, si « criminel et si bête, que l'assertion de l'envoi d'un « courrier de ma part pour empêcher une exécution « quelconque en Bretagne. »

« trats accusés de lèse-majesté, chercha à se procurer par « tous les moyens des témoins et des faits pour justifier cette « accusation ». Et il ajoute que « l'information publiée par « Linguet contient des indices graves et des dépositions acca-« blantes contre le duc d'Aiguillon ». Nous croyons au contraire qu'il serait assez facile d'établir, au moyen des plaidoyers de Linguet et des documents de la procédure, le peu de valeur des témoignages recueillis contre le duc. Quant à l'arrestation des six magistrats, d'Aiguillon a pu la conseiller, mais le ministère et le roi l'ont voulue en pleine connaissance de cause. Il ne faut pas oublier que le Parlement de Bretagne était en état d'insurrection ouverte et permanente contre l'autorité royale. Il est malaisé de s'intéresser aux parlementaires du xviiie siècle quand, sous les phrases cicéroniennes, on a bien vu le fond de leurs prétentions, leur orgueil immense, leur insatiable ambition politique, et l'oubli profond de leurs devoirs judiciaires.

1. *Mémoire* pour M. le duc d'Aiguillon, p. 183.

Soit; l'embarras d'une sextuple exécution a peut-être fait reculer le ministère et d'Aiguillon. Mais celui-ci n'a-t-il pas songé à faire usage contre les prisonniers d'une arme sûre et discrète : le poison?

Les libelles le disent, et dans la procédure, à propos de cette accusation, on désigne un louche personnage, un abbé Clémenceau, ex-jésuite.

« N'a-t-on pas dit, raconte Linguet [1], qu'un abbé « Clémenceau s'était chargé, pour plaire à *quelqu'un* « *de plus élevé*, d'être le principal auteur de cet « empoisonnement; qu'il s'était adressé à un Sʳ Des-« fourneaux, parce que cet officier était désigné pour « garder M. de la Chalotais; que le sieur Desfour-« neaux s'était refusé à un crime si noir, mais que « la crainte du péril auquel l'exposait cette action « vertueuse lui avait tourné la tête, et qu'il en était « devenu fou? »

Or ce Desfourneaux était vraiment un aliéné [2], atteint du délire de la persécution, et auquel les événements de Bretagne inspiraient des propos incohérents et absurdes. Sur tout cela, Linguet apporte la lumière, avec des faits, avec des preuves; son mémoire a l'allure calme, le ton uni de la vérité.

Aussi peut-on conclure que si le duc d'Aiguillon est un personnage trop suspect, trop justement

1. *Mémoire* pour M. le duc d'Aiguillon, p. 189 et suiv.

2. C'est un nommé Canon, procureur taré, qui avait déposé sur ce fait dans la procédure; il avait narré que Desfourneaux « lui avait dit qu'un prêtre de Rennes lui avait proposé d'em-« poisonner M. de la Chalotais, et qu'il lui avait présenté à cet « effet du poison préparé, avec une bourse pleine d'or ». A toute époque, les grands faits divers de l'histoire ont échauffé les cervelles des aliénés. Mais autrefois les romans inventés par ces pauvres malades étaient accueillis avec moins de réserve qu'ils ne le sont aujourd'hui.

décrié pour·qu'on songe à signer sa réhabilitation,
il faut pourtant reconnaître que la preuve de ses
méfaits n'était point dans la procédure.

Linguet allait plus loin, il croyait à son innocence,
il réclamait l'enquête la plus large, un jugement
public.

« C'est à la Cour des Pairs, disait-il en terminant
« son mémoire, à fixer l'opinion publique. M. le duc
« d'Aiguillon ne demande ni grâce ni vengeance;
« c'est la justice la plus sévère qu'il implore pour lui,
« et la plus indulgente pour ses adversaires. »

IV

Cette dernière phrase du Mémoire de Linguet
était bien loin de traduire la pensée personnelle
du duc.

Celui-ci ne partageait guère la confiance de son
avocat dans l'heureuse issue du débat judiciaire.

Par crainte de l'opinion, il hésitait à enrayer la
procédure; mais, par crainte du Parlement, il hésitait plus encore à laisser les choses suivre une voie
qui, du Palais, pouvait bien le conduire à la place de
Grève.

Ce fut le chancelier qui trancha la difficulté.

M. de Maupeou avait fait du chemin depuis l'époque,
pourtant voisine, où à la tête du grand Banc il prési-
dait l'affaire de La Barre.

Nommé chancelier en 1768, à la joie unanime de
tous ceux qui bientôt allaient le maudire, il aspirait
maintenant aux fonctions de premier ministre. Entre

ces deux puissants jouteurs, Choiseul et d'Aiguillon,
il traçait sa route ingénieuse de troisième larron,
rêvant, comme on disait alors, de faire « le coup de
« deux ».

La partie était délicate, Maupeou était de taille à la
gagner. Linguet nous a laissé, de cet homme illustre
et méprisé, un portrait fort remarquable :

« Il sera difficile à la postérité, dit-il [1], de se former
« une idée vraie du chancelier de Maupeou. La haine
« l'a trop dégradé, mais il l'a en quelque sorte jus-
« tifiée puisqu'il n'a pas su se faire d'amis assez zélés
« pour le défendre après sa chute.

« Il était habile surtout à conduire une intrigue,
« n'épargnant ni les caresses, ni les paroles pour in-
« spirer à ceux qu'il avait besoin de gagner l'intérêt
« du moment; ne violant pas plus que les autres
« courtisans ses engagements, mais dédaignant trop
« de déguiser ses manques de foi; ne cherchant pas
« même à couvrir ses violences de ce voile usé, mais
« toujours utile, de l'amour du bien public, et se
« décriant ainsi par le scandale plus que par ses
« actions. Vindicatif avec petitesse, éprouvant la haine
« en homme de cour et l'exerçant en bourgeois; dis-
« tingué surtout par l'intrépidité d'un grenadier, très
« propre à opérer une Révolution par des coups de
« vigueur, et non pas à en assurer le succès par des
« mesures prudentes : tel m'a paru, d'après les faits,
« le chancelier de Maupeou, dont la magistrature
« sera toujours une époque remarquable dans l'his-
« toire de la monarchie.

« Il avait été longtemps, après son père, chef du

____

1. *Aiguilloniana*, p. 12.

« premier Parlement du Royaume, il connaissait par
« conséquent la situation des esprits dans ces compa-
« gnies. Personne ne devait mieux apprécier que lui
« le danger de les autoriser à porter à un Pair, agent
« de la couronne, un coup qui pouvait compromettre
« la couronne elle-même.

« Mais aussi il prétendait au pouvoir exclusif! Le
« Duc de Choiseul en jouissait, le duc d'Aiguillon y
« arrivait.

« Sentant qu'il ne prévaudrait ni sur le génie de
« l'un, ni sur l'adresse de l'autre... il vit, avec la saga-
« cité d'un courtisan vieilli dans l'intrigue, que le
« procès de Bretagne.lui fournirait des armes contre
« tous deux.

« Le système de Louis XV étant, en général, de
« laisser chacun de ses Ministres maître absolu dans
« sa partie, il allait, par sa place, avoir la plus grande
« influence dans une instruction judiciaire. Le danger
« forcerait le duc d'Aiguillon à s'unir à lui... pour
« décréditer le duc de Choiseul dans l'esprit du souve-
« rain. Ensuite, après avoir livré son nouvel ami à
« l'humiliation d'une procédure, après avoir fomenté
« sous main la fureur des gens de robe, on leur arra-
« cherait leur victime par un coup d'autorité. Mais
« son projet était d'attacher à ce service apparent une
« ignominie qui en rendit l'objet incapable à jamais
« de se maintenir à la Cour.

« Connaissant la politique timide du Roi, sachant
« combien le repos lui était cher, combien il était peu
« susceptible d'attachement et prompt à sacrifier tout
« ce qui pouvait lui causer des inquiétudes, il se pro-
« mettait de lui montrer le risque d'appeler au Minis-
« tère un homme flétri dans l'esprit de la Nation, et

« en faveur de qui, depuis cinq ans, l'autorité s'épui-
« sait en combats.

« Ainsi débarrassé du Duc de Choiseul par le Duc
« d'Aiguillon et la favorite; opposant au Duc d'Ai-
« guillon l'opinion publique, le Ministère devenu
« vacant tombait de soi-même entre ses mains. »

Le duc d'Aiguillon connaissait ce plan. Il surveil-
lait très attentivement toutes les démarches de Maupeou, et on le tenait au courant des moindres détails
de la procédure.

Que n'eussent pas fait les rapporteurs, MM. Boula
et de Brétignières, et le Procureur général Joly de
Fleury, pour le neveu du ministre Saint-Florentin?

On l'informait de tout, et lui-même, par de petits
billets, donnait ses instructions : « Il faut s'attendre
« à des incidents de toute nature », écrivait-il ; et il
recommandait l'observation des formes, « même les
« plus minutieuses », afin que le jugement à intervenir
eût l'heureux aspect « d'un jugement libre et non
« de faveur [1] ».

Ainsi le duc sentait bien le danger de ce « juge-
« ment de faveur », de cet « acquittement doublé d'une
« flétrissure » que voulait lui infliger l'astucieux Maupeou. Mais son désir d'y échapper, d'obtenir une
véritable réhabilitation, n'allait pas jusqu'à lui faire
affronter le martyre, jusqu'à lui inspirer l'imprudent
désir de se faire juger par le Parlement. Un jour
vint où il dut s'expliquer clairement là-dessus avec
son avocat.

« M. de Montesquieu, écrivit-il à Linguet, pense-

1. Collection Joly de Fleury, Bibliothèque nationale, manuscrits, 2080. Inédit.

« rait que vous êtes un despote, mais vous ne pouvez
« pas dire que je le sois, puisque je ne me permets
« pas d'avoir un sentiment, ou du moins d'insister
« sur celui que je puis avoir, dans une affaire qui
« m'est totalement personnelle, et dont je connais
« mieux les ressorts qui la font agir que vous.

« Je ne suis pas aussi confiant sur certain article
« que vous l'imaginez. J'ai appris depuis longtemps à
« mes dépens à connaître les hommes et surtout les
« Ministres, mais quand ils me tromperaient, ce qui
« n'est pas vraisemblable dans la circonstance pré-
« sente où ils vont autant de jeu que moi, je ne pour-
« rais pas me conduire autrement que je ne le fais.
« Le roi est déterminé à ne pas me laisser juger : et
« je dois convenir qu'il a raison de ne pas le vouloir.
« J'essaierais inutilement de le faire changer d'avis.

« Il ne me reste d'autre parti à prendre que celui
« d'achever de détromper le public, et de détruire les
« fausses impressions qu'on lui a fait prendre sur
« moi ; vous avez commencé ce grand œuvre, j'espère
« que vous voudrez bien le terminer ; je suis sûr du
« succès si vous vous en chargez. »

Peu de jours après cette lettre, le 27 juin, le roi,
en son lit de justice de Versailles, annulait toutes les
procédures, déclarait la « conduite de son cousin
« d'Aiguillon irréprochable » et imposait sur tout cela
« le silence le plus absolu ».

« On ne pouvait être plus inconséquent, ni plus
« dédaigneux des formes judiciaires », dit M. Henri
Martin en appréciant ces lettres d'abolition, et il les
considère comme « une intervention arbitraire du
« pouvoir personnel dans les Cours de justice ».

Jamais, croyons-nous au contraire, on n'avait fait

accomplir à Louis XV un acte plus raisonnable. La procédure entamée contre le duc d'Aiguillon n'était nullement, nous l'avons montré, la recherche légale d'un crime ou d'un délit : c'était la critique générale des actes administratifs d'un haut fonctionnaire royal.

Choiseul lui-même l'a reconnu, dans un fragment de ses Mémoires rapporté par Soulavie :

« J'étais instruit, dit-il, que l'on ne pouvait juger « dans un procès criminel que les faits et non les « intentions; et j'étais sûr que, pour les faits, le duc « d'Aiguillon avait pour chacun des ordres du roi de « sa propre main, ou signés par M. de la Vrillière. »

Les lettres patentes du 27 juin n'étaient donc qu'une expression légitime du principe de la séparation des pouvoirs.

Mais ceux qui avaient inspiré cette mesure étaient trop impopulaires pour que l'opinion consentît à la ratifier.

Le Parlement, troupe indisciplinée de politiciens ambitieux, prit l'attitude fière d'un groupe de héros combattant pour le droit. La nation applaudit, elle approuva sans réserves les remontrances et l'arrêt du 2 juillet 1770, qui déclarait d'Aiguillon déchu de la pairie :

« Sire, disaient ces remontrances menaçantes, « comment se soustraire à l'opinion publique? On ne « lui commande point! »

Ainsi parlaient ces imprudents parlementaires, se croyant sûrs à jamais de la popularité.

C'est en vain que, le 3 juillet, le Conseil d'État du roi cassait l'arrêt du Parlement rendu la veille : les magistrats étaient déchaînés !

D'un bout à l'autre du royaume ils s'affiliaient, se concertaient, se répandaient en protestations. Les Parlements de province adhéraient à la proscription infamante prononcée contre le duc d'Aiguillon par le Parlement de Paris.

Les magistrats de Bordeaux se signalaient par leur violence. Le Conseil cassait leur arrêté le 1er septembre. « Mais le Chancelier, dit Linguet, avait soin « que la cassation fût plus flétrissante que l'insulte. » Et son intention ne fut jamais plus sensible que dans le langage qu'il fit tenir au roi contre le Parlement de Bordeaux.

Enfin, le 3 septembre, le roi, de bon matin, se rendit au Palais dans son équipage de chasse et fit acte d'autorité dans la scène célèbre dont nous n'avons pas à reprendre le récit.

Il donna l'ordre aux greffiers d'aller chercher toutes les pièces du procès de Bretagne.

« A cet endroit », est-il dit au Registre du Parlement, où le compte rendu de ce lit de justice est consigné, « les greffiers allèrent chercher les pièces » et les déposèrent en tas aux pieds du chancelier Maupeou, qui, dans sa robe de velours violet doublée de satin cramoisi, suivait en bon apôtre tout ce cérémonial. Le procès d'Aiguillon était clos.

V

Le duc avait exécuté victorieusement la première partie de son programme, il s'était tiré des griffes parlementaires, mais son procès devant l'opinion

était cruellement perdu. Linguet était navré. Voici la
lettre qu'il écrivait au duc, le 11 octobre 1770 :

« Monsieur le Duc,

« Je suis malade depuis huit jours ; mais la dou-
« leur et l'indignation m'ont, hier, rendu des forces.
« J'ai reçu l'arrêt du Conseil qui casse l'arrêté du
« Parlement de Bordeaux. Je ne puis vous rendre les
« sentiments qui m'ont agité pendant la lecture que
« j'en ai faite. Quels cruels amis vous avez là, Mon-
« sieur le Duc, et que la main qui a rédigé cette ter-
« rible pièce y a répandu de malignité !

« Quoi ! le Roi, en parlant de vous et de votre affaire,
« revendique le droit de *faire grâce*, d'*abolir des*
« *crimes*, etc., et on lui fait répéter deux fois tout au
« long ces odieuses expressions ! Mais c'est donner
« gain de cause au Parlement de Paris ; c'est autoriser
« la France et l'Europe à penser que le roi a réelle-
« ment voulu vous faire et vous a fait grâce. Enfin,
« Monsieur le Duc, c'est vous déclarer coupable, mais
« coupable favorisé, que la Toute Puissance enlève
« au supplice et non pas à l'infamie.

« J'ai le cœur percé de ces réflexions. Il aurait
« mieux valu cent fois laisser subsister tous les arrêtés
« du monde, que de les anéantir par une cassation
« aussi flétrissante. Vous êtes accoutumé à ma fran-
« chise, et vous me la pardonnez, Monsieur le Duc ;
« mais de tout ce que j'ai vu dans cette épouvantable
« affaire, rien ne m'a encore plus révolté et plus
« affligé. Vous me direz, comme vous m'avez déjà
« fait l'honneur de me le dire, que vous n'êtes pas le
« maître, et que dans l'impossibilité de donner aux
« choses le cours qui vous conviendrait, il faut bien

« s'accommoder de celui qu'elles prennent. Ah! par-
« donnez-moi, Monsieur le Duc, on est toujours
« maître de ne pas se laisser déshonorer....

« Rappelez-vous ce que j'ai eu l'honneur de vous
« dire dans mon cabinet, et mes avis sur le tort que
« vous faisaient des protecteurs, qui n'affectaient de
« chercher à vous servir que pour vous détruire
« effectivement dans l'esprit de la Nation, et vous
« compromettre aux yeux des sujets par les bontés
« même du maître.

« J'aimerais mieux, à votre place, me réconcilier
« avec mes ennemis, que de continuer à être défendu
« par de pareils amis. Que produiront aujourd'hui,
« après un si triste aveu, tous nos imprimés? Je le
« vois avec désespoir, Monsieur le Duc, mais vous
« ne ferez plus revenir le public.

« Je vais travailler pourtant à la réponse au Parle-
« ment de Rennes : je vous défendrai; je vous justi-
« fierai encore comme vous êtes digne d'être défendu
« et justifié. Mais à quoi vous servira ma plume, si
« l'autorité vous trahit?

« Je suis », etc.

Linguet avait beaucoup à faire pour défendre, avec
quelque succès, son client et lui-même contre les
fureurs des magistrats bretons.

A Rennes, il n'était point de jour où le Parlement
en colère ne brûlât quelqu'un de ses plaidoyers, ou
leur auteur en effigie. On nommait des commissaires qui avaient pour mission de rétorquer notre
avocat et de l'accabler d'anathèmes. Ils ne s'acquit-
taient point trop mal de cet office, si l'on en juge par
l'échantillon suivant :

« Dans le mémoire pour M. le duc d'Aiguillon,
« nous voyons, disaient-ils, la suite et le développe-
« ment des erreurs d'un écrivain que la France voit
« depuis quelques années s'attacher dans toutes ses
« productions au soin de réduire le despotisme en
« système; qui regarde l'esclavage comme le premier
« principe de la société civile; qui n'a pas craint
« d'avancer comme une vérité qu'il n'y a point de loi
« fondamentale; que tout en politique dépend de la
« force et du hasard!...

« Vous frémissez, Messieurs! ajoutaient les com-
« missaires. Nous n'examinerons pas à quel degré un
« écrivain se rend coupable aux yeux de son siècle,
« lorsqu'il abuse de la facilité dont l'aura doué la
« nature, et du présent qu'elle lui aura fait d'une
« imagination vive et brillante, pour tenter de cor-
« rompre, par des maximes aussi fausses et aussi bar-
« bares, les sources de la félicité publique! Nous nous
« contenterons d'observer que l'on ne fait jamais de
« tels outrages à l'humanité, que l'opinion publique
« n'en fasse justice[1]. »

Nous voilà bien loin de d'Aiguillon, des griefs de
La Chalotais, et même du poison de l'abbé Clémenceau!

Ces emphatiques billevesées, si étrangères au
procès même, auraient fait sourire tout autre que
Linguet : elles l'exaspérèrent. En vain, un arrêt du
Conseil[2] supprima les élucubrations des commissaires de Bretagne. Linguet ne fut pas consolé, et,

1. Collection Gaultier du Breuil, t. XLI. Observations sur
l'imprimé intitulé *Réponse des États de Bretagne au mémoire
du duc d'Aiguillon.*
2. Rapporté au vol. 41 de la Collection Gaultier du Breuil.

point par point, il s'acharna à répondre. Il se livra à de tels excès de travail que, malgré sa prodigieuse résistance physique, il tomba malade et dut enfin se retirer à la campagne, à Luciennes, à l'heure même où s'accomplissaient les derniers événements qui précédèrent la chute de Choiseul et la destruction des Parlements.

Les lits de justice se multipliaient. Le 7 décembre, le duc d'Aiguillon osait braver la robe et prenait place aux sièges des Pairs.

Six jours après, le 13 décembre, le Parlement interrompait le cours de la justice, et, malgré les ordres du roi, refusait obstinément de siéger. Enfin, le 24 décembre, Choiseul recevait son congé, et; à la fin de janvier, les magistrats étaient exilés à leur tour.

« Quoi! les bœufs-tigres pleurent! écrivait Voltaire
« enchanté. Les meurtriers du chevalier de La Barre
« ont donc pleuré! On ne juge donc plus de procès?
« Les plaideurs sont réduits à la dure nécessité de
« s'accommoder sans frais? »

Les plaideurs avaient grand'peine, parait-il, à se plier à cette dure nécessité; car les parlementaires qui, à ce moment étrange, semblaient représenter les idées libérales, emportaient avec eux la faveur publique, et se voyaient parés d'une auréole de martyre.

Le triumvirat qui arrivait aux affaires : Maupeou, Terray et d'Aiguillon, était universellement décrié, et de ces trois personnages, d'Aiguillon était le plus haï.

Son extrême impopularité était la cause, ou le prétexte, de singuliers retards à son entrée au Ministère des affaires étrangères.

Soit qu'on voulût laisser à l'opinion le temps de se calmer, soit que Maupeou fît un suprême effort pour couronner son œuvre en se substituant à Choiseul, le roi ne nommait pas l'ancien gouverneur de Bretagne au poste qui lui semblait réservé.

Le chancelier s'exprimait en termes cyniques sur le procès qui n'était qu'assoupi :

« Les pièces sont là, disait-il en montrant son car-
« rosse, elles me suivent partout, comme les sceaux,
« à Compiègne, à Versailles, à Paris, à Fontaine-
« bleau; je peux quand je voudrai recommencer la
« procédure. »

Plus tourmenté, plus jaune que jamais, le duc pressait Linguet de poursuivre son œuvre, de le disculper dans de nouveaux écrits, de faire un suprême effort pour retourner l'opinion publique. Il lui commandait un Mémoire qui devait être « une pluie d'or pour son « prix et d'eau bouillante pour ses effets ».

VI

L'avocat, las et découragé, hésitait. Il ne croyait maintenant ni au succès de son œuvre, ni à la reconnaissance de son client. Depuis les scènes du 27 juin et du 3 septembre, depuis l'abandon total et définitif de son plan de justification judiciaire, il avait perdu tout espoir de ramener les esprits, et il souffrait cruellement des injures personnelles, des agressions de toute sorte que ce procès lui avait attirées.

Quant aux bienfaits dont le duc prétendait l'accabler en récompense de son zèle, Linguet était, à bon droit, fort sceptique.

La duchesse d'Aiguillon lui avait dit elle-même
« qu'il ne fallait pas compter sur la reconnaissance
« de son fils, que quand il se serait mis dans l'em-
« barras pour lui, il ne l'en tirerait pas [1] ».

Linguet était fort troublé par ces propos d'une mère
si exactement renseignée sur l'âme de son client.

Ses amis, d'ailleurs, le fatiguaient en lui demandant
quelles marques il avait reçues de la reconnaissance
du duc, pour se décider ainsi à tout braver pour lui.

« Enfin, ajoute-t-il dans son récit de l'*Aiguilloniana*,
« c'était le moment où, d'après l'intérêt que prenait le
« duc d'Aiguillon aux événements qui se passaient, on
« m'y attribuait la plus grande part : on me regardait
« comme l'écrivain de M. le chancelier de Maupeou ;
« on me supposait l'auteur de la Révolution, et de
« presque tous les écrits publiés pour la justifier [2]. »

Le 18 mars 1771, Linguet se décida à écrire au duc
une lettre fort maladroite qui nous fait entrer de plain-
pied dans le second acte de ce récit, dans l'acte des
récriminations et des demandes d'honoraires.

L'âpreté de Linguet, dans ces questions, était égale
à son dévoûment pour les causes dont il acceptait la
défense.

Ce n'est point que sa cupidité, que son ardeur au
gain fût plus vive que celle de la plupart de ses confrères du barreau ; mais l'art de demander et d'obtenir
avec adresse lui était absolument étranger.

L'emportement et la rage de sa nature se rencon-
trent dans ses revendications pécuniaires comme dans
tous les actes de sa vie.

1. *Aiguilloniana*, p. 32.
2. *Ibid.*

Un autre eût tout gagné : de l'argent, des places,
des pensions, et l'Académie elle-même, à la défense
du duc d'Aiguillon.

Lui n'y gagna, avec quelques louis, que des injures,
des ennuis, des disgrâces de toute sorte, et surtout le
funeste renom d'un quémandeur sans frein et sans
délicatesse.

« Monsieur le Duc, écrivait-il le 18 mars, vous savez
« si jamais je vous ai importuné par la moindre solli-
« citation pour moi et pour les miens. La seule,
« l'unique demande que j'aie osé hasarder dans ces
« derniers temps, a été de *pouvoir donner une édition*
« *de mes ouvrages* : elle m'aurait produit un fonds
« dont j'avais besoin pour moi et pour mes frères ; je
« n'en ai caché le motif ni à vous, ni à M. le chance-
« lier : je lui ai écrit sur cet objet pour la première
« fois de ma vie : il m'a répondu par une froide
« ironie.... »

La réponse, connue plus tard, mérite d'être rapportée. Maupeou dit à Linguet « que, ses ouvrages
« étant l'éloge du despotisme, il ne pouvait, lui,
« chancelier, en autoriser la réimpression ».

« Quant à la fortune, continuait Linguet, je suis
« l'unique appui de ma famille; je tiens lieu de père
« à mes frères et sœurs, restés en bas âge, orphe-
« lins comme moi... Je ne vous demande point de
« places. Il n'y en a guère qui me convinssent : je
« ne suis propre à rien de ce qui s'appelle emploi.
« Il me faut un azile : plus il sera champêtre et
« éloigné, plus il me conviendra. Or il ne tient qu'à
« vous de me le procurer; vous avez dans mon pays
« la terre de Montcornet, à laquelle vous êtes peu
« attaché; vous ne la considérez que comme un objet

« de revenu ; il vous est possible de me faire un sort,
« sans amoindrir ce revenu, qu'autant que vous le
« voudrez. Il est fixe, il consiste en bois dont l'exploi-
« tation est aisée, et le produit connu : assurez-m'en
« l'admodiation pour le reste de mes jours, par une
« vente à vie qui m'en fasse du moins un lieu où
« je sois certain de vivre paisible. Vous savez ce
« qu'elle vous rend annuellement ; le sacrifice que
« vous voudrez faire sur cet objet excitera ma recon-
« naissance ; et quel qu'il soit, il suffira à mon ambi-
« tion.... Cela me vient d'autant mieux que je suis
« propriétaire, en partie, du greffe de l'élection dans
« le ressort de laquelle Montcornet est situé [1]. Ainsi
« je me trouverais dans ce pays à l'abri de bien des
« vexations attachées au nom de roturier [2]. »

D'Aiguillon fit la sourde oreille. Il fit répondre
« que la proposition de Montcornet n'était pas fai-
« sable ; qu'il avait des créanciers ; que le bruit
« d'une vente de sa part les allarmerait, mais qu'il
« avait à sa terre de Véret, près de Tours, une petite
« maison de chanoine qu'il venait d'acheter, et où
« son avocat était libre de se retirer quand il vou-
« drait ».

Linguet en pensa mourir de colère. Quoi ! on lui
proposait une « chartreuse humide, sans jardin, sans
« agrément, bonne tout au plus pour un chanoine

---

1. On sait que le greffe de l'élection de Reims avait appartenu
au père de Linguet.

2. *Aiguilloniana*, p. 41. « Voilà la proposition », ajoute Linguet
en note, « qui a été travestie dans le public d'une manière si
« cruelle par M. le duc d'Aiguillon et par ses amis. On se rappel-
« lera d'avoir entendu dire que je lui avais demandé une terre
« de 30 000 livres de rentes en propriété, avec menace, s'il ne
« m'en faisait pas le sacrifice, de révéler ses secrets. »

« Tourangeau, et qui n'avait de joli que son nom, le
« Château-Rose! » C'est là, dans ce trou à rhuma-
tismes, qu'on prétendait le confiner!...

Il aurait dû réfléchir que son client avait en effet
des finances fort en désordre; que, n'étant pas ministre, il ne possédait pas encore le moyen de les
rétablir par des exactions; qu'enfin le duc avait dû
songer avant tout à régler galamment les honoraires
de son principal avocat, et qu'il venait dans ce but
d'offrir à Mme du Barry un vis-à-vis, un équipage
de 52 000 livres « d'un goût et d'une richesse bien
« supérieurs aux voitures qui avaient été chercher la
« Dauphine à Strasbourg [1] ».

> C'est le char de la blanchisseuse
> De cet infâme d'Aiguillon,

disaient les chansons de Paris.

La blanchisseuse était donc payée; le blanchisseur
ne l'était pas encore. Il avait parlé trop vite et en
termes trop brusques.

Ces refus ulcéraient Linguet, mais malgré sa dé-
convenue il consentait encore à écrire pour son
ingrat client; et la guerre de plume, dans cet hiver
de 1771, se poursuivait acharnée entre l'avocat et
ses ennemis de Bretagne. Le public marquait les
coups.

Le 2 janvier, un arrêt du Conseil d'État du roi
avait supprimé « la Réponse des États au mémoire
« du duc d'Aiguillon ».

Bientôt Linguet rétorquait la Réponse que le Conseil avait supprimée; sa plume vertigineuse s'escri-

1. *Mémoires secrets de la République des lettres*, vol. 5.

mait sans relâche... et sans autre fruit qu'un nouvel et piteux acompte de cent louis.

Enfin, le 6 juin 1771, le duc triomphait de Maupeou. L'événement, en fin de compte, justifiait sa tactique, démontrait la supériorité de son plan dépourvu d'héroïsme sur le plan de son avocat. Il entrait, taché mais puissant, au Ministère des affaires étrangères.

Pour Linguet, l'heure des honoraires allait-elle sonner?

VII

Dès que le duc d'Aiguillon fut nommé ministre, Linguet alla lui faire son compliment. « Je trouvai, » dit-il, « non pas un homme enorgueilli, je lui dois « cette justice, mais un homme froid.... Je lui « déclarai la répugnance que m'inspirait mon état : « je lui insinuai que les affaires étrangères pouvaient « m'offrir une carrière avantageuse; que sachant l'es- « pagnol et l'italien, ayant en général quelque apti- « tude pour les idiomes étrangers, et aimant par goût « les voyages, je pourrais être de quelque utilité dans « les négociations.

« Il rejetta mon idée avec mépris; il me répondit « durement, *qu'on n'entrait pas ainsi dans la rou- « tine des affaires politiques; que je ne devais pas « m'attendre à être jamais employé dans son Tripot : * « ce sont ses termes [1]. »

L'avocat contint sa colère, mais ce dédain lui parut

1. *Aiguilloniana*, p. 51.

plus amer encore que les premiers refus qu'il avait essuyés.

Le duc était-il bien coupable? On ne voit guère un Linguet diplomate, souple, insinuant, secret! Avec le caractère que nous lui connaissons, n'eût-il pas bouleversé le *tripot* et incendié l'Europe? .

Et pourtant il sut faire au méprisant ministre une réponse bien curieuse, dont les événements devaient montrer la valeur.

On sait que le partage de la Pologne fut consommé en 1772 au détriment du droit, des intérêts les plus sérieux de la France en Europe, et à la honte ineffaçable du duc d'Aiguillon. Cette grave question était déjà pendante en 1771 au moment où le duc entrait au ministère.

Linguet l'avait étudiée. Il expliqua ses vues dans un mémoire, qu'il envoya à d'Aiguillon deux jours après le refus que ce dernier lui avait opposé.

Le mémoire fut accueilli aussi froidement que l'avait été son auteur. Or cet écrit, court et nerveux, que Linguet a publié plus tard dans ses *Annales* [1], présentait des vues justes et vraiment prophétiques sur la nécessité d'une intervention de la France, sur les dangers que feraient courir à « la balance de « l'Europe l'invasion aisée et certaine et la con- « quête de Pologne par ses voisins puissants ».

« Mes pressentiments, dit Linguet avec amertume, « ne produisirent aucun effet sur le duc d'Aiguillon, « ils ne le tirèrent, ni d'une sécurité funeste pour « la France, ni d'une ignorance honteuse pour un « Ministre de ce qui ne tarda pas à se tramer contre

1. *Annales politiques*, t. I, p. 113.

« la Pologne. Tout cela, ainsi que mon projet, était
« hors de la *routine* de son *tripot* [1]. »

Cependant, la France entière croyait Linguet dans
la plus haute faveur auprès de son client. « Si tous
« les particuliers, dit-il, qui sont supposés avoir du
« crédit, sont aussi cruellement harcelés que je l'ai
« été dans la courte durée de. cette méprise, ils sont
« bien à plaindre et le Ministère bien exposé. Quel
« monde que les grands, leurs confidens et ceux qui
« les implorent! Ces derniers sont encore les plus
« excusables; mais j'ai bien acquis le droit de les
« mépriser tous! »

Les poètes du Parlement défunt, leurs chansons
et leurs épigrammes trouvaient par dérision Linguet
fort désigné pour un poste de grande robe. L'un
d'eux disait :

> Chez Du Barry près de la Garde Robe
> Hier au soir notre Gouvernement
> Délibérait pour savoir dans la Robe
> Qui l'on prendrait pour faire un Parlement.
> D'abord, Linguet, c'est l'honneur du métier,
> Il faut qu'il soit président à mortier [2].

Linguet se montrait plus modeste!

D'abord il sollicitait, mais en vain, le Privilège
des *Gazettes étrangères* concédé jadis par le duc de
Choiseul à Palissot, et qui était au moment d'expirer.

Ensuite, il changeait ses batteries, et voulait être
secrétaire des Pairs, office vague, nul comme attributions, mais bien pourvu, et qui donnait droit à un
vaste logement dans le palais du Louvre.

1. *Aiguilloniana*, p. 5.
2. *Journal de Hardy*, année 1771. Manuscrits, Bibliothèque
nationale.

Hélas! il était-évincé au profit d'un de ses adversaires, de l'inévitable Suard qui s'était en temps utile
adressé à l'intrigant abbé Georgel [1].

Ensuite il convoitait la *Gazette de France*. Nouvel
échec! il voyait ce fructueux privilège concédé au
grotesque Marin, avocat au Parlement, censeur
royal, auteur d'une histoire de Saladin, et bien
moins connu par cet écrit que par le ridicule dont
l'a couvert Beaumarchais. Ce Marin, tremblant de
peur d'être déchiré par Linguet, lui écrivait, aussitôt
nommé :

« Et comment vous portez-vous? Vous savez qu'un
« personnage à qui nous sommes attachés l'un et
« l'autre vient de me donner la Gazette : je voudrais
« bien y placer votre nom à la queue ou à la tête, pour
« quelque charge bien honorable et bien lucrative. »

Malgré toutes ces déceptions, Linguet ne perdait
pas l'espoir. Le Duc semblait encore s'inquiéter de
sa fortune et l'encourager par son attitude bienveil-
lante à de nouvelles demandes. Linguet était reçu au
Ministère, on l'invitait à dîner.

Ces menues faveurs entretenaient ses illusions; il
guettait toutes les occasions, et sans cesse rebuté,
exaspéré et opiniâtre, il devenait menaçant et bientôt
haïssable. En suivant sa folle campagne, on fait le
tour des postes innombrables, des emplois, des siné-
cures fantaisistes qu'un ministre dirigeant pouvait,
sous la monarchie, distribuer à ses clients, à ses
amis, à ses créatures.

Odyssée lamentable et risible! et dont les épisodes

---

1. La lettre de Suard à Georgel pour demander ce poste nous
a été communiquée par M. le conseiller Horteloup. Elle fait
partie de sa collection d'autographes.

vieux de plus de cent ans marquent la plaie vive et
profonde dont notre temps n'est pas guéri.

Cette folie des places, cette fureur de vivre ou de
végéter par l'État, est un mal que l'institution monarchique a créé, propagé et accru dans des proportions
inouïes depuis Louis XIV jusqu'à la Révolution. Notre
république l'a-t-elle guéri?

Le pouvait-elle, et n'a-t-il point passé dans le sang,
dans les moelles de la nation?

Ce mal était, au XVIIIᵉ siècle, plus excusable qu'il
ne l'est aujourd'hui.

A cette époque, la fonction, l'attache au pouvoir
royal était nécessaire à l'individu, moins pour son
gain, pour la satisfaction de son ambition, que pour
sa protection et sa sauvegarde.

Il fallait à tout prix qu'il devînt un privilégié pour
résister à la masse étouffante des autres privilégiés,
à l'arbitraire des juges et aux caprices des commis.

Non classé, non placé, sans lien avec la Cour, avec
les ministères, comment un écrivain aurait-il tenu la
campagne? La sinécure, en apparence vaine, lui
tenait lieu de forteresse, lui donnait accès près des
grands, lui offrait, en cas d'alerte, quelque répit, un
sûr retranchement.

D'ailleurs la sollicitation, la mendicité la plus
répugnante, n'était-elle pas, du haut en bas de
l'échelle, le moyen normal et licite de se défendre
et de parvenir? En devenant les domestiques du roi,
les grands étaient devenus les centres d'une foule de
domesticités particulières. Toute la nation tendait la
main et le chapeau, et faisait la chaîne, du fin fond
des provinces jusqu'à la chambre du roi.

On sollicitait outrageusement, pour être nommé

ambassadeur, cardinal ou premier ministre; pour avoir ses dettes payées, pour être couché sur la feuille des bénéfices, pour obtenir une lettre de cachet contre une femme coquette ou contre un créancier gênant.

Il fallait, pour publier un livre, solliciter tout un monde d'employés, de bureaucrates, de courtisans, de censeurs royaux; on sollicitait les juges officiellement avec ses amis et ses proches.

Faut-il donc s'étonner que Linguet ait si souvent et si brutalement sollicité son client ministre, lorsque, huit ans plus tard, on voit Voltaire, dans sa gloire, mendier humblement, sans l'obtenir du reste, la suprême faveur d'être admis à Versailles, de contempler le roi?

Parmi les postes que Linguet ambitionna, il en est un, de nom étrange, qu'on est surpris de rencontrer en cette affaire, le poste d'*envoyé de l'Évêque de Spire*.

Cet emploi d'opéra-comique était fort sérieux quant au revenu. Il rapportait 12 000 livres.

Voici en quoi il consistait : plusieurs petits princes allemands entretenaient à Paris des chargés d'affaires qu'ils payaient grassement pour solliciter en leur nom, pour être leurs agents dans les bureaux et à la Cour. Ils laissaient ces chargés d'affaires à la nomination du ministère français.

Or l'envoyé de l'évêque de Spire venait de mourir, et d'Aiguillon, suivant la coutume, allait lui en désigner un autre, lorsque Linguet posa sa candidature.

Nouvel opprobre! on lui préféra l'abbé de Voisenon!

« Voisenon, s'écriait l'avocat, Voisenon, ce faiseur d'opéras-comiques ! »

Il oubliait, le maladroit, que Voisenon était un

homme en place, gentil, inoffensif, joyeux flatteur de tous les ministères, académicien, cela va sans dire, et même à ce moment directeur de l'Académie.

Enfin, après tant de déboires, Linguet réussit à se faire nommer « secrétaire du conseil des finances de « Monseigneur le comte de Provence ». Satisfaction minime et éphémère! A peine était-il désigné, que M. le duc de la Vrillière, ministre de la maison du roi, lui écrivait ce billet :

« Monsieur, je vous donne avis avec plaisir que « le Roi vous a accordé l'une des charges de secré- « taire du Conseil des Finances de Monseigneur le « Comte de Provence. Sa Majesté en a fixé la finance à « la somme de 4 000 livres; je vous préviens que vous « ferez chose agréable au Roi en remettant incessam- « ment cette somme entre les mains de M. de la « Ferté, trésorier général de la Maison du Prince, « qui est autorisé à vous en donner quittance.
Signé : « LE DUC DE LA VRILLIÈRE [1]. »

Linguet bondit devant cette exigence.

Quatre mille livres à verser au trésorier du comte de Provence! C'étaient donc là les honoraires; c'était la pluie d'or annoncée!

Cette fois, le duc d'Aiguillon se montra bon prince; son avocat fut dispensé gracieusement de « la « finance ».

Mais, aussitôt après cette algarade, Linguet n'eut rien de plus pressé que de s'enquérir de son nouveau

---

1. *Plaidoyer pour Linguet*, 1786.

poste, du rôle et des attributions, de l'importance que ce « secrétariat » allait lui conférer.

Dès les premiers mots on lui rit au nez.... L'emploi n'avait qu'une portée décorative.

Linguet, très offensé, s'empressa de le vendre, et en tira 7 000 livres. Cette somme, jointe à divers acomptes, lesquels formaient 400 ou 500 louis, représentait tout le salaire que l'avocat avait pu obtenir.

Après plusieurs mois d'affronts et de patience, Linguet se rendit un matin chez le duc et, du ton qu'on commence à connaître, le somma de tenir ses promesses.

« Vous êtes un ingrat », interrompit le ministre.

Et Linguet de riposter : « Sur quoi donc, Monsei-
« gneur, fondez-vous un tel reproche? »

« Ne vous ai-je pas fait dîner avec tous les ambas-
« sadeurs? » dit alors d'Aiguillon.

L'avocat, sur ce mot, prit la porte.

« Je cessai, dit-il, dès ce moment de paraître à sa
« table; je ne voulus plus d'un honneur qui me coû-
« tait si cher! »

Les incidents de la lutte étrange qui s'engagea à partir de ce jour entre le duc d'Aiguillon et son avocat sont trop liés à l'existence même de Linguet, à sa vie judiciaire et à sa vie politique pour qu'il nous soit possible d'en détacher le tableau.

A l'heure même où il s'acharnait aux sollicitations misérables et compromettantes que nous venons de raconter, Linguet était, sans conteste, le premier avocat de son temps.

Le procès de Bretagne lui avait fait une réputation

universelle. Pendant les années qui s'écoulèrent entre l'exil des magistrats et leur retour sous Louis XVI, nous allons le voir occuper la scène, fatiguer le Palais des échos de son nom, de sa gloire et de ses disputes.

CHAPITRE VI

(1771-1773)

Le chancelier Maupeou. — I. Un Parlement excommunié.
Avocats *du*; avocats *au*; la Saint-Martin de 1771; Linguet
est parmi les *rentrants*. — L' « aigle » du Parlement Maupeou. — II. L'affaire du marquis de Gouy d'Arsy; un procès
de séparation de corps dans le grand monde au xviii° siècle.
— III. Les griefs; un logement au Louvre; les toilettes de la
Marquise; le jeu de « Madame »; le chien « Zizi »; cause
gagnée. — IV. La duchesse d'Olonne. — Linguet et les traitants. — V. Mme de Bombelles; un mariage « au désert ».
M° de Vaucresson; Linguet réprimandé. — VI. Entrée en
scène de Mme Buttet; ses lettres à Linguet; début de leur
liaison; accusations de Brissot. — VII. Vifs démêlés de Linguet avec les Gens du roi; un *grand schisme* au Palais. —
Mlle La Caille. — Affaire de Bellegarde; première lettre de
cachet; Linguet est exilé à Chartres.

En tous pays on peut admirer d'utiles réformes et
de belles institutions qui sont dues à l'initiative de
gens peu recommandables. Les sages et les délicats
devisent du progrès, ils en caressent l'espoir, et vont
parfois jusqu'à l'appeler par des phrases assez violentes. Mais presque toujours il faut des aventuriers
pour passer à l'exécution. L'aventurier Maupeou fut
ainsi le premier et vigoureux créateur des institutions
judiciaires modernes.

Son œuvre, si éphémère en apparence, était l'assise indestructible d'un édifice qui semble encore fort loin d'être achevé; et tous ceux qui, depuis cent vingt ans, tendent, malgré les obstacles de toute sorte, aux réformes de la justice, ne font que s'avancer dans la voie largement ouverte par les « affreux édits » du chancelier Maupeou.

Une justice prompte, gratuite et rapprochée du justiciable, la vénalité de tous les offices abolie, le domaine du juge à jamais séparé du domaine législatif : ces idées-là naissaient à peine lorsque Maupeou eut l'insolence de les jeter d'un coup dans la réalité.

Dans cette révolution de Palais dont il fut vraiment l'âme, la volonté maîtresse, il eut pour auxiliaire son secrétaire Lebrun, futur consul, futur duc de Plaisance et archi-trésorier de l'Empire, qui devait réaliser sous Bonaparte une partie de l'œuvre tentée sous Louis XV.

Il fut aussi puissamment servi par Linguet qui avait souhaité, inspiré la réforme, qui allait donner la vie au nouveau Parlement par ses brillantes plaidoiries.

Tour à tour glorifié et honni, Linguet devait être le grand acteur, l' « aigle » du Parlement Maupeou avant de devenir sa victime. Proscrit enfin de ce nouveau prétoire, nous le verrons, malgré ses rancunes, juger avec sagesse et impartialité toute cette épopée de robe.

Aussi ne peut-on bien connaître les années qui s'écoulent entre l'exil et le rappel de l'ancien Parlement sans avoir recours aux documents que Linguet a laissés.

Et plus que tous ces documents : plaidoyers ou

libelles, mémoires, articles de journaux, la vie même de Linguet, sa vie ardente et troublée, est, pour cette période historique, féconde en renseignements.

I

A l'heure où s'accomplirent les premiers actes de la révolution Maupeou, Linguet n'était pas à Paris. On sait que, dans la nuit du 19 au 20 janvier, chacun des magistrats du Parlement reçut la visite de deux mousquetaires qui lui présentèrent une lettre de cachet.

Cette nuit-là, Linguet dormait à Louveciennes, dans un pavillon qu'il avait loué, disait-il, pour se retirer du monde.

Fort aigri contre le duc d'Aiguillon, il ruminait les injustices dont il se croyait accablé et travaillait à différents ouvrages. Mais les événements allaient bientôt l'obliger à sortir de sa retraite.

A la suite de l'exil des Parlementaires, la vie judiciaire fut d'abord suspendue. Les chansons *antichancelières* annoncèrent que cette interruption ne prendrait fin qu'au retour des anciens magistrats. Les nouveaux, mis en interdit, virent leurs audiences désertes. Mais les plaideurs n'allaient-ils pas perdre patience? L'exil du Parlement ne pouvait suspendre indéfiniment le cours des procès et des disputes de ce monde. Sans Linguet qu'allaient devenir ces clients d'importance : la jolie Marthe Camp, vicomtesse de Bombelles, et le marquis de Gouy d'Arsy, et le fameux Charles de la Molette, comte de Morangiès?

Fallait-il accepter les causes retentissantes de tant de hauts plaideurs, ou bien imiter ses confrères, s'abs-

tenir avec tout le barreau de paraître aux audiences
du nouveau Parlement [1]?

Le Palais était un désert. « Le Parlement ne jugea
« plus, écrit Linguet : les avocats ne plaidèrent, ne
« consultèrent plus : les oisifs qui s'occupent de ce
« genre de combats; les familles dont la fortune et
« le repos en dépendent, les officiers dont la subsis-
« tance y est attachée, étaient autant d'ennemis que
« cette interruption devait donner au chancelier. Rien
« ne ressemblait mieux à la forme adaptée autrefois
« aux excommunications, quand le service divin ces-
« sait dans toutes les églises, quand on voilait les
« images des saints, quand tout ce qui touche au
« sacerdoce s'interdisait scrupuleusement le moindre
« exercice du ministère. »

Cette comédie dura quelque temps. Enfin le chancelier dut y mettre un terme, et fabriquer à la hâte
cent *avocats-procureurs*, investis de la double mission de plaider les procès et de faire la procédure.

Dans la liste de ces officiers sans prestige, le public
ne trouva que des noms inconnus : des « Poussepin »,
des « Pincemaille », sous la direction de l'obscur syndic
Menassier. Et l'idée de Maupeou de confondre les
fonctions de procureur et d'avocat n'excita qu'une
gaîté railleuse dans les armées de l'ancien Palais.

C'était là cependant une idée juste et féconde, destinée peut-être au plus grand avenir.

1. Pour la clarté du récit, nommons parmi les membres du
nouveau Parlement : messire Bertier de Sauvigny, premier
Président; MM. de Nicolaï et Le Prestre de Châteaugiron, présidents à mortier. Les gens du roi sont : M. Jacques de Vergès,
avocat général; M. Joly de Fleury, Procureur général, neveu du
Procureur général de l'ancien Parlement; M. de Vaucresson,
avocat général.

Les avocats-procureurs furent inscrits sur l'Almanach royal comme avocats *du* Parlement, tandis que leurs confrères du vrai et pur barreau s'intitulaient avocats *au* Parlement. Et les sarcasmes de pleuvoir sur les avocats *du*, tandis que la nation tressait des couronnes pour les avocats *au*.

Linguet, dans ces premiers moments, agit avec prudence, se montra réservé. Il ne figurait pas, cela va sans dire, sur la liste des cent avocats *du*; il regardait venir, favorable à la Révolution, mais trop surveillé, trop entouré de haines vigilantes pour pouvoir rien brusquer.

Malgré tant de sagesse, les libelles et les chansons lui prêtaient une attitude hostile au Parlement exilé.

« Je m'étais confiné, écrit Linguet[1], dans une chétive
« maison que j'avais louée à quatre lieues de Paris.
« Tandis que j'y essayais dans la solitude de me dis-
« traire de mes douleurs présentes et de mes craintes
« pour l'avenir, on me déchirait, on me calomniait
« à Paris. On me présentait comme le détracteur de
« la magistrature, le déserteur de mon ordre. On me
« dévouait à des ressentiments redoutables en m'at-
« tribuant des productions que je n'ai même jamais
« lues. J'allais me retirer au fond d'une province,
« quand la Saint-Martin de 1771 arriva. »

Cette Saint-Martin, époque ordinaire de la rentrée des tribunaux, avait été précédée de grands conciliabules entre le chancelier et 28 avocats. Le barreau, comme Maupeou l'avait prévu, se trouvait pris par la famine, il se décidait à plaider.

---

1. *Réflexions pour M. Linguet, avocat de la comtesse de Béthune. (Mémoires et Plaidoyers*, t. IX, p. 23.)

Plus de 300 jurisconsultes vinrent prêter serment le 11 novembre 1771, conduits par le « célèbre Étienne ».

Tout le reste suivit, et Gerbier lui-même finit par capituler, à la suite d'un curieux incident.

L' « aigle du barreau » possédait, pour son malheur, deux sœurs d'un jansénisme exalté. Le bonhomme Hardy raconte que ces deux demoiselles, avec d'autres personnes de leur connaissance, furent arrêtées en septembre 1771 à la barrière d'Enfer pour avoir voulu faire pénétrer en contrebande des libelles contre le chancelier.

Elles couchèrent à la Bastille, et Maupeou, ravi de l'aventure, s'en servit pour ramener Gerbier.

En vain les libelles clamèrent aux « rentrants » :

> Plaidez! mais pour punir votre race parjure,
> Avec les procureurs, enfans de l'imposture,
> Soyez tous confondus!

Malgré ces véhémentes apostrophes, le chancelier put voir, à la fin de l'année 1771, le barreau pacifié, les audiences garnies, la ruche judiciaire en pleine activité.

Linguet n'avait pas fait partie des 28 avocats rentrés les premiers au bercail, mais il fit partie des 300; et, à peine installé à la barre du Parlement Maupeou, il s'empara du premier rang : trop supérieur aux Gerbier, aux Étienne, pour ne pas les éclipser, trop violent et trop malhabile pour faire accepter ses triomphes.

Jusqu'à l'heure où nous sommes, jusqu'au début de l'année 1772, Linguet, nous l'avons dit, n'avait point parlé en public. Il avait été un avocat « écrivant », en ce temps exquis de chicane où toute la procédure au Parlement, et surtout à la Grand' Chambre, se faisait par écrit.

Cette procédure écrite était la source d'effroyables abus. Par elle s'édifiait la scandaleuse fortune des rapporteurs : des Terrai, des Sahuguet d'Espagnac.

Le règlement du Parlement Maupeou restreignait l'instruction par écrit. Il fallait donc plaider : circonstance délicate pour l'avocat du duc d'Aiguillon !

Il avait, il le dit lui-même, un extérieur peu avantageux, avec une voix à laquelle il ne soupçonnait ni étendue, ni flexibilité. Ses amis le détournaient de l'aventure. Mais, dit-il, « un instinct secret l'emporta « sur leurs représentations ».

Il plaida donc, et avec un tel succès qu'il fallut employer des gardes pour écarter et contenir la foule de ses auditeurs.

Quel succès pour le chancelier, qui gémissait, si peu de temps auparavant, de voir ses audiences désertes ! L'affluence était énorme maintenant ; mais un autre danger surgissait, et ce danger était la nature même de l'éloquence violente, impitoyable du « nouveau Cicéron ».

Il avait d'étonnantes trouvailles. Un jour, plaidant contre Gerbier, il exposait la cause d'un fermier battu par son seigneur, et se trouvant, par suite de cette violence, privé d'un bras qu'on avait dû amputer.

Gerbier plaida le premier, et, cela va sans dire, fut *sublime* ! Linguet, se levant pour répondre, joua l'enthousiasme, et déclara n'avoir jamais entendu aussi merveilleux discours.

Son client lui-même, ajouta-t-il en se tournant vers le fermier, était transporté d'admiration et brûlait d'applaudir.

« Hélas! le pourrait-il?... Un bras lui manque! »

On devine l'éclat de rire! Linguet excellait ainsi à dégonfler d'un leste coup d'épingle, les boursouflures oratoires de ses rivaux. Mais sa gaîté, on le verra bientôt, n'était pas tous les jours aussi inoffensive.

C'est dans l'affaire du marquis de Gouy qu'il fit ses débuts à la barre.

Cette affaire de séparation de corps au siècle dernier, dans le grand monde de la cour, est fort curieuse par elle-même; mais elle a surtout l'avantage de nous montrer mieux que toute autre les qualités de Linguet avocat. Nous y verrons combien sa parole nette et précise diffère, non seulement de la langue du Palais de son temps, mais même de ce qu'on a coutume aujourd'hui encore de nommer l' « éloquence judiciaire ».

II

Celui qui, le premier, disposa une salle d'audience comme une salle de théâtre, plaçant les juges sur une estrade, et ménageant à quelques pas d'eux, à bonne distance oratoire, la tribune des hommes éloquents qui font profession d'expliquer en public les querelles d'autrui; celui-là, en un mot, qui inventa l'éloquence judiciaire, n'est peut-être pas un bienfaiteur de l'humanité.

Ce n'est pas certes que la parole libre et publique n'ait pu servir et ne serve encore le droit; mais il

semble que la publicité et la liberté du débat ne souf-
friraient pas de certains retranchements dans ces
pompes verbales dont le prétoire moderne est encore
tout encombré. Même aujourd'hui, où le verbe judiciaire se fait plus net et plus court, la justice et la
vérité gagneraient à ce qu'on retranchât d'un commun
accord les neuf dixièmes des mots qui se profèrent
dans les audiences. La justice serait mieux servie,
la vérité serait peut-être mieux respectée, si les
choses allaient avec moins d'emphase, d'abord en
écrits substantiels précisant le point à juger, ensuite
en quelques mots fort simples, échangés de près
entre honnêtes gens.

Quoi qu'il en soit, il y a une « éloquence judiciaire »;
elle a son Dieu, ses temples, son histoire. Sans doute
elle varie, se met au train du monde, mais lentement,
comme à regret : protégée par la loi du silence qui
règne dans ses palais, elle n'éprouve de joie exquise
qu'à se cambrer à la romaine dans les plis de la
toge antique que Cicéron lui légua. Quelquefois elle
fait la moderne, elle affecte du bout des lèvres la
netteté et la simplicité, mais cela n'est pas dans son
essence; et le frémissement des jeunes cœurs appartient malheureusement encore aux fabricants d'harmonieuses cadences, aux diseurs de riens arrondis.

Ce qui plaît dans ce singulier Linguet, c'est la
clarté de la parole, courant au but, sèche et vibrante,
sifflant comme une balle, pressée de faire mouche
au cœur de l'ennemi. Ce qui charme dans ce méchant
homme, c'est le contraste extraordinaire de sa parole
sobre et précise, de son goût des faits, des documents,
avec la grandiloquence des Gerbier, des Target et
autres dieux du barreau de son temps.

Le contraste est si vif que c'est à n'y pas croire.
Quoi! voilà des détails familiers, précis, faisant
surgir à nos yeux un milieu, des personnages! Voilà
des êtres humains qui s'aiment, se haïssent, se dis-
putent passionnément! Et Linguet, en nous peignant
ces êtres, élimine les traits qui leur sont communs
avec d'analogues types sociaux, nous les montre
dans leur atmosphère spéciale, marqués de leur trait
personnel.

Mais voyons-le à l'œuvre dans le procès du marquis de Gouy.

La marquise est demanderesse. Elle veut être
séparée, et son mari, pour qui plaide Linguet, ne
veut à aucun prix de la séparation. Ce mari, si l'on
croit la marquise, est « un tyran, un despote, un
« harpagon, un monstre, un tigre, un lion ».

Tous ces mots-là ne diffèrent guère de ceux qu'on
voit figurer dans les requêtes d'à présent, quoique, à
vrai dire, ils semblent plus littéraires, moins grossiers que les expressions en usage dans les ménages
désunis de la haute société de notre temps. Mais
laissons là les adjectifs pour venir aux griefs de
l'épouse, et aux tableaux variés de la vie conjugale.

Le marquis de Gouy d'Arsy figure à l'Almanach
royal de 1769, dans la liste des maréchaux de camp.

« Il a eu pour aïeule [1], dit Linguet, une femme
« attachée dans tous les temps à la famille royale :
« la dame de Lalande, sous-gouvernante du Roi, et
« ensuite de tous les enfants de France.... Quand
« cette dame s'est retirée de son service, la personne
« à qui sa place fut donnée, en laissait une vacante

---

1. *Mémoires et Plaidoyers*, t. VI, p. 155 et suiv.

« auprès de Mesdames, et le Roi eut la bonté d'an-
« noncer à la dame de Lalande qu'il l'accordait à la
« femme qu'épouserait son petit-fils. Ce petit-fils, le
« marquis de Gouy, fixa son choix sur la demoiselle
« de Rivié, veuve du comte de Vérac. »

Auquel des deux époux cette alliance était-elle plus avantageuse?

Le marquis possédait, avec l'honneur de commander un régiment, et la place auprès de Mesdames, trente mille livres de rente, en beaux domaines picards; la demoiselle Rivié n'avait point d'aussi grands biens; mais, en revanche, elle possédait, c'est Linguet qui en convient, des vertus « qui « sont des trésors plus précieux que les richesses ». Aigrie maintenant, ajoutait-il, elle n'a rien négligé pour faire de son mari un portrait injurieux et difforme. Mais « le Marquis se gardera bien de repré- « sailles. Il se fait un plaisir de rendre justice à une « femme qu'il a si longtemps adorée; elle a un esprit « vif et délicat, une âme sensible », etc., etc. En un mot c'est une femme accomplie, que M. de Gouy a aimée passionnément pendant vingt-deux ans, de 1749 à 1771.

D'une union si douce, cinq enfants sont nés (trois ont survécu, parmi lesquels une fille en âge de se marier), quand tout à coup une étrange révolution s'est faite dans l'âme de la marquise :

« Dans l'âge, dit l'avocat, où l'amour, mûri par les
« ans, prend la forme de l'amitié; au moment où
« l'amour conjugal devient un sentiment profond
« qui a toutes les douceurs de la passion sans en
« avoir les périls, il se dénaturait chez la dame de
« Gouy : il se métamorphosait en un goût impé-

« rieux pour l'indépendance.... La dame de Gouy
« crut, alors, ou feignit de croire qu'elle n'était
« plus aimée.

« Tout a ses inconvénients dans la vie. Cette exces-
« sive sensibilité, cette imagination enflammée qui
« rendait ses lettres si piquantes, et son commerce si
« délicieux quand elle le voulait, tenaient, chez la
« Marquise, à un tempérament faible, à des organes
« d'une délicatesse excessive, qui la rendaient sujette
« à des maux de nerfs presque continuels. Ses lettres,
« en 1756, sont remplies de détails attendrissants sur
« ce genre d'infirmité qui l'accablait; elle y avoue
« naturellement que ce sont des vapeurs. »

Des vapeurs! Le grand mot est dit, et avec quelle
ironique réserve! — De ces vapeurs de la marquise
vont se dégager tous les chimériques griefs qui l'ont
portée à l'extrémité d'une demande en séparation.

Ces griefs sont fort exactement classés dans la
requête de la demanderesse sous quatre étiquettes :
emportement, avarice, mépris, diffamation.

A l'audience, on y a joint l'irrégularité des mœurs;
et même des « excès licentieux »; mais ceci « ne résiste
pas à l'examen ». On n'a rien prouvé contre le marquis au point de vue des mœurs, et même on n'a
rien allégué. D'ailleurs, « qu'on admette un instant
« que le Marquis ait eu plusieurs maîtresses, ou
« une seule, ce qui serait plus grave. Est-ce là, sui-
« vant le droit, un grief que sa femme puisse invo-
« quer en justice? »

Linguet, sur ce point délicat, s'en rapporte à un
jurisconsulte peu suspect à la dame de Gouy : à son
défenseur même, qui n'est autre que Gerbier. Celui-
ci s'exprimait ainsi dans une cause où il s'agissait

d'un concubinage public, avoué par le mari même :
« C'est ignorer nos mœurs et nos principes »,
disait-il, « que de regarder le concubinage de la part
« du mari comme un moyen de séparation. La femme
« dans aucun cas n'est admise à se plaindre de
« l'adultère du mari. » Laissons donc ce chapitre
des mœurs du marquis et passons au premier grief :
les prétendus emportements de l'époux.

« Est-il possible, s'écrie la dame dans sa plainte,
« que je ne sois pas la plus malheureuse des femmes,
« avec un mari furieux envers tout le monde, rempli
« de hauteurs et de mépris, plus avare qu'Harpagon,
« incapable d'humanité et de tendresse? »

Or, loin que le marquis « massacre ses valets » et
« éloigne tous ses amis », Linguet démontre que
M. de Gouy est entouré de vieux amis et de vieux
domestiques.

Quant aux domestiques, l'avocat entre dans les
détails. « Il a deux cochers, dont l'un est à ses gages
« depuis 18 ans; l'autre, depuis 28; et un postillon
« qui le mène, depuis 18; son cuisinier le sert
« depuis 26 ans; son valet de chambre depuis 19,
« son maître d'hôtel depuis 36. La femme de celui-ci,
« devenue gouvernante des enfants, depuis 24; une
« autre femme qui a passé à sa fille, depuis 18.
« ....Voilà donc cet homme furieux, dont chaque mou-
« vement porte la mort ou l'effroi dans la maison. »

Ah! la marquise a été imprudente en se plaignant
du caractère féroce de son époux! Que lui écrivait-
elle, en 1752, le 28 octobre, après trois ans de
mariage? « Autant par plaisir que par justice, j'en
« conviens de bonne foi, cher ami, vous êtes doux
« comme un agneau. »

Voilà de ces certificats qu'une plaideuse en séparation se mord les doigts d'avoir signés! Alors surtout que le même billet, après avoir loué la douceur
de l'époux, confesse les défauts de la dame :

« La jolie lettre que vous m'avez écrite, en réponse
« à mon aigrelette épître, m'aurait fait découvrir
« cette douceur en vous, si je ne l'y avais pas
« trouvée depuis longtemps. »

Et ce n'est pas tout! Le 13 juin 1758, elle écrit
encore : « J'ai laissé ta maman fort bien pour la
« santé, et tout au plus satisfaite de la lettre du
« Général.... Elle me l'a montrée, il y dit mille biens
« de toi, et surtout de ta modération. »

Ailleurs nous lisons : « Tu es aussi charmant, mon
« roi, que je suis haïssable.... En réponse de ma
« lettre de furie, j'en ai reçu une de toi, toute ado-
« rable, hier à cinq heures du soir, quand j'eus quitté
« Madame. Malheureusement, le tome second de ma
« fureur était parti déjà.... »

« A qui, d'après ces particularités, conviendrait
« le reproche d'emportement? dit Linguet; à quelles
« inductions donnerait ouverture le rapprochement
« de ces lettres, si l'engagement qu'a pris le Mar-
« quis d'éviter tout ce qui pourrait blesser sa femme,
« son ancienne amie, ne lui fermait la bouche? »

Le fait est que ces lettres sont tout à l'honneur du
mari; et (il faut l'ajouter aussi) à l'honneur de la
femme qui s'accuse avec scrupule de quelques accès
de mauvaise humeur. En vérité, voilà, sous Louis XV
et à la Cour, dans le plus grand monde, un ménage fort
exemplaire, et uni par la plus bourgeoise tendresse!

Les enfants naissent, la marquise ne va point dans
les sociétés; elle rentre en hâte auprès de l'époux

quand elle a fini son service auprès de Madame. Elle
n'aime pas la toilette et s'habille pour ses sorties
« avec de la gaze ornée d'argent faux ».

Chaque départ du marquis pour l'armée est le
signal de mille billets tendres; la marquise ne l'appelle que « mon roi », ou « mon cher amour », ou
« mon cher enfant », avec des douceurs dont voici
un échantillon :

« Que de révolutions dans un moment, mon cher
« enfant! Tu m'as fait mourir de plaisir ce matin,
« et dans cet instant tu me fais mourir de douleur.
« Dans ce même temps que chacun de mes senti-
« ments me rapproche de toi, chaque pas que tu fais
« t'en éloigne. »

Et on voyageait si vite en ce temps-là! La marquise
calcule que, depuis la veille, le tendre époux a fait
au moins quarante lieues de chemin! Aussi a-t-elle
les yeux baignés de larmes; et elle conclut ainsi :
« Je te baise mille fois, mon cher cœur. Toi seul me
« fais aimer la vie. »

Peu à peu cependant, et avec les années, les petites
lettres changent de ton, mais doucement, par des
nuances.

« Adieu, écrit la marquise, car ma patte est lasse,
« et j'étouffe de chaud. Au nom de Dieu, ménagez-
« vous, si vous m'aimez comme vous le dites.... »

La note est encore affectueuse; mais voici l'officielle politesse succédant aux câlineries :

« Conservez bien votre santé, Monsieur, amusez-
« vous, et croyez, je vous prie, que les vœux que je
« fais pour votre bonheur sont bien étendus, puis-
« qu'ils sont proportionnés aux sentiments que vous
« me connaissez pour vous. »

La formule n'est plus amoureuse! Linguet a bien noté ces différents tons.

« Pendant quinze ans, dit-il, c'est la tendresse,
« l'intimité la plus entière. Ce n'est qu'en 1764
« qu'elle commence à varier un peu et qu'aux
« expressions familières elle substitue des termes
« plus gênés. Le Marquis devient *vous* pour elle,
« mais il reste le *cher ami*; peu à peu le *cher ami*
« disparaît et fait place à *Monsieur*. »

Pourquoi ce changement? Voyons si les griefs allégués par Mme de Gouy nous en donnent une explication suffisante.

III

M. de Gouy, comme le prétend la plaignante, s'est-il montré « plus avare qu'Harpagon »?

Cela n'est que trop vrai, dit-elle. N'a-t-il pas obligé sa femme à s'établir au palais du Louvre dans un logement qu'elle a occupé jusqu'en 1767? Et quel logement? Un taudis!

« J'étais, dit la marquise, dans une prison infecte,
« reléguée à la pointe d'un édifice immense, réduite
« à monter 80 marches pour gagner mon odieux
« repaire; et après cette cruelle escalade, je ne trou-
« vais qu'un bouge indécent, sans meubles, sans
« commodité d'aucun genre. C'était une espèce de
« tombeau construit au milieu des airs; et c'est le
« dernier degré de la plus criminelle parcimonie
« que d'y avoir détenu quinze ans une femme comme
« moi. »

A ce tableau, ne dirait-on pas que le marquis avait logé sa femme à la Bastille et non au Louvre?

Demandons à Linguet la description véritable de cet appartement, que l'aïeule du marquis, Mme de Lalande, sous-gouvernante du roi, avait occupé jusqu'à l'âge de quatre-vingt-huit ans :

« Quel est donc ce logement[1] », s'écriait notre avocat, « dont la marquise parle avec tant de mépris et « de ressentiment? C'est celui qu'occupait au Louvre, « dans le temps de sa splendeur, la reine Marie de « Médicis, mère de Louis XIII. Il n'est pas possible « d'en trouver dans tout ce palais un qui soit ou « plus agréable, ou plus ouvert, ou plus commode. « Il reçoit le jour et l'air par dix vastes croisées sur « la grande cour du Louvre, et autant sur le quai, « et par conséquent sur la rivière. Il est composé de « plus de trente pièces, toutes élégamment distri- « buées, plus élégamment meublées, avec des boi- « series, des peintures, des glaces, des bains; enfin « tout ce qui annonce la recherche et la somptuo- « sité. »

Une « salle de bains » au Louvre, en 1760, cela semble en effet chose bien rare et bien somptueuse! Nous aurions cru le Louvre aussi mal pourvu que Versailles de ce genre de commodités, et nous nous demandons si Linguet, entraîné par sa cause, n'a

---

1. Sur cette question du logement au Louvre, Gerbier souleva un incident. Linguet en plaidant avait évalué à 30 le nombre des marches de l'escalier qui donnait accès à l'appartement, Gerbier protesta vivement. Pour lui, l'escalier avait 80 marches, il les avait montées et comptées! Linguet, narquoisement, d'insister, de maintenir son chiffre. Les gazettes et les *Mémoires secrets* firent des gorges chaudes de cette querelle d'avocats.

point paré la vérité! Ces « bains » rendent toute la
description suspecte!

Laissons cela : on passait encore condamnation
sur le logement. Mais la marquise se retranchait, pour
établir l'avarice de son époux, sur le chapitre essentiel des robes et de la parure. C'est un point que les
avocats n'avaient garde de négliger.

En mai 1770, lors des fêtes données à Versailles
pour le mariage du Dauphin, Mme de Gouy, si l'on
en croit Linguet, fit éclater brusquement des goûts
nouveaux pour la toilette. Elle parut à Versailles
« en grand habit de pluie d'argent garni de rézeaux
« d'or fin »; et on l'admira au bal paré qui suivit le
mariage « en grand habit de patissoie jonquille,
« garni de rézeaux d'argent fin ».

Quels sentiments ces goûts nouveaux inspirèrent-
ils au marquis?

Il protesta, dit la marquise, et il eut la singulière
audace de conseiller, d'ordonner peut-être à sa
femme « pour les habits de bal, pour les dominos »
l'emploi des gazes fausses, « gazes économiques qui »,
disait-il par ironie sans doute, « suffisent pour ces
« décorations mobiles d'un moment, gazes dont les
« femmes de première qualité font usage!... »

Et Linguet, technique et précis, de répliquer par
des inventaires : la lésinerie du marquis est si peu
prouvée sur le fait des toilettes, que sa femme avait,
d'après un état en forme, en quittant le domicile
conjugal, « quatre-vingt-deux robes de toutes saisons,
« garnies en or, en argent, en dentelles, en fourrures
« très rares; vingt-trois déshabillés complets; deux
« toilettes de dentelle, l'une de point, l'autre d'An-
« gleterre, etc., etc. »

Mais, malgré des réponses si nettes, la marquise ne se tient pas pour battue sur le grief d'avarice.

Si l'on peut douter que le marquis ait mal logé sa femme, et qu'il l'ait « habillée comme une poupée », niera-t-on qu'il l'ait mal soignée et mal nourrie? Quant aux soins, il faut reconnaître que lorsqu'il s'est agi d'inoculer les enfants, M. de Gouy s'est mis à crier sans vergogne « que cette diablesse d'inocula- « tion allait lui coûter cent louis! »

Quant à la nourriture, femme et enfants n'ont-ils pas failli périr de famine dans cet affreux taudis du Louvre! Oui, de famine, et c'est un « homicide clan- « destin » que le marquis a voulu commettre. Le cui- sinier a reçu l'ordre exprès de ne servir à la mar- quise que « précisément ce qu'il faut pour remplir « son estomac ».

Le fait est bien certain, puisque le cuisinier Aillaud en dépose dans les enquêtes! Il dit qu'un soir la marquise, qui voulait traiter des amis, lui a com- mandé pour le souper « une pièce de boucherie, « quatre petites entrées, un poulet ou lapereau rôti, « et quatre entremets ». Aillaud a dû « refuser ce « souper à madame la marquise! » Ajoutez à tout cela que Mme de Gouy n'a point de cave, et Gerbier se frappe la poitrine, s'indigne, à la pensée qu'elle a dû recourir à ces « poisons pourpres que l'intérêt « prépare et que la misère achète! »

« Cela veut dire sans doute, réplique Linguet, que « la marquise a fait quelquefois prendre du vin chez « le marchand ».

Et si l'on traite à fond cette question de la cave et du garde-manger, on découvre que le fameux cui- sinier Aillaud a fourni contre le marquis un témoignage à la marquise, en affirmant que M. de Gouy refusait à sa femme du lapin rôti; et qu'il a fourni également un témoignage au marquis contre la marquise en affirmant que Mme de Gouy avait les soupers les plus fins, des viandes exquises et des vins de choix.

La vérité est que la marquise avait une table des mieux garnies, non de « bouilli », comme elle le disait, mais des plats les plus raffinés. On prouve notamment qu'une certaine année, « de juin à oc« tobre, il a paru sur sa table 462 pièces de gibier, y « compris plusieurs sangliers ».

« On a dit à l'audience que les sociétés les plus « bourgeoises avaient régulièrement quatre entrées, « deux rôtis et quatre entremets. Le Marquis de « Gouy, à cet égard, ne contredira personne; il se « retranchera simplement à soutenir qu'il n'est pas « en état d'approcher de cette bourgeoisie-là. »

Mais enfin il faut convenir que Mme de Gouy n'a jamais pu obtenir de son mari ce que comportaient son rang et sa fortune bien établie de 140 000 livres de rente : « une maison à la Cour ».

140 000 livres de rente! s'écrie Linguet, il faut en rabattre!

Et le voilà faisant des comptes, établissant par le menu l'actif et le passif de ce patrimoine de grands seigneurs endettés.

Sans doute il y a des biens : neuf grands moulins, dix grandes fermes, et la place auprès de Mesdames; mais les pensions, les douaires, les infinis remboursements, les impositions royales, absorbent le plus clair des revenus; de sorte que, tout bien pesé, les époux n'ont, bon an, mal an, que 50 000 livres à

dépenser. Et ces 50 000 livres n'ont guère été ména-
gées par la marquise, qui a toujours puisé largement
pour ses voitures, sa table, ses gens, et son jeu !

« Quant au jeu, dit Linguet, qu'elle cite une seule
« époque où le défaut d'argent l'ait mise hors d'état
« d'y paraitre, même à la Cour, et dans les parties
« où la décence devient si ruineuse. Non seulement
« elle jouait sur sa pension, mais elle demandait
« pour cet article des suppléments à son mari. Voici
« ce qu'elle lui écrivait en 1770 :

« Je ne puis que me louer des bontés de Madame ;
« mais comme elle m'a ordonné de rester ici pour
« suppléer à la disette de la semaine, dont toutes les
« dames hors une sont malades, j'y suis absolument
« sans un sol. Il n'y a pas un chat à la Cour pour
« faire sa partie, quand le roi est absent. Il l'a tou-
« jours été depuis mon arrivée ; vingt malheureux
« louis que j'ai apportés, et qui étaient tout mon
« avoir, n'ont pas tenu longtemps contre le guignon
« qui ourdit les mailles de mon existence, et la
« dépense de l'auberge, avec le train que j'y ai, ne
« sera pas médiocre. Ainsi, Monsieur, je vous serai
« obligé de donner l'ordre que l'on m'envoie de
« l'argent. Je ne puis partir d'ici, sans en avoir pour
« y payer ma nourriture et mon gite. Vous trouverez
« aisément des occasions sûres le dimanche. C'est un
« jour où tous les courtisans viennent en foule ici. »

Sur-le-champ, le marquis de Gouy lui envoya de
l'argent « par son cuisinier ».

Le grief d'avarice étant ainsi réduit à néant, il faut
passer à un autre article : le marquis a-t-il fait
souffrir son épouse de ses mépris et de son insensibilité ?

18

Ici les plaintes s'accumulent. Mme de Gouy est sans cesse contrecarrée, dans les petites choses comme dans les grandes. Veut-elle que son fils prenne « deux leçons de flûte par jour », le marquis de mettre le holà! S'agit-il de marier sa fille, le marquis se montre « atroce »! Il ne consulte la marquise sur rien, et lui apprend en termes grossiers, lorsque tout est décidé, « qu'il vient de conclure le « mariage, qu'il en a signé les conditions sur une « feuille de papier d'office, et que le comte d'E.... « viendra boire le vin du marché avec sa future « belle-mère en venant dîner avec elle ».

Eh bien! réplique Linguet, tous ces reproches de la marquise sur les mépris, sur la prétendue insensibilité de M. de Gouy à son égard sont si peu exacts, si mal fondés, que dans une circonstance décisive, alors que la marquise était dans l'affliction, c'est au marquis qu'elle a écrit, qu'elle a ouvert son cœur!

Voici cette confidence d'une âme blessée à une qui la comprend. Elle est datée de 1769 [1] :

« Il me suffit, Monsieur, que vous m'ayez paru « désirer de mes nouvelles pour que je vous écrive « un mot ce soir, malgré la douleur où je suis encore « de la perte de mon pauvre Zizi. J'aimais mon chien « et il m'aimait; cela devait sans doute décider son « sort et lui en assurer un malheureux.

« Mais fallait-il que je fusse destinée à le rouer « moi-même? C'est avoir tué son ami qu'avoir tué « son chien qu'on chérit; et bien loin que les grands

____

1. Plaidoyer pour le marquis de Gouy (p. 267, t. VI des *Mémoires et Plaidoyers*).

« chagrins que j'ai eus dans ma vie aient émoussé ma
« sensibilité, tel est le fatalisme acharné à me pour-
« suivre, qu'ils n'ont fait que l'aiguiser. Aussi n'ai-je
« cessé de répandre un torrent de larmes, depuis
« l'instant funeste où j'ai été l'auteur et le témoin de
« ce qui les fait couler, sans que je croie devoir en
« rougir.... J'aimais mon chien, mon chien m'aimait.
« Voilà la boussole des âmes sensibles. J'ai la tête
« si entreprise et tant de cuisson aux yeux que je ne
« vois goutte. Je vais me mettre au lit. »

On devine la joie malicieuse qu'éprouva Linguet à
détailler cette curieuse élégie! En la publiant plus
tard, il a eu soin de noter que les points de suspension (ceux que nous avons aussi respectés) sont dans
le texte de la lettre. « On n'y a rien changé », ajoute-
t-il; et de quels ironiques commentaires il a su enlu-
miner ce texte précieux!

« Cette citation, s'écrie-t-il, ne paraîtra frivole qu'à
« des esprits inattentifs. Observez d'abord que c'est
« à son mari que la marquise de Gouy l'adresse. C'est
« lui qu'elle prend en 1769 pour confident de ses
« regrets, de ses remords sur la perte de son chien,
« qu'elle s'accuse avec un serrement de cœur indi-
« cible d'avoir tué elle-même. Cette confiance ne
« détruit-elle pas déjà tous les reproches qu'on ose
« faire au mari, de son indifférence à l'égard de
« l'épouse? Est-ce dans son sein qu'elle aurait versé
« les larmes amères que lui arrachait la perte de Zizi
« et l'horreur d'en avoir été elle-même l'instrument?
« N'aurait-elle pas craint d'augmenter les occasions
« de ces ironies sanglantes qu'elle laisse entrevoir,
« et de ces assertions criminelles qu'elle articule?
« Est-ce à un homme capable d'avoir dit d'elle-

« même *qu'elle meure!* qu'elle aurait écrit : « J'aimais
« mon chien, mon chien m'aimait. Voilà la boussole
« des âmes sensibles. »

La marquise reproche encore à son époux de l'avoir
publiquement diffamée. Il n'aurait pas craint de dire
que sa femme tenait *une maison débordée*, qu'il la
logerait, pour éloigner ses connaissances, *dans une
porte carrée sans cour du faubourg Saint-Marceau*,
c'est-à-dire dans une maison sans porte cochère;
qu'elle avait des amants, etc., etc.

Le marquis affirme par la voix de Linguet qu'il n'a
point tenu ces propos injurieux. Et à la vérité, jamais
M. de Gouy n'a eu la pensée d'accuser gravement et
injustement la marquise; de commettre contre elle
ce que le pompeux avocat de la dame appelle « ce
« délit volatil de la diffamation ».

Il n'y a point de drame noir, point de gros délit
ni de passion bien forte dans l'histoire de ce ménage
mal assorti. C'est un long « retour de Cythère »
que ces époux galants, mondains et frivoles ont
effectué lentement. Amoureux d'abord, ils sont revenus du pays de Tendre en passant par les menus
désaccords, les piques journalières, les vapeurs, les
mots ironiques et méchants.

C'est dans un bel hôtel, loué à bail par le marquis
au prix de 8 200 livres, et gardé par un suisse superbe,
que la vie conjugale a semblé tout à coup insupportable à la marquise.

Il n'y a dans cet hôtel qu'un appartement spacieux;
la marquise l'occupe. C'est là que, passionnée de
monde et de toilette depuis le mariage du dauphin,
elle reçoit la cour et la ville, et quantité de cavaliers
que le mari fâché appelle avec aigreur « tous ces

« godelureaux ». Cette expression, nullement insultante, va apparaître cent fois dans les écritures de justice, comme vocable diffamatoire.

Les godelureaux viennent en carrosse, et font un bruit d'enfer dans la cour mal pavée. Et cela trouble le sommeil du marquis, couché de bonne heure dans un appartement du rez-de-chaussée.

Le marquis se plaint du tapage, et finalement donne ordre au suisse de consigner les équipages à la porte. Ordre funeste ! La marquise descend chez son époux, lui fait une scène violente, le presse, l'exaspère, enfin le bat.... La marquise, déjà prête à plaider, veut ce matin-là son soufflet, le cher soufflet rêvé par tant de dames ; le soufflet qu'une soubrette entend et dont elle déposera.

Mais le marquis a du sang-froid, il croise obstinément ses bras sur sa poitrine. Pour tout dire, la marquise vient d'hériter d'une grosse fortune, et M. de Gouy ne veut pas entendre parler de séparation. Il se fait doux comme un agneau, il tend l'échine, et se borne à faire constater par un officier de police qu'il est battu, content, et n'a point riposté.

Telle est la scène finale. On sait le reste. A la demande de la marquise, Linguet oppose le plaidoyer plein de finesse dont on a pu juger.

Une seule fois, dans ce procès, il s'échappe en une incartade. A la fin de son plaidoyer, il considère l'état des gens que la justice a séparés, et par là, un instant, retourne incorrigible à sa chère et compromettante thèse du divorce : « Le divorce, ose dire Linguet,
« tant qu'il a été permis, était une opération paci-
« fique et bienfaisante qui conciliait tous les esprits
« comme tous les intérêts ; les séparations aujourd'hui,

« sont un palliatif infructueux qui ne peut produire
« que le malheur et le scandale ».

Linguet gagna sa cause au Châtelet et au Parlement,
quoique dans ces deux tribunaux les conclusions du
ministère public fussent contraires au marquis de
Gouy. L'arrêt fut rendu le 22 février 1772, et à
partir de ce jour, Gerbier voua à son heureux et
narquois confrère une haine irréconciliable.

IV

« M⁰ Linguet, disait le *Journal historique*[1], travaille
« infatigablement pour le nouveau tribunal ; il paraît
« deux mémoires de cet orateur qui sont très recher-
« chés : le premier est une consultation pour M. le
« Prince de Ligne contre l'Abbaye Royale de Corbie ;
« le second en faveur de Mme la duchesse d'Olonne
« contre le sieur Orourke. »

Cela se place, comme l'affaire de Gouy, en 1772,
au début de ces années d'apothéose où Linguet éclipse
tous ses rivaux : les Caillard, les Legouvé, les Vermeil, « en un mot tout ce qu'il y a de fameux », et
Gerbier même !

Constamment, et presque jour par jour, les *Mémoires secrets* s'occupent de Linguet, de ses écrits,
de ses faits et gestes. On observe qu'il a quitté la rue
Saint-Séverin, élégante pourtant, pour « passer sur la
« rive droite », comme disent les avocats d'aujourd'hui,
et s'établir rue Tictonne, en plein Paris d'affaires.

Tantôt il n'est question que du mémoire dans

---

1. *Journal historique du Parlement Maupeou*, Londres, 1774.

lequel il maltraite fort M. Foulon [1], le nouvel intendant des finances; et comme ce Foulon est une créature du duc d'Aiguillon, le public s'étonne : « Foulon
« serait-il donc abandonné du duc? »

Tantôt, c'est l'affaire de la duchesse d'Olonne qui
passionne l'opinion.

« Cette cause, disent les *Mémoires secrets*, devient
« si grave par l'animosité des avocats, que le Comte
« Orourke a pris les conclusions les plus extraordi-
« naires; il a demandé que le mémoire imprimé
« contre lui fût lacéré; il a dénoncé au Ministère
« public la plaidoirie de Me Linguet.

« Celui-ci s'est disculpé dans un Précis. M. de
« Vergès conclut à débouter la duchesse d'Olonne
« de ses demandes. Mais cet avocat général donne à
« entendre dans son plaidoyer que le Comte Orourke
« n'est qu'un fripon adroit, qui a su revêtir ses
« escroqueries de la sanction légale. »

Ainsi, dans ce procès, Linguet se voit contraint à
plaider pour lui-même; il produit sa *Réplique à la
consultation signée Dobet pour le comte Orourke
mestre de camp, contre M. Linguet, avocat en son
nom, défenseur de Madame la Duchesse d'Olonne* [2].

Et le début de cette réplique, partout lu et com-
menté, conquiert d'emblée l'opinion.

« Messieurs, dit Linguet, rien de plus honorable,
« mais en même temps rien de plus délicat et de
« plus pénible que nos fonctions. Obligés par état
« à suivre, à démasquer la fraude, il est impossible

---

1. On sait que Foulon fut nommé contrôleur général le
12 juillet 1789, et pendu quelques jours après, à une lanterne
de la rue de la Verrerie.
2. *Mémoires et Plaidoyers*, t. VII, p. 105.

« qu'en remplissant nos devoirs nous n'excitions
« pas quelquefois les plaintes des parties. La recon-
« naissance que notre zèle excite, n'est que trop
« souvent achetée par la haine à laquelle il nous
« expose et si nous n'écoutions que nos intérêts,
« les moments où nous avons le plus besoin de
« vigueur, seraient précisément ceux où nous nous
« montrerions avec plus de mollesse. C'est pour
« soutenir notre courage dans ces occasions péril-
« leuses, que chez tous les peuples on a mis dans
« notre profession, à côté du danger, la gloire qui
« le compense, et la liberté qui en efface l'idée. »

Il n'avait que trop de courage, le fougueux avocat,
qui, applaudi à ses débuts par ses violences contre
les puissants, allait voir peu à peu se former contre
lui la sainte-alliance des plaideurs écharpés, des
confrères jaloux!

Mais, à l'aurore, tout souriait à ses audaces. Linguet s'avisait-il d'attaquer le corps des fermiers
généraux, le plus puissant peut-être qui fût alors
dans l'État? Les gazettes d'applaudir et de lui tresser
des couronnes.

« Les fermiers généraux sont furieux, disent les
« *Mémoires secrets* le 28 octobre 1771 [1], du Mémoire
« du sieur Linguet contre eux. Cet avocat les traite
« avec un mépris singulier; il manifeste en outre
« une animosité, une chaleur, qui donnent à son
« éloquence la plus grande force, et se transmettent
« aisément dans l'âme du lecteur, naturellement pré-
« venu contre les traitants. »

Linguet ne craignait pas, en effet, de traiter de

---

1. *Mémoires secrets*, t. VI, p. 22.

forbans les « suppôts de la ferme générale [1] » et de
démasquer les honteux pillages auxquels ils se
livraient sous prétexte de saisir des marchandises
de contrebande.

D'ailleurs, à toutes les affaires qui tombaient entre
ses mains Linguet imprimait une allure neuve et
hardie. Il savait, comme le disent très bien les
Mémoires secrets, « traiter en grand les questions
« particulières, et les produire comme des objets
« dignes de l'attention du législateur ».

Ainsi nous allons le voir, dans le procès de Bombelles, s'élever avec audace contre la révocation de
l'édit de Nantes, et conclure, en exprimant les idées
les plus libérales, à la « validité dans le Royaume des
« mariages des protestants faits suivant les formes
« de leur religion ».

V

Mme de Bombelles était une jeune et charmante
personne. Dès que Linguet eut fait connaître ses
aventures, Paris se déclara pour elle, et à cette époque
où l'on pleurait tant, c'est par ruisseaux que coulè-
rent les larmes sur les malheurs de Marthe Camp.

Marthe Camp, jolie fille de Montauban, était née
de bourgeois protestants. Sa vieille ville huguenote,

---

1. Mémoire pour dom Pedro d'Alvarada, capitaine du vaisseau espagnol le *St-Jean-Baptiste*, et les gens de son équipage,
détenus depuis un an dans les cachots de la commission établie à Caen contre les directeurs, employés et fermiers généraux du sel et du tabac. (*Mémoires et Plaidoyers*, t. IV, p. 329.)

plantée à trois pas de Toulouse, en plein cœur du
Midi catholique, fut toujours agitée, depuis les Albi-
geois, par les guerres de religion. Mais on sait que
l'amour s'inquiète aussi peu des querelles religieuses
que des simples querelles de famille; aussi la jeune
Marthe Camp se laissa-t-elle, sans trop de façons,
attendrir par un jeune vicomte catholique, M. de
Bombelles.

Ce vicomte était officier au régiment de Piémont;
il portait la croix de Saint-Lazare : « marque atta-
« chée au bonheur d'avoir reçu l'éducation de l'École
« militaire ». Il fut bientôt question de mariage, et
le mariage en effet fut célébré *au désert*, comme on
disait de toutes les unions contractées entre protestants.

Or on sait qu'en France, sous l'ancien régime, il
n'y avait point de mariage, au sens légal du mot,
sans l'intervention du curé, du prêtre catholique.
L'absence du curé rendait toute union nulle et de
nul effet. D'où il résultait sans conteste que les protestants n'avaient aucun moyen de se marier.

Il en était (chose curieuse) tout autrement pour
les juifs, qui avaient dans le pays, en tant que juifs
et avec leurs coutumes, une existence légale. Mais
pour les huguenots, les lois supposaient la Réforme
éteinte et tous les Français catholiques. Tant pis pour
ceux qui ne l'étaient point, ils vivaient alors hors la
loi.

Ainsi mariés *au désert*, les époux de Bombelles
eurent une fille; et, comme on dit au Palais, la « pos-
« session d'état de femme légitime » ne fut refusée
par personne à Marthe Camp dans le pays montal-
banais.

Son époux, par malheur, était un vilain sire, joueur, bretteur. Il fut, après son mariage, emprisonné pendant deux ans au For-l'Évêque.

Ce triste personnage abandonna bientôt sa jeune femme et son enfant, et finit, en 1771, par épouser à Paris, devant le curé cette fois, une demoiselle de Courvoisin. Marthe Camp, adressée à Linguet, n'eut pas de peine à l'émouvoir; et le débat s'engagea hardiment sur la validité d'un mariage contracté en France suivant les usages des protestants.

La prétention de Linguet était, à la vérité, inadmissible. Il était légalement impossible d'établir en 1771 que le vicomte de Bombelles fût le mari de Marthe Camp. Le premier Mémoire de Linguet resta donc sans effet, et les magistrats du Parlement Maupeou, quoique juristes de fraîche date, haussèrent dédaigneusement les épaules.

Mais peu à peu Linguet les retourna, aidé par le public, aidé par les gazettes unanimes à l'encourager, à le soutenir.

Linguet avait le don de passionner les débats : il fallait aimer ou haïr ses clients et lui-même. Dans l'affaire de Bombelles, il arriva à créer contre le vicomte séducteur un courant d'opinion d'une extraordinaire violence.

Pendant un an, Paris et la cour, dont la morale en matière de galanterie était habituellement plus large, n'eurent pas d'expressions assez flétrissantes pour qualifier la conduite du malencontreux officier.

Un document bien curieux pour établir cet état d'esprit est la lettre suivante, adressée au vicomte de Bombelles par ses anciens camarades de l'École militaire :

« *Le Conseil de l'École royale militaire à M. de*
« *Bombelles.*

« L'École royale militaire, Monsieur, a été péné-
« trée de douleur en lisant le mémoire que l'indi-
« gnation et le désespoir viennent de publier contre
« vous. Si vous n'eussiez pas été élevé dans cette
« maison, nous ne verrions dans votre affaire avec
« la demoiselle Camp qu'une scène affligeante à l'hu-
« manité. Mais nous devons à la jeunesse que le roi
« y fait élever de lui inspirer pour vos égarements
« toute l'horreur qu'ils méritent, et nous nous devons
« à nous-mêmes de ne pas paraître indifférents à
« l'éclat qu'ils font dans la capitale. Nous laissons à
« d'autres le soin de prononcer sur les liens que
« vous avez formés avec la demoiselle Camp. Mais
« il est un tribunal auquel vous êtes comptable des
« procédés que vous avez mis dans votre conduite
« avec elle : celui de l'honneur. C'est à ce tribunal,
« qui réside dans le cœur de tous les honnêtes gens,
« que vous êtes cité de toutes parts, et qu'on vous
« condamne. Tous les ordres qui composent cette
« maison nous invitent, non seulement à vous le
« dire, mais encore à vous déclarer qu'il est dans le
« vœu commun que vous vous absteniez d'y paraître
« davantage. »

Au point de vue de l'opinion publique, Linguet
avait donc réussi, avant le jugement, à gagner hautement sa cause. De plus, la thèse courageuse qu'il
avait adoptée, et l'éclat oratoire avec lequel il la sou-
tint devaient lui faire le plus grand honneur.

Mais le profit qu'il pouvait tirer pour sa réputation d'un semblable triomphe fut, avant même l'audience décisive, gâté par un étrange incident.

On apprit que Linguet, avant d'avoir été consulté par Marthe Camp, avait été sollicité par son séducteur, et avait même paru fort disposé à prendre sa défense! Les *Mémoires secrets* publièrent la lettre suivante de Linguet au vicomte de Bombelles[1] :

« J'ai reçu avec la plus grande reconnaissance,
« disait l'avocat, et lu avec le plus vif intérêt le
« mémoire que M. le vicomte de Bombelles a eu la
« bonté de m'envoyer. La hardiesse avec laquelle on
« ose le compromettre par des imputations de la
« nature de celles dont il se plaint est en effet bien
« singulière. Au reste, l'éclat même qu'on nécessi-
« terait ne peut servir qu'à rendre publique la honte
« de ceux qui accusent M. de Bombelles, et à faire
« briller son innocence et les talens de son défen-
« seur. J'ai l'honneur d'assurer M. le vicomte de
« Bombelles du respect avec lequel je suis son très
« humble et très obéissant serviteur.

« LINGUET. »

On juge du scandale!

Linguet, s'écria-t-on avec les rédacteurs des *Mé-moires secrets*, est déshonoré « par le soupçon qu'il
« donne sur l'honnêteté de sa conduite, et sur son
« peu de délicatesse à se charger de la cause de la
« femme, après avoir brigué celle du mari, comme
« bonne et excellente ».

Il est certain que l'incident est déplaisant, et que rien ne peut discréditer davantage un avocat (fût-il Isocrate ou Démosthène) que la facilité à plaider indifféremment le blanc et le noir.

1. *Mémoires secrets,* t. VI, p. 91.

Mais, en regardant de plus près, que prouve exactement la lettre de Linguet?

Elle n'établit nullement que l'avocat ait étudié, connu les circonstances de la cause, « consulté » en un mot, pour M. de Bombelles.

Celui-ci lui a adressé un mémoire, où il présentait les faits à sa manière. Linguet y a répondu par « l'ef-« fusion d'une politesse banale ». Plus tard, consulté par l'autre partie, voyant l'affaire sous un nouvel aspect, il a choisi, en somme, la cause la plus périlleuse. Pourquoi son honnêteté serait-elle par là mise en jeu?

Mais, il faut le marquer nettement, si l'honorabilité personnelle de Linguet ne semble pas atteinte par l'incident en question, il y a cependant dans cette affaire une grave faute professionnelle.

La règle est que : si l'avocat a déjà plaidé ou consulté pour une partie, il ne doit pas plaider ni consulter contre elle pour le même procès, car elle lui aura révélé le secret de sa défense; ou du moins elle le prétendra.

C'est cette règle que Linguet a sûrement enfreinte. Entré fort tard dans la profession, il n'eut jamais le sens de ses traditions et de sa discipline. Ses démarches comme avocat étaient constamment incorrectes; avec cela, il était facile d'arriver à l'accabler, à défigurer ses intentions, à méconnaître la supériorité de sa raison et de ses vues, et l'amour passionné de la justice qui était certainement en lui.

Quoi qu'il en soit, les incidents variés dont nous venons de rendre compte avaient intéressé Paris pendant le procès de Bombelles, et provoqué à la Grand'Chambre une affluence extraordinaire.

Ce n'était plus le temps où, comme disaient les chansons, « les comédiens de M. de Maupeou ne faisaient pas recette ». Toute audience où Linguet plaidait était envahie par la foule : soit que le public eût un goût dépravé pour cette sorte d'éloquence que les anciens du barreau appelaient avec un classique dédain l'*éloquence canine*, soit que l'art de Linguet pour généraliser les questions donnât à la discussion d'intérêts privés l'apparence et l'attrait de grands débats publics.

Déjà, dans l'affaire de la duchesse d'Olonne, il avait fallu tripler la garde dans la salle des Pas-Perdus et même dans la Grand'Chambre. Les spectateurs, plus « licentieux » qu'ils ne le sont dans les audiences d'aujourd'hui, ne s'y étaient point gênés pour applaudir Linguet, siffler le comte Orourke.

Au procès de Bombelles, les places firent prime. On s'entassait dans la Grand'Chambre, de bonne heure envahie par les gens de qualité, dont les valets avaient guetté l'ouverture des portes depuis le petit jour. Les magistrats et les avocats étaient accablés de demandes d'entrées.

Parmi les lettres adressées à Linguet par de jolies solliciteuses, on remarquera le billet suivant, signé par une dame qui va bientôt prendre dans ce récit une place fort importante :

« Vous avés eu, Monsieur, la bonté de me prévenir « que vous plaideriés mercredy la cause de Mme de « Bombelles. Je ne l'ai point oublié, puisque le désir « d'entendre le Cicéron de la France m'a seul déter- « minée à changer la disposition de mon voyage, et « à rester ici encore quinze jours, mais comme votre

« auditoire doit être très nombreux, je me recom-
« mande à votre protection, ou du moins à vos
« conseils, pour obtenir la facilité d'être placée et de
« vous entendre. Je voudrais bien n'être point femme
« dans cette circonstance : je solliciterais l'honneur
« d'aller vous prendre dans ma voiture, et de passer
« à votre suite en qualité de votre secrétaire.

Signé : « BUTTET [1]. »

Mme Buttet fut placée. « L'affluence était immense »,
disent les *Mémoires secrets* [2], « et l'on avait établi
« une garde nombreuse pour contenir cette foule. »
Nous ne pouvons suivre Linguet dans son plaidoyer, qui fut couvert d'applaudissements. Ce discours, avec les répliques, forme un volume entier
et un chapitre bien curieux de l'histoire des protestants à la veille de la Révolution. Notons seulement un des points de la discussion. Nous savons
que la cérémonie célébrée par le pasteur n'avait
aucune valeur légale, mais pour atténuer l'odieux de
la conduite de leur client, les avocats du vicomte
niaient même cette cérémonie, qui l'aurait morale-
ment enchaîné.

Or, à s'en tenir aux documents irrécusables, aux
pièces justificatives, on reconnaît jusqu'à l'évidence
que le vicomte de Bombelles et Marthe Camp avaient
été mariés par le pasteur Sol, dit Élios, et que cette
union, reconnue par tous, avait conféré à l'épouse
la « possession d'état de femme légitime ».

L'évêque de Montauban, M. Le Tonnelier de

<hr>

1. Correspondance inédite de Linguet avec Mme Buttet.
(Bibliothèque de Reims.)
2. *Mémoires secrets*, t. VI, p. 296.

Breteuil, n'avait point hésité à témoigner de ces faits dans un certificat que nous possédons, non plus que l'intendant, M. de Gourgues.

Celui-ci déclarait « que demoiselle Marthe Camp, « habitante de Montauban, et connue sous le nom de « dame de Bombelles·depuis l'année 1766, a toujours « eu, avant et depuis son mariage, une conduite irré- « prochable, qui lui a mérité l'estime du public [1] ».

Le mari, d'ailleurs, n'avait élevé qu'un seul grief contre sa jeune femme; mais il était d'une étrange gravité. Il lui reprochait « d'avoir joué la comédie »! Non pas qu'il l'accusât de s'être placée « au rang de « ces actrices ambulantes, animées par le double « attrait du gain et de l'indépendance, qui, prome- « nant de ville en ville leur art et leurs talents, en « flétrissent trop souvent l'éclat par le désordre qui « en accompagne le développement »..

Le vicomte n'allait pas jusque-là! Mais il accusait sa femme d'avoir joué la comédie de salon. Le fait était constant puisque, chargée de jouer un rôle, « elle avait cru trouver dans le sieur de Bombelles « lui-même, un instituteur propre à lui donner le « goût de la déclamation. Même, elle l'avait prié « de vouloir bien être son guide dans ce jeu délicat, « où il est si facile de laisser pénétrer dans le cœur « les sentiments que la bouche exprime. »

Et Linguet de répondre : « Cependant, Messieurs, « il n'y a pas un mot de vrai dans tout ce récit. La « demoiselle Camp n'a jamais paru dans aucune « représentation bourgeoise et je vais vous en donner « la preuve.

---

1. *Mémoires et Plaidoyers*, t. V, p. 116 (Pièces justificatives).

« *Certificat de M. le premier Président de la Cour des Aydes de Montauban* :

« Amable-Gabriel-Louis-François de Malartic, che-
« valier-comte de Montricoux, certifions à qui il
« appartiendra que Dame Marthe Camp, Vicomtesse
« de Bombelles, a toujours joui avant et depuis l'an-
« née 1766, époque de son mariage, d'une réputation
« intacte, qu'il est faux qu'elle ait jamais joué la
« comédie. En foi de quoi, etc. Fait à Montauban,
« le 6 juin 1772.

Signé : « MALARTIC DE MONTRICOUX. »

Et dans une lettre à Linguet, M. de la Motte, chevalier de l'ordre royal et militaire de Saint-Louis, était plus explicite encore que le premier Président de Malartic, sur ce point capital : « Jamais, disait-il, « Mademoiselle Camp n'a donné aucun spectacle, ni « *pensé* à jouer la comédie ».

Il fallait que le grief fût bien grave pour qu'on allât ainsi jusqu'aux plus délicates recherches d'intention !

En lisant les Mémoires et Discours de Linguet dans cette affaire de Bombelles, on ne s'explique guère les fureurs qu'ils déchaînèrent dans la magistrature et le barreau. Ce sont des œuvres, nous le répétons, très supérieures à celles des plus illustres avocats du temps, par la précision, la vigueur, la sobriété, et le goût si nouveau d'une exacte documentation. De plus, comment rencontrer, dans aucun temps, une cause plus juste et plus sympathique que la cause de Marthe Camp?

Mais tout cela était gâté, chez Linguet, par le ton

agressif, la mine insolente, l'incroyable audace des
propos qu'il tenait en tous lieux.

Dans cette affaire de Bombelles, il dut causer quelque scandale d'audience, car, après son plaidoyer,
l'avocat général de Vaucresson, se levant pour conclure contre « la demoiselle Camp », commença par
« mulcter » Mᵉ Linguet. « Il exhorta [1] les jeunes ora-
« teurs à ne le point prendre pour modèle, soit dans
« son art dangereux de couvrir tout de ses sarcasmes
« et de travestir en satires des plaidoyers faits pour
« défendre l'innocence ou atténuer le crime; soit
« enfin dans son audace effrénée à faire des apo-
« strophes indécentes au public, comme pour s'en
« faire un rempart et forcer les suffrages des juges. »
Sur-le-champ, après cette harangue, il fut ordonné
un délibéré qui dura trois heures, et souffrit de grands
débats.

« Le public ne désemparait point et restait dans
« la Grand'Chambre, dans la Grand'Salle et dans
« toutes les avenues du Palais. »
Et parmi ce public se tenait, anxieuse, suivant
toujours Linguet « comme si elle eût été son secrétaire », cette petite bourgeoise de Nogent-le-Rotrou,
Mme Bultet, dont on a lu l'épître, et qui couvait de
ses tendres regards « le Cicéron français ».

Enfin l'arrêt fut rendu. Il déboutait la demoiselle
Camp de sa demande, « ordonnait que l'enfant serait
mis au couvent pour être élevé dans la religion catholique, apostolique et romaine », aux frais de M. de
Bombelles; et condamnait enfin ledit Bombelles à
12000 livres de dommages et intérêts envers la de-

____

1. *Mémoires secrets*, t. VI, p. 196.

moiselle Camp. Les Mémoires de Linguet étaient sup-
primés « en ce qu'ils pouvaient contenir d'injurieux
« aux différentes parties ».

Cet arrêt, comme il fallait s'y attendre, ne satisfit
personne. Voltaire cependant le commenta sans trop
d'aigreur, regrettant avec discrétion « que la révoca-
« tion de l'édit de Nantes ait privé la patrie d'en-
« viron sept à huit cent mille citoyens utiles, et plonge
« encore cent mille familles dans l'incertitude conti-
« nuelle de leur sort ».

Les gens bien informés remarquèrent que les nouveaux juges avaient évité adroitement de prononcer
entre Genève et Rome. Car ils s'étaient bien gardés
de déclarer le mariage nul, comme le public paraissait le croire. Ils avaient tout simplement reconnu
qu'il n'y avait point de mariage, faute d'acte de célé-
bration.

L'héroïne du procès de Bombelles, la demoiselle
Camp, fut consolée de tant d'épreuves (c'est Linguet
qui nous l'apprend) par un heureux et opulent mariage. Elle épousa Van Robais, le grand négociant
d'Abbeville, celui-là même avec lequel Linguet,
durant son séjour en Picardie, avait eu jadis quelques démêlés.

VI

Parmi les beaux yeux qui pleurèrent sur les
malheurs de la jeune protestante, il n'en fut point de
plus attendris que ceux d'une certaine dame dont le
nom est venu deux fois déjà sous notre plume, de
Mme Buttet. Il est vrai que Mme Buttet, au fond de son

cœur exalté de bas-bleu et de provinciale, brûlait d'enthousiasme bien moins pour l'héroïne que pour son défenseur.

Linguet était le dieu de cette dame. Elle l'aimait follement, d'un amour qui plus tard devint assez ridicule, qui ne fut jamais un amour très pur, qui cependant mérite le respect dû à toute passion sincère.

Et c'est bien une passion sincère et dévouée que celle que nous allons voir s'allumer en 1771, et brûler d'un feu vif, à travers toutes les épreuves, jusqu'à la mort de Linguet, en 1794.

Mais qui était Mme Buttet et comment connut-elle son héros?

Mme Buttet était la femme d'un négociant de Nogent-le-Rotrou. Elle avait quelques relations à Paris, où Linguet lui fut sans doute présenté par un ami commun, son compatriote Tronson Du Coudray.

Toute l'histoire de cette liaison nous a été révélée par la correspondance même de Mme Buttet, qui est conservée à la Bibliothèque de Reims.

Mais avant de conter, d'après les documents, les débuts véritables de ce roman, voyons sous quelles couleurs édifiantes les ennemis de Linguet ont présenté au public cette histoire d'amour.

Brissot, qui fut le secrétaire de Linguet, et plus tard son violent adversaire, a résumé toutes les accusations dont notre avocat fut l'objet à cette occasion.

Ce récit trouve place dans les *Mémoires* de Brissot, au moment où celui-ci raconte son séjour en Angleterre. Linguet, proscrit à ce moment-là, vivait à Londres avec Mme Buttet, sa maîtresse depuis plusieurs années.

Brissot fit, paraît-il, une visite au faux ménage.
On causa littérature et on parla des *Confessions* de
Rousseau. Brissot fit l'éloge de cet ouvrage, ce qui
irrita vivement Linguet et sa compagne :

« Rousseau, me répondit Linguet [1], est un fou, qui,
« après nous avoir débité pendant toute sa vie mille
« extravagances, termine la farce en nous jetant son
« pot de chambre au nez. Comment pouvez-vous
« estimer un homme qui s'avoue coupable d'un vol
« et qui vous raconte les plus sales amours ? Non, je
« ne voudrais pas avoir commis la centième partie
« des crimes de J.-Jacques, ou j'irais me jeter dans
« la Tamise....

« Et moi aussi, s'écria de concert sa vertueuse com-
« pagne, oui, j'irais cacher ma honte au fond de l'eau !
« J'avoue qu'à ce langage je restai pétrifié ! Car si je ne
« croyais pas alors tout ce qu'on publiait de la conduite
« de Linguet et de sa maîtresse, j'en savais pourtant
« assez pour m'étonner de cet accès de vertu qui les
« transportait l'un et l'autre. Depuis j'eus bien plus de
« raisons d'en être surpris. Je me trouvais dans le
« Perche en 1785, chez un ami de M. Buttet, manu-
« facturier de ces étamines de Nogent-le-Rotrou qui
« sont la source de sa fortune. Voici ce qu'il me
« raconta, et il le tenait de M. Buttet lui-même.
« Lorsque Linguet, exilé à la suite de l'affaire de Bel-
« legarde, se retira à Nogent-le-Rotrou, le riche
« manufacturier l'accueillit à bras ouverts, lui offrit
« sa maison, sa bourse, le força de prendre la clef de
« son secrétaire, d'y puiser, et de regarder tout ce
« qui lui appartenait comme appartenant à lui-même.

1. *Mémoires* de Brissot, Paris, 1877, p. 305.

« Linguet prit la chose au pied de la lettre ; il séduisit
« la femme de son généreux hôte ; il l'enleva après lui
« avoir ouvert le secrétaire, d'où Madame Buttet em-
« porta pour environ cent mille livres d'effets et de
« lettres de change. Et cet homme parjure à l'amitié,
« à la reconnaissance, cet homme coupable d'un rapt
« scandaleux, d'une affreuse violation de l'hospitalité,
« qui avait promené partout le témoin vivant de son
« crime, s'indignait que Rousseau révélât le vol d'une
« aune de rubans ! Et sa complice adultère, chargée
« de cent mille livres dérobées à son mari, à la seule
« idée d'avoir commis des fautes bien plus légères,
« parlait de se jeter dans la Tamise ! »

Le tableau n'est pas flatté. Il n'est rien de tel que
la plume d'un ancien ami pour composer des morceaux de cette vigueur et d'un coloris aussi chaud.
Ainsi, après Dorat, le duc de Deux-Ponts, et le prince
de Beauvau, M. Buttet aurait été à son tour victime
d'un vol commis par Linguet ou sur ses instructions.
Alors comment Linguet ne fut-il point pendu ?

Ceci s'expliquera mieux quand on saura que, d'un
bout à l'autre, le récit de Brissot est un conte fait à
plaisir. Il est fort exact cependant que Mme Buttet
quitta son époux pour vivre avec Linguet, Mais, de
ce roman, quel fut le prologue ?

Linguet fut-il un séducteur, ou bien fut-il, malgré
son âge, séduit, presque violenté, forcé tambour bat-
tant à un mariage de la main gauche, par une femme
très mûre, abondamment pourvue de la double
énergie d'une amoureuse et d'un bas-bleu ? Le lecteur en jugera.

Mme Buttet, nous l'avons dit, avait assisté au procès
de Bombelles, mais au moment de l'arrêt elle s'était

sans doute trouvée séparée de Linguet par la foule,
et n'avait pu lui faire son compliment. A peine rentrée à Nogent, elle lui adressait une lettre enthousiaste, et réclamait en terminant un exemplaire du
plaidoyer et des Mémoires qu'on achevait d'imprimer.
Quelques jours après, n'ayant rien reçu, elle reprenait
la plume et écrivait derechef à Linguet pour se la-
menter de son silence.

« M'auriés-vous oubliée? C'est je crois une chose
« assés facile, ou bien l'édition serait-elle épuisée, et
« tous les exemplaires enlevés? J'aurais des .dispo-
« sitions à le croire; ce doit être le sort de tous les
« ouvrages que vous publiés. Mais ne vous serait-il
« point possible de m'en procurer une contrefaction?
« Tout Paris l'a lu, dévoré, aplaudi; soufrés que
« votre gloire pénètre jusque chés les Barbares. Si
« nos âmes encor simples et grossières nous per-
« mettent à peine de goûter les charmes de l'élo-
« quence, elles sont du moins sensibles à la cause
« que vous avez défendue. C'est celle de l'humanité
« et de la beauté. »

Ceci, comme on le voit, n'est point l'amour encore,
mais un pathos préparatoire, l'entrée de jeu d'une
précieuse de province, décidée à aller fort loin, mais
à traiter les choses dans les belles manières et selon
les règles de la galanterie.

« Mais comment va votre cœur? continue la dame.
« La douleur, les larmes de la beauté en y pénétrant
« n'y auront-elles trouvé que le sentiment de la
« compassion? Les grâces en pleurs sont bien dan-
« gereuses à consoler! »

Cette pointe de jalousie inspirée par la jolie Mme de
Bombelles semble furieusement compromettante pour

notre Cathos de Nogent! Aussi se garde-t-elle d'insister, et la lettre s'achève en une double confidence : Mme Buttet est athée, et elle adore l'astronomie.

Et cet état d'esprit d'une bourgeoise provinciale du XVIIIe siècle, exaltée, ridicule, mais fort instruite, bourrée de philosophie et de géométrie non moins que de littérature, semble curieux à observer.

« Depuis que je ne vous ai vu, dit-elle à Linguet
« en terminant, j'ai presque toujours habité avec
« M. de la Caille une de ses étoiles, et je ne sais
« rien de ce qui se passe dans ce monde sublunaire.
« Je l'aurais même oublié si vous ne le rapeliés sou-
« vent à mon souvenir. Je veux avoir votre Mémoire.
« Pour Dieu, faites-le moi passer. Si vous m'en
« privés, soyez sur que dans mon premier voyage à
« Paris, sans aucune pitié pour votre simplicité
« champenoise je vous trainerai encore au Thuileries
« entendre une *Rodogune* ou une *Pertharite* de Cor-
« neille, et peut être même une pièce de M. de La
« Harpe si je veux porter ma vengeance plus loin. »

Le Mémoire fut envoyé sans doute et Mme Buttet n'eut point à venir à Paris. C'est Linguet qui l'alla trouver, et non pas de son gré, par suite d'incidents qu'il faut maintenant raconter.

VII

Linguet n'avait pas pu répondre sur-le-champ à la verte apostrophe de l'avocat général de Vaucresson dans l'affaire de Bombelles; mais il n'était pas homme à négliger un tel affront, et comme M. de Vergès s'était dans quelque autre circonstance associé aux objurgations de son collègue, Linguet se trouva en brouille déclarée, et bientôt en guerre implacable avec le Parquet du Parlement Maupeou.

Heureux temps où cette guerre héroï-comique pouvait suffire à la curiosité de Paris et à la verve des chroniqueurs!

Les avocats généraux et mes confrères, écrivait plus tard Linguet, affectèrent « dès mon début dans « les affaires de Gouy et de Bombelles, de m'insulter « avec une licence dont il n'y avait pas eu jusqu'alors « d'exemple au barreau. Il fallut bien répondre, et « dès lors on m'accusa ouvertement d'avoir changé « le ton du barreau, d'y avoir introduit l'usage des « *sarcasmes*, moi qui en avais été le premier objet, « et qui n'avais employé cette ressource (si l'on veut « qu'en effet je l'aie employée) que pour me garantir « d'en devenir victime. »

Quoi qu'il en soit, les altercations devinrent quotidiennes. Linguet plaidait tous les grands procès, dans un temps où l'opinion avait pour aliment de choix cette escrime judiciaire, et il n'était point une de ces causes qui ne tournât à des piques, à des colères; qui ne fût émaillée de ces terribles mots que notre avocat envoyait de sa voix aigre et perçante, de cette voix « flûtée pour le sarcasme », comme disait Berryer l'ancien.

Une sorte de ligue s'établit peu à peu contre lui, l'alliance des rancunes, des jalousies inavouées, et Linguet lui fournit des armes par les torts qu'il se donnait chaque jour, obstinément et comme avec délices.

« Il y a un grand schisme dans le Nouveau Tri-

« bunal, disait le Journal du Parlement Maupeou,
« à l'occasion de M⁰ Linguet, ce boute-feu, qui
« semble porter l'incendie partout. Les gens du
« Roi intriguent fortement pour le faire expulser;
« les présidents de Châteaugiron et de Nicolaï le
« soutiennent avec éclat. »

Quel protecteur Linguet n'eût-il point découragé
par ses incroyables violences?

Un jour, il entre au Parquet, où se trouvent
MM. de Vergès et de Vaucresson entourés de plusieurs personnes. Linguet va droit à M. de Vergès
qui se tient debout à la cheminée, et l'interpelle.

« Vous croyez peut-être que je viens vous faire
« des excuses relativement à mon nouveau Mémoire,
« et vous vous trompez. — Votre Mémoire, réplique
« Vergès, contient des choses très répréhensibles,
« et l'on pourrait bien vous apprendre à vous
« réformer. » Linguet alors : « Mon Mémoire ne
« contient rien de répréhensible. Je sçais jusqu'où
« doit et peut aller mon zèle dans la défense de mes
« clients; je ne vous crains pas : vous croyez peut-
« être me faire abandonner le Palais; mais j'y de-
« meurerai tant que je voudrai, et le temps où je le
« quitterai est dans ma tête. »

Le bonhomme Hardy qui, fort scandalisé, raconte
l'aventure, conclut ainsi : « Mais que pourrait-on
« faire contre Linguet? il est soutenu par la Comtesse
« du Barry et par le Duc d'Aiguillon. Les nouveaux
« juges tiennent aussi à Linguet *qui fait recette.* »

Une autre fois c'est en pleine Grand'Chambre que
la dispute recommence entre l'avocat et M. de Vergès.

« Savez-vous bien à qui vous parlez? » s'écrie
enfin ce dernier en colère.

« Oui, Monsieur, riposte Linguet, je parle à
« Me Jacques de Vergès, avocat général du Parle-
« ment, à mon refus ! »

L'état d'esprit de Linguet pendant cette période se
peint bien clairement dans une folle lettre à son ami
le Président de Châteaugiron. C'est bien là le langage d'un homme prêt à toutes les sottises.

« On me paraît déterminé, dit-il, dans votre com-
« pagnie dont je n'ai jamais démérité, à me sacrifier
« à la vengeance lâche de deux avocats généraux qui
« ne vous prennent pas pour modèle et semblent
« prendre à tâche de décrier leur place. Je n'ai pas
« encore pris de parti, mais j'en prendrai un, et, s'il
« faut que je me retire, ma retraite sera celle du
« lion, je ne tournerai pas le dos et je combattrai
« jusqu'au dernier soupir. »

En attendant de faire retraite, le lion attaque, et
mord à belles dents. Il ne choisit pas toujours ses
victimes, et, disons-le tout bas, il en arrive aux voies
de fait. Aujourd'hui le voilà qui maltraite le sieur
Tesson, concierge de la Conciergerie! et Tesson et
Linguet s'en vont ensemble chez le lieutenant général
de police, M. de Sartine.

Une autre fois à l'audience du Parc civil, Linguet
se prend de bec avec un de ses confrères et « s'oublie
« au point de lui donner au travers du visage
« quelques coups d'un sac de procédures qu'il tient
« à la main ». Le lieutenant civil, témoin de l'aventure, lui dit : « Sortez, maître Linguet, et qu'on ne
« vous revoie plus ici ! »

Et, parmi ces scènes scandaleuses, Linguet, malgré
tout, grandit et s'élève à force de talent, de labeur
acharné. Sa vie sans tact, sans dignité, est surpre-

nante d'incohérence. Le matin il rosse un concierge ou jette ses sacs au nez de quelque avocat; ensuite il écrit une lettre d'injures au premier ministre et lui réclame avec cynisme de l'argent, beaucoup d'argent pour ses honoraires. Une heure après, il envoie fort noblement à tous les diables le conseiller Goezman, qui voudrait bien l'avoir pour défenseur et le paierait fort cher.

Enfin, après l'audience, voici un Linguet petit-maître, opulent comme un fermier général. « Ce n'est « plus, dit Devérité, le Linguet philosophant sur la « vanité des richesses. Il a des valets, un carrosse; « il veut avoir des maîtresses. » Le voilà dans une liaison, fort courte et pour lui dangereuse, avec Mlle Landumier, dite la Caille, ancienne figurante de l'Opéra. Et cette demoiselle lui ayant fait un vilain cadeau, il lui écrit une lettre qui fait, sous le manteau, tout le tour de Paris; j'entends du Paris de la Cour, des lettres, de la mode, qui n'était point bégueule et riait fort de ces choses-là :

« En vérité, ma chère voisine, vous êtes trop géné-« reuse! Vous vous êtes mise en mouvement le 25 du « mois dernier sur votre bergère pour me donner « des étrennes. Elles semblaient être de la façon de « l'amour; je ne sais si elles auraient pu être autre-« ment tournées de celles de la haine. Ce qu'il y a « de sûr, c'est que je me serais bien gardé de les « recevoir, si j'en avais connu la valeur. Mais ce « n'est que le huitième jour que je me trouve ins-« truit; et s'il est heureusement encore temps de me « débarrasser de votre présent, il ne l'est malheu-« reusement plus de le refuser [1].... »

1. *Notice* de Devérité, p. 75.

De tout cela, même des rixes et des scènes avec
messieurs les avocats généraux, le chancelier Maupeou plaisantait volontiers. Il avait deux raisons très
fortes pour soutenir notre avocat. D'abord il connaissait la naissante discorde entre le duc d'Aiguillon
et son ancien défenseur; chaque jour la querelle
s'envenimait, et promettait de la joie au cœur du
chancelier. Ensuite, et cette raison-là valait toutes
les autres, Linguet *faisait recette*, comme le consta-
tait le bonhomme Hardy. Le prétoire à présent n'était
plus un désert; la Grand'Chambre regorgeait de
spectateurs. Et ce n'était point là le fretin, la livrée,
les « gens sans épée »; mais le public à la mode, aristocratique et galant. Et ce grand murmure d'une
audience pleine, si flatteur pour Maupeou et pour
les magistrats nouveaux, parvenait dans l'exil à
l'oreille des parlementaires proscrits, et les faisait
frémir de jalousie.

Malgré tant d'incartades, Linguet donc était soutenu. Mais chaque jour, en scènes nouvelles, il épuisait son large crédit, finissait par lasser même l'ironique patience du chancelier de Maupeou. Un jour,
à la Grand'Chambre, le premier Président s'avise de
« remettre en état après la Pentecôte » une des
causes de Linguet. Celui-ci, qui comptait plaider,
devant cette remise s'indigne et s'exaspère.

Laissons parler Hardy : « M. Linguet se précipite
« dans son équipage, court à la chancellerie et entre
« en furieux chez le chancelier. M. de Maupeou
« essaie de le calmer :

« — Eh! mon Dieu, mon Dieu! pour une remise!
« Mais étant Premier Président j'en ai remis plus
« de deux cents, de la même manière! »

Loin de s'adoucir, Linguet hausse le ton; il énumère les vexations dont l'accable le nouveau tribunal. Alors Maupeou, excédé à son tour, quitte le ton officiel et lui crie : « Que veux-tu que j'y f....? « Crois-tu que j'irai créer un autre Parlement pour « toi?... »

Enfin un incident plus grave plaça le ministère dans la nécessité d'infliger à Linguet un châtiment paternel. Une affaire de Bellegarde, connue dans les papiers du temps sous le nom d'*affaire de l'artillerie*, allait être jugée en conseil de guerre aux Invalides. Dans les affaires de cette sorte, il n'était pas d'usage qu'on publiât des mémoires. Les ministres « répu- « gnaient à ces justifications d'éclat, et voulaient « que les accusés reçussent sans se plaindre les juge- « ments qu'ils estimaient à propos de faire rendre ». M. de Bellegarde s'adressa à Linguet qui, sans souci des interdictions ministérielles, publia la défense de l'accusé.

Cette fois Maupeou se mit en colère, et une lettre de cachet obligea Linguet à se retirer quelque temps à Chartres.

On comptait qu'en ce lieu paisible, le fougueux orateur ferait utilement une cure de silence et de repos. Il n'en fut rien! De Nogent-le-Rotrou, lieu trop voisin de Chartres, l'amour allait guetter Linguet et lui tendre ses pièges.

CHAPITRE VII

(1773-1774)

Pendant l'exil à Chartres, c'est Mme Buttet qui occupera la scène. Elle va s'emparer, et pour toujours, du « Cicéron français ».

Cette personne est assurément blâmable, et de plus ridicule. Répréhensible au point de vue de son tardif adultère, on la verra aussi, dans sa correspondance, coupable de très lourde et pédantesque philosophie.

De plus, elle se montrera avare et acariâtre, coupant ses liards en quatre, et étonnant Paris et Londres par des fureurs tout à fait extraordinaires contre ses servantes.

Vers 1780, elle sera connue en Europe de plusieurs monarques, de la plupart des ministres, et de tous les hommes de lettres. Cette foule de choix la traitera de mégère, et l'appellera familièrement *la vieille tourterelle*. Et c'est précisément ce surnom ridicule qui nous conduit à noter ici ce qui relève et rend même touchante cette rèche physionomie.

Mme Buttet aima son orateur avec passion, avec extase, avec un absolu détachement d'elle-même. Elle l'aima ainsi toujours, dans l'exil, sous le feu des injures et des mépris. Elle eut, on le verra, des cris éloquents, des cris de lionne blessée pendant le séjour de Linguet à la Bastille.

Plus tard, en 1794, ils devaient être arrêtés ensemble, lui comme « ami du tyran », elle comme « accapareuse des pommes de terre », parce qu'on avait découvert dans son grenier de Marnes « un « assez gros tas de ces tubercules dont quelques-uns « avaient germé ». La pauvre femme devait échapper à la guillotine, sortir seule des prisons de la Terreur, et connaître la peine de survivre au furieux petit homme qu'elle avait tant aimé.

Le début de sa liaison avec Linguet, leurs entrevues et leur correspondance, sont étroitement mêlés à l'une des périodes les plus mouvementées de la vie de notre héros : celle où nous pénétrons maintenant.

I

A Chartres, où l'exilait sa dernière lettre de cachet, Linguet avait un oncle chez lequel il put s'installer. Que faire en ce pays et comment secouer la torpeur provinciale? Il y avait bien un coin dans la ville où Linguet eût trouvé à qui parler; le coin où le jeune Brissot, âgé de dix-neuf ans, et clerc, à son grand désespoir, dans l'étude de Me Horeau, se distrayait de ce séjour détesté « du bigotisme, de l'ignorance « universelle » par d'interminables controverses avec un certain dom Mulet, qui prétendait le décider à se faire bénédictin.

Mais Linguet, à ce moment-là, ne connaissait point celui qui quelques mois plus tard allait devenir son secrétaire. Il ne vit point Brissot, et se borna d'abord, pour toute distraction, à étonner la ville par le carrosse et les chevaux qu'il avait amenés de Paris. Puis il daigna se souvenir de Mme Buttet, son enthousiaste correspondante, et bientôt lettres et visites de se succéder sans relâche.

C'est par les lettres [1] que nous pouvons surprendre les débuts du commerce amoureux, l'initial état d'âme de Mme Buttet. Cette préface est philosophique.

On saura que Mme Buttet, dans les lettres de quinze pages qu'elle adressait à Chartres, au « Ci- « céron français », lui disait notamment : « J'attends

---

1. Tous les passages que nous allons citer des lettres de Mme Buttet sont extraits de sa correspondance inédite, qui se trouve, comme nous l'avons dit, à la bibliothèque de Reims.

« avec empressement les preuves que vous avez à
« m'offrir sur la nécessité du mal dans nos institu-
« tions humaines ».

Il est vrai que la même épître s'achevait sur ces
mots : « Je vous envoie un pâté, et quelques mauvais
« chapons par le carrosse du Mans. Agréez cette
« misère avec indulgence. »

Mais ces pauses gastronomiques n'altéraient point
la sévère tonalité des morceaux oratoires que le
« carrosse » transportait entre pâtés et chapons.

S'agissait-il de demander à Linguet quelques
livres, Mme Buttet choisissait « *le Système de la*
« *nature ou Des loix du monde physique et moral,*
« ouvrage présenté au public sans nom, ou, je crois,
« sous le nom de M. de Mirabaud »[1]. D'ailleurs elle
s'en remettait au choix de Linguet, étant « peu
« informée par ses entours » et fort éloignée « de
« s'en rapporter au sentiment des journalistes » :
« j'attendrai avec empressement, concluait-elle, tous
« les ouvrages de votre choix, pourvu cependant
« que ce ne soit ni romans, ni mathématiques pures,
« ni vers légers, car je n'aime les vers que lorsqu'ils
« habillent un peu de physique ou de métaphysique. »

Nous n'avons pas, et c'est dommage, les réponses
de Linguet, mais on devine qu'en politique, métaphysique ou physique, Linguet, par extraordinaire,
devait paraître mou, indécis, modéré, à côté de l'in-
transigeante dame. Elle tranchait sur tout, et sa cervelle impitoyable allait au bout des opinions : au
bout de l'athéisme par exemple. Jamais, dans aucun

---

1. Le *Système de la nature,* du baron d'Holbach, fut en effet
présenté au public sous le nom de l'oratorien de Mirabaud.

temps, dans aucune mêlée philosophique, les dogmes
du christianisme ne furent plus maltraités que par
cette insurgée de Nogent-le-Rotrou.

Qu'on en juge par ce morceau, qu'elle écrivait
après avoir lu le premier volume du *Système de la
nature* :

« Je ne suis pas surprise du déchaînement que ce
« système a produit parmi les défenseurs de la
« superstition. Ils ont craint qu'en précipitant des
« voûtes éthérées le Monarque céleste aérien, ce pro-
« duit informe de l'imposture, cet inconnu au nom
« duquel ils gouvernent, s'approprient le connu et
« disposent des domaines terrestres ; ils ont dû
« craindre, dis-je, que leurs possessions et l'oisive
« existence qui leur ont été conférées par l'aveugle
« crédulité, ne fussent au moins exposées par
« l'examen de la raison. »

C'est du galimatias, mais un galimatias à tendance
anarchiste nettement caractérisée. Linguet n'aurait
pas été jusque-là! L'ancien auteur des « Plaintes d'un
« jeune Jésuite » devait ressentir un certain émoi
lorsque sa Dulcinée lui mandait que « sauf la théo-
« logie payenne, qui a prêté tant de charmes à la
« poésie, les opinions religieuses n'ont servi qu'à
« flétrir l'âme, engourdir l'esprit des humains,
« affliger les sociétés, dévaster les nations, ensan-
« glanter la terre et, au nom du ciel, placer l'enfer
« sur le globe ».

Ces imprécations, d'un goût médiocre, pouvaient
choquer Linguet, mais au fond elles le ravissaient;
car c'est précisément par les affinités de leurs natures
de révolte, de leurs audacieuses cervelles, que nos
deux amants allaient se prendre et s'enchaîner. Sans

doute, ils avaient des indignations différentes, et parfois contradictoires, mais ils communiaient quand
même dans leur passion profonde pour tous les
genres d'insurrection. Le même sens d'indiscipline,
de protestation, de désobéissance universelle était en
eux. Quand deux êtres sont ainsi de même famille
intellectuelle, peu importe qu'en théologie ils diffèrent, ou bien qu'en politique l'un soit républicain
et l'autre monarchiste : d'un camp à l'autre, leurs
âmes se cherchent et s'appellent. Ils sont, malgré
de vaines apparences, unis et soudés à jamais.

Les colères de Mme Buttet contre les religions sont
curieuses aussi à un autre point de vue. On peut y
observer le goût du temps, la mode de Paris en 1771,
transportée à Nogent-le-Rotrou. On sait que la philosophie et les chapeaux des Parisiennes sont un peu
déformés quand ils arrivent en province; la tendance nouvelle y est généralement exagérée avec
maladresse. Ainsi l'athéisme lourd de Mme Buttet
n'avait point la grâce, la mesure, l'impertinence aristocratique de l'athéisme des ruelles élégantes. Au
fond, c'était le même plat.

Les lettres amoureuses des femmes de bel esprit
suivent toujours la mode littéraire. Au siècle dernier
il était élégant d'être athée. Aujourd'hui les belles
adultères sont « esthètes ». Elles vont à Fiesole, et
écrivent à leurs amants des dissertations sur le
Pérugin, qu'elles appellent familièrement Pietro
Vannucci.

Mme Buttet était de son temps; elle comptait bien
que les hommes, une fois affranchis de « l'hypothèse
« Dieu », iraient d'une marche très ferme dans la
voie de l'infini progrès.

Après tant de philosophie, les lettres tournè-
rent à de plus douces confidences, et marquèrent les
souvenirs de tendres entretiens. Pour être sûr du
mystère, on s'écrivait (cela résulte de plusieurs mis-
sives) sous le couvert de M. le duc d'Aiguillon.
Ainsi passaient en privilège les billets doux, les
livres prohibés. Dans les billets maintenant, on était
à cette période assez voisine du péché, où la femme
qui va être coupable, éprouve le besoin de parler
du mari, de le mettre en scène, de déclarer qu'il est
parfait.

Voici un portrait de l'époux, tracé par l'infidèle :
« S'il est, écrivait-elle à Linguet, un mortel à qui
« la nature ait accordé une humeur pacifique, c'est
« assurément à M. Buttet qu'elle a fait ce présent.
« Ne tenant qu'à l'amitié, jamais à l'intérêt, tou-
« jours élevé au-dessus de la région où les misé-
« rables débats des humains rendent la vie si agitée,
« pleurant sur leurs passions, ne rendant son âme
« accessible qu'à sa tendresse pour moi et aux plus
« doux sentiments de la nature, tel est, Monsieur,
« l'époux que j'ai reçu du ciel, comme disent les
« dévots. »

Cet époux sublime avait un procès, et il fallait que
Linguet donnât un conseil décisif pour le gain de la
cause. Où donc cette cause allait-elle se plaider?
Laissons parler Mme Buttet :

« De ce siège, dit-elle, nous n'avons pas l'honneur
« d'être traduits dans votre auguste cour; nous allons
« au premier bourg voisin. Et c'est dans un village
« formé de quatre ou cinq masures qu'on décide de
« nos fortunes et de notre vie. Eh bon Dieu! direz-
« vous, quelle justice est-ce là? Ah! Monsieur, elle

« est déplorable! Imaginez une convocation de cinq
« ou six démons dans un réduit infernal; un misé-
« rable procureur fiscal qui conclut toujours à l'op-
« pression de l'innocent et au triomphe du coupable;
« un âne sous la robe et sur le siège d'un bailli qui
« ratifie ces funestes conclusions. J'ozai, une, fois, en
« ma vie, pénétrer dans cet affreux repaire. J'y fus
« saizie de la plus vive indignation au spectacle de
« tant d'horreurs! mais on la calma en m'assurant
« que les fatales sentences qui en étaient vomies
« étaient toujours infirmées. »

Ne dirait-on pas que la dame avait retenu quelques passages de Linguet, sur les justices seigneuriales?

Elle passait ainsi le temps à écrire à Linguet, ou
bien à dévorer sa prose, ou bien à donner des soins
pieux à la santé chancelante de l'époux sublime. Linguet lui-même s'intéressait beaucoup aux malaises de
M. Buttet :

« Quelle sensibilité vous donnez à la situation de
« mon mari, lui écrivait la dame. M. Buttet est infi-
« niment mieux. Il a passé une bonne nuit, il atend
« M. Purgon, et se propose de l'envoyer promener
« bientôt avec M. Diafoirus. »

Et c'est ce billet même, ce billet débordant de sol-
licitude conjugale, que nous voyons s'achever par
ces mots : « Ah! de quelque manière que je veuille
« vous aimer, vous le serés toujours tendrement ».
Mme Buttet avait franchi le Rubicon! Aussi les lettres qui suivent, fort éloignées de la métaphysique,
sont-elles remplies d'amoureux détails, si amoureux
qu'il faut citer avec discrétion. Il y a dans ces épî-
tres-là une certaine *automane,* moins inquiétante

.par son orthographe imprévue que par les scènes qu'elle évoque dans l'imagination de la tendre Zélie. (Zélie est le surnom amoureux de Mme Buttet.)

« Je te vois sans cesse dans cette chambre », s'écrie-t-elle, « tu t'es reposé près de moi, sur cette *auto-« mane. Et ce lit... ah! Zulmis! (Zulmis, c'est Lin-« guet lui-même) tu n'y viendras pas ce soir! »

« Encore un jour passé, dit-elle une autre fois, j'ai « gardé ma chambre, même mon bonnet de nuit, je « suis restée dans la solitude. Mais j'ai écrit sur ta « table, je me suis assise sur l'*automane*, j'ai lu tes « *Révolutions romaines*; ton idée se mêlant à toutes « ces choses répandait sur elles un charme attendris-« sant. En te lisant j'évoquais ta voix.... »

Mais pourquoi rire de ce verbiage, des surnoms pastoraux, des longueurs infinies, de l'*automane* et de tout le reste? C'est l'amour, après tout, le respectable et criminel amour.

Linguet n'était pas féru à ce paroxysme. Il prit d'abord l'aventure comme un aimable épisode d'exil, comme le galant post-scriptum de sa première lettre de cachet. Certes il ne songeait guère à ce rapt de Zélie et de cent mille écus, dont Brissot devait l'accuser sur la foi des cancans de Nogent et de Chartres! Non, Zulmis songeait à Paris beaucoup plus qu'à sa tourterelle; il rêvait aux moyens d'abréger sa pénitence, de retrouver la gloire, les clients, les rivaux!

Justement une affaire célèbre, la plus célèbre de ce temps-là, réclamait le « Cicéron français ».

L'ordre libérateur arriva un matin. Linguet aussitôt de monter dans son fameux carrosse et, fuyant la province et les champs, et son oncle et sa tourte-

relle, de s'envoler vers cette délicieuse rue Tictonne,
où l'attendait avec angoisse M. le comte de Morangiès.

II

L'affaire de Morangiès a fait en 1773 plus de bruit
dans le monde que sa célèbre contemporaine l'affaire Goezman. Jamais encore, à cette époque où
apparaissent les premiers symptômes de la Révolution, la France ne s'était aussi nettement séparée
en deux camps opposés, en deux armées furieuses.
La noblesse défendit avec passion le comte de Morangiès; la bourgeoisie fit cause commune avec ses
accusateurs : le sieur Dujonquay et la dame Véron,
sa grand'mère. Il fallut être Morangiste ou anti-
Morangiste.

Dans cette lutte, Linguet trouva son apogée, sa
minute de gloire. Soutenu par Voltaire [1], il fut le
général victorieux qui mena la noblesse à un de ses
derniers succès.

Quel était donc le litige qui enflammait ainsi tous
les esprits?

A première vue, on ne s'explique guère que ce
procès ait soulevé des passions aussi ardentes, et
l'on est bien tenté de dire, comme Mme du Deffand
à Voltaire :

1. Voir *OEuvres de Voltaire*, éd. Garnier, t. XXVIII, XXIX,
XLVIII, XLIX, passim, — et notamment : Lettre à Beccaria sur
les probabilités en matière de justice; Précis du procès du
Comte de Morangiès; Lettres à la noblesse de Gévaudan; Lettres diverses à Marin, à Marmontel, à Condorcet, à Argental, etc.

« Mon avis jusqu'à présent est que Morangiès et
« sa partie sont tous fripons. »

Le comte de Morangiès, client de Linguet, était
un maréchal de camp, fils d'un lieutenant général
des armées du roi, gendre du duc de Saint-Aignan,
et chef d'une famille ancienne. Ce gentilhomme était,
à ce qu'il semble, un type achevé de dissipateur. Il
était connu et apprécié dans le monde de l'usure, et
possédait, en tant que prodigue, un crédit de tout
premier ordre, une signature de choix.

Si l'on en croit les avocats de ses adversaires : les
Drou, les Delacroix, les Vermeil et les Falconnet, le
comte de Morangiès faisait preuve d'une adresse
confinant à l'escroquerie en vivant sur le pied de
60 000 livres de revenu, alors qu'il n'en possédait
que 5 000! Il avait hôtel et carrosse, suisse, cocher
et postillon, quatre laquais et une maîtresse, Mlle Jo-
liot, qui lui coûtait fort cher.

Ce qui est certain, comme le dit Voltaire, c'est
que le comte connaissait familièrement « tous les
« suppôts de Mme La Ressource ».

Ce prodigue avait souscrit pour 100 000 écus de
billets à l'ordre d'une dame Véron.

Il ne contestait point sa signature, mais il affirmait
que ces billets lui avaient été escroqués, et qu'il n'en
avait jamais touché le montant. Ses adversaires, au
contraire, prétendaient avoir versé la somme, et être
ainsi victimes de la calomnie la plus effrontée.

Voilà tout le problème. C'est dans le but de le
résoudre que Voltaire a écrit sa *Lettre sur les probabilités en matière de justice.*

Au premier abord, il paraît étrange qu'un homme
aussi expérimenté que le comte se soit laissé duper

si audacieusement; et l'on est près de partager le
sentiment qu'exprime avec vigueur un personnage
du procès, la Tourtera, marchande à la toilette : « Tu
« n'es pas assez *niole* », dit-elle à Morangiès au cours
d'une confrontation, « pour avoir donné 300 000 li-
« vres de papiers à une femme âgée de quatre-vingt-
« huit ans, sans en avoir reçu la valeur; tu as assez
« fait d'affaires sur le pavé de Paris pour en savoir la
« conséquence! »

Cependant, des deux versions contradictoires, celle
de Morangiès et celle des Véron, laquelle est la plus
vraisemblable?

Ouvrons, pour tout éclaircir, le plaidoyer de Linguet, ce plaidoyer que le public s'arrachait avec
avidité.

« Le public, disent les *Mémoires secrets*, a témoigné
« la même fureur pour le lire que pour l'entendre....
« L'avocat s'est trouvé assiégé plusieurs jours dans
« sa maison par la multitude des curieux, qui ve-
« naient chercher ce Mémoire.

« Le début est d'une grande beauté par la noblesse,
« la clarté, l'impartialité, avec lesquelles l'orateur
« présente le pour et le contre de cette affaire, la
« plus extraordinaire qui ait peut-être encore paru
« au barreau. Il laisse le lecteur indécis de quel
« côté il va pencher, et cette suspension est d'une
« grande adresse sans doute. »

Il y a dans cette affaire, dit Linguet au début de
son discours, de grands motifs d'incertitude; et pour
découvrir la vérité il faut avant tout se dégager de
l'esprit de parti : « On n'oublie rien [1] pour faire de

1. Linguet, Plaidoyer pour le comte de Morangiès (*Mémoires
et Plaidoyers*, t. VII, p. 182 et suiv.).

« ce procès celui de la Bourgeoisie contre le Mili-
« taire, et de la Roture contre la Noblesse; et on y a
« réussi en partie. On se passionne pour ou contre,
« suivant le rang où l'on est placé. Les gens de
« marque s'indignent de la légèreté avec laquelle on
« veut flétrir un homme qui leur appartient; et le
« peuple, sans rien examiner, bat des mains avec
« transport à tous ces traits insultants pour la
« Noblesse qui ont été prodigués jusqu'à l'indécence
« aux premières plaidoiries. »

L'avocat écarte donc tout ce qui troublerait le
sang-froid des recherches de la justice, et va droit
au cœur du procès. Il déclare qu'il est indispensable
avant tout d'établir la situation pécuniaire de la
veuve Véron :

« A-t-elle pu prêter cent mille écus?

« A-t-elle prêté cent mille écus?

« Le comte de Morangiès a-t-il reçu cent mille
écus? »

Telle est la division célèbre du plaidoyer de Linguet.

Était-elle heureuse, logique, conforme aux règles
du discours? Tout Paris, nous n'exagérons rien, dit
son mot sur cette question grave. La noblesse
« approuva la gradation adoptée par l'orateur ». Mais
le peuple et les gens de lettres y virent « une vraie
« dégradation de preuves, qui annonce un défaut de
« logique dans l'avocat et d'ordre dans les idées....
« S'il eût renversé sa division, alors chaque partie
« enchérissait sur l'autre, elles se fortifiaient gra-
« duellement, et la dernière portait la conviction
« absolue. »

Mais sans prendre parti sur ces préliminaires,

feuilletons le discours de Linguet. La partie la plus importante est la réfutation, d'une ironie si aiguë, du récit fait par les Véron de l'origine de leur fortune.

Là était en effet le plus solide argument du comte. Les Véron et Dujonquay (cela était de notoriété publique) vivaient dans la misère la plus sordide, étaient réduits à vendre leur mobilier. D'où leur venait donc cette somme fantastique, ces 300 000 écus qu'ils prétendaient avoir versés?

Voici leur explication, malicieusement reproduite par Linguet :

« Le premier pas à faire pour prêter une somme
« quelconque, Messieurs, c'est de l'avoir en sa pos-
« session. La dame Véron, vous a-t-on dit, est veuve
« d'un Banquier célèbre [1]. Il y a trente ans que ce
« Banquier l'a laissée veuve ; elle ne connaissait point
« ses affaires, anecdote peu surprenante, parce que
« toute la fortune de cette sorte de commerçans est
« dans leur portefeuille. Elle se trouve dans l'indi-
« gence, et elle n'en murmure point. Elle se soumet
« à son sort avec résignation.

« Le défunt avait secrètement remis tout ce qu'il
« possédait à un financier, son ami. Ce confident
« délicat, nommé Chotard, caissier de l'octroi des
« Fermes, fait à la veuve une visite.

« Il lui offre, moins par forme de restitution qu'en
« qualité de don, 260 000 livres en or, et beaucoup
« de vaisselle plate. Il se fait alors un combat de
« générosité; on commence par refuser ce magni-
« fique présent. Le scrupuleux financier insiste; la

1. Ce banquier célèbre n'était autre, d'après Voltaire, que l'ancien cuisinier du duc de Saint-Aignan.

« veuve, non moins consciencieuse, balance. Enfin
« elle va conférer avec des jurisconsultes pour savoir
« si elle peut s'approprier la libéralité du caissier.
« Sur la réponse, qui est affirmative, comme on le
« devine bien, elle accepte.

« Vous croyez peut-être que, rassurée contre l'indi-
« gence par un événement si peu attendu, elle va se
« hâter de placer les fonds dans le commerce, ou
« sur des hypothèques, ou dans l'acquisition de quel-
« ques terres titrées qui lui offriront une retraite
« agréable avec un rang dans la société? Non, mes-
« sieurs, c'est surtout l'éclat, que redoute cette veuve
« modeste ! discrète autant que généreuse, elle ne dit
« pas un mot, même à sa fille, de sa bonne fortune !
« Elle va déposer son secret et son or chez un notaire
« nommé Gillet qui se charge de le lui faire valoir
« clandestinement. Payée avec exactitude, la veuve
« Véron ne change rien à son extérieur et à son
« genre de vie. Elle marie sa fille avec autant de
« simplicité que si elle n'avait pas un coffre-fort
« opulent à sa discrétion.

« La famille s'augmente. L'arrivée de plusieurs
« enfants jette dans l'embarras la riche et circon-
« specte grand'mère. Elle imagine qu'en province
« l'éducation sera moins coûteuse et la vie plus facile :
« elle abandonne la capitale.

« Elle choisit, pour s'y fixer, Vitry-le-François, e
« elle y emporte sa cassette. Le notaire rend en or
« les 260 000 livres qu'il a reçues en or. La sage pro-
« priétaire, qui prévoyait dès lors qu'elle aurait un
« jour besoin de cent mille écus, pour les prêter à
« point nommé, avait eu soin d'épargner sur les
« produits annuels de sa confiance 40 000 livres, ce

« qui lui composait juste 300 000 livres en or, qu'elle
« fait voyager dans sa compagnie.

« A Vitry, son économie se relâche. Elle s'occupe
« de l'éducation de son petit-fils, de ce sieur Dujon-
« quay devenu depuis si célèbre; c'est l'enfant
« favori, c'est l'héritier principal de cet or, dont on
« ne lui dérobe la connaissance que pour l'en rendre
« plus digne. On lui prodigue des maîtres de tous
« les genres. Sa grand'mère le destine à la magistra-
« ture.

« Mais comment engager ce jeune homme qui se
« croit sans biens, à entrer dans une carrière qui
« n'est qu'honorable, et où le droit de disposer de
« la fortune des autres s'achète par une renoncia-
« tion absolue à tous les moyens de s'en assurer une?

« La veuve Véron a pour cela un secret bien
« facile : c'est de tirer de devant ses yeux le rideau
« qui lui dérobe son opulence. Au jour marqué par
« la Providence pour la révélation de ce grand secret,
« elle prend son petit-fils par la main; elle l'introduit
« à pas comptés dans le sanctuaire où repose cet or,
« qui va se communiquer à lui. Ses yeux, son geste,
« son air, tout annonce l'importance de la démarche
« qu'elle hasarde! Une armoire s'ouvre sous sa main
« tremblante. Des sacs pleins d'espèces, et rangés
« dans un ordre admirable, s'y manifestent; et quand
« le jeune homme, instruit que tout est or, paraît
« enseveli dans un saisissement muet : Prends, mon
« fils, lui dit la vieille en l'embrassant! Prends, tout
« cela est pour toi!

« Après une cérémonie aussi persuasive, le jeune
« Dujonquay n'oppose plus aucune résistance aux
« projets de sa grand'mère. Sa vocation est décidée,

« il se trouve l'homme du monde le plus propre
« à faire un juge. Aussitôt le parti est pris de re-
« tourner en hâte à Paris. Mais il fallait, en arrivant,
« y avoir cent mille écus. Cette somme à Vitry avait
« un peu diminué. Les instituteurs du futur Magis-
« trat, ainsi que l'entretien du reste de la famille,
« avaient altéré la masse. Que fait l'antique et pru-
« dente Directrice, qui meut à elle seule tous les
« ressorts de la machine? Elle a des diamants, des
« bijoux, cette vaisselle provenant du fidéicommis
« du sieur Chotard. On se défait de ces superfluités
« onéreuses! On les vend, et à qui? à des Juifs
« forains, qui disparaissent sans retour après avoir
« consommé leur marché. On en tire précisément
« 40 000 livres; et la famille arrive à Paris, portant
« cent mille écus justes en or, pour les prêter au
« comte de Morangiès. »

Il suffisait d'un tel exposé pour ruiner cette fable
de la fortune des Véron, et tout leur récit tombait
avec elle.

Est-il besoin de dire que « le discret notaire, le
« généreux Chotard, leurs clers, leurs commis, et
« sans doute aussi leurs minutes, leurs registres,
« tout a disparu; le temps impitoyable a ravi à cette
« famille désolée tous les titres, tous les monuments
« dont elle aurait dans cette crise un besoin si pres-
« sant!

« Les avocats même consultés en 1740 sur la
« question épineuse de savoir si l'on acceptera ou
« non un présent d'un riche caissier, sont sans doute
« morts aussi. C'étaient sûrement les plus habiles, et
« par conséquent les plus anciens. Ils n'existent donc
« plus! »

Et Linguet nous montre ce grand amas d'or, qui sans cesse escorte la famille, qui, ignoré de tous ses membres, sauf de la grand'mère Véron, a voyagé de Paris à Vitry-le-François sur la charrette d'un roulier!

A côté d'un tel trésor, il nous peint la famille mourant de faim, forcée de vendre ses meubles à Vitry pour payer des dettes criardes, et obtenant à grand'peine, à la veille même du prêt, 80 livres sur le nantissement d'une paire de boucles d'oreilles!

L'avocat met en relief cette série d'invraisemblances avec l'acharnement d'une froide ironie. Il recherche ensuite comment, à quelle heure, dans quelles circonstances cette somme énorme de 300 000 livres aurait pu être versée à M. de Morangiès.

Le comte a soutenu dans sa dénonciation que, demandant à emprunter 500 000 livres, il était entré en relations par la Charmette, courtière, avec le jeune Dujonquay; que celui-ci avait eu l'adresse de l'attirer dans le taudis qu'occupaient les Véron au troisième étage d'une maison de la rue Saint-Jacques; que là le maréchal de camp avait écrit et signé les fameuses traites, et demandé à ses prêteurs 1 200 livres pour le jour même, la grosse somme pour le lendemain.

D'après ce récit, Dujonquay, en escroc habile, s'était en un tour de main emparé des billets, puis, faisant l'empressé, comptant 1 200 livres, les mettant en deux sacs, escortant Morangiès jusqu'à son carrosse, il avait pu distraire sa victime; et sans exiger de reconnaissance pour les traites qu'il laissait ainsi aux mains des Véron, le comte était parti avec ses 1 200 livres.

« Ce qui prouve, conclut Voltaire, que rien n'est
« plus dangereux pour les officiers du Roi que les
« négociations au troisième étage. »

Mais, sur cette remise de l'argent, quel est le récit
des Véron? Ici Dujonquay va jouer le principal
rôle. C'est lui, si on veut bien le croire, qui a procédé le 23 septembre, c'est-à-dire le lendemain de la
signature des traites, à l'importante opération de la
livraison des écus.

Tout d'abord Dujonquay s'est assis à sa table où
se trouvait étalé un tas d'or. On le voit comptant les
pièces, puis les divisant en sacs de 600 et de 200 louis,
« ce qui fait juste treize des uns et vingt-trois des
« autres ». Les sacs faits, Dujonquay « se charge de
« porter la somme entière lui-même : il y parvient en
« treize fois. Chaque fois il porte un sac de 600 louis
« sous son bras et un de 200 dans chacune des
« poches de sa veste. Enfin, il emploie à cet impor-
« tant message toute la matinée du 23 septembre,
« depuis sept heures et demie jusqu'à près d'une
« heure. »

Donc, en six heures de temps, le vaillant Dujonquay a pu accomplir ses treize voyages. Le fait est
physiquement impossible, s'écrie Linguet. Et voilà
notre avocat lancé, avec ses adversaires, dans le
calcul des toises qui séparent l'allée de Dujonquay
du pied de l'escalier du comte de Morangiès. En ses
treize parcours, Dujonquay a fait cinq lieues et
demie, soit 13 416 toises. Or un marcheur d'élite peut
à peine effectuer un tel trajet en six heures.

« Ainsi, quand Dujonquay n'aurait fait cette route
« que comme exercice, quand il n'aurait été embar-
« rassé par aucun fardeau, quand il aurait glissé

« sur un plan d'un niveau parfait, quand il aurait
« suivi la ligne la plus droite sans se détourner d'un
« seul pas, quand il n'aurait rencontré aucun
« obstacle, quand enfin il se serait interdit le
« moindre repos dans cette longue course, il aurait
« à peine eu le temps nécessaire pour l'achever! »

Mais, loin de se trouver dans l'état d'un coureur
sur une piste excellente, Dujonquay est chargé,
empêché; sa route est traversée de mille obstacles.
Linguet détaille tout cela par le menu, le fin du fin,
mais avec une telle verve que le morceau ne fait pas
longueur.

On voit le malheureux, courant les poches pleines,
avec « trois livres quatre onces qui lui battent sur
« chaque cuisse dans tout le cours de son évolution »;
sous son bras il a six cents louis, « c'est-à-dire tout
« près de dix livres pesant »; le terrain qu'il par-
court n'est pas horizontal : « c'est un plan incliné
« dont le penchant se trouve précisément du côté
« où il part ». Ce n'est pas tout : « dans une rue aussi
« passante que la rue Saint-Jacques, sur un pavé
« perpétuellement broyé par des chevaux, des voi-
« tures, et couvert d'artisans qui se rendent à leurs
« travaux, et de qui l'on ne peut pas attendre beau-
« coup d'égards, la marche ne saurait être droite,
« il y a des déviations infinies;.... c'est au moins
« une demi-lieue à ajouter aux cinq lieues et demie
« que donne la distance prise à vol d'oiseau. »

Enfin, il y a surtout sur ce chemin montant et
malaisé un obstacle qui se trouve précisément là le
23 septembre au matin. Et cet obstacle, aussi considérable que l'argument qu'ils en peuvent tirer, fait
la joie de Linguet et la joie de Voltaire. « C'est une

« pierre énorme destinée pour la nouvelle église de
« Sainte-Geneviève qu'on voiture à force de bras. La
« rue entière est remplie par les cabestans, par
« soixante ou quatre-vingts ouvriers employés à la
« manœuvre et par la foule des curieux. »

Pour le coup, Dujonquay est pris ! Par quel miracle
aurait-il pu vingt-trois fois de suite, sans perdre une
minute, se faufiler dans ce rassemblement?

En résumé, conclut Linguet, le récit du jeune
Dujonquay a tous les caractères d'une fable. Les
Véron n'ont pas fourni les 300 000 écus.

Nous ne saurions suivre l'avocat dans les méandres
et les complications de son plaidoyer mémorable.

Qu'il suffise, sur le fond du procès, de donner
maintenant la raison décisive, la meilleure et la plus
solide qu'on pût invoquer pour le comte de Morangiès.

Le 30 septembre, sept jours après la prétendue
remise des sacs d'or, Dujonquay avait été conduit
par devant le sieur Chenon, commissaire au Châtelet, et là, il avait fait une déclaration qui est rapportée tout au long dans les procédures et dont voici
la partie substantielle : « A dit se nommer Dujon-
« quay, âgé de vingt-six ans, et nous a déclaré que
« 327 000 livres portées aux quatre billets dont il
« est question, *n'ont point été fournies au dit Comte*
« *de Morangiès*, qu'il ne lui a été réellement fourni
« que la somme de 1 200 livres et qu'il comptait lui
« faire fournir le surplus par une compagnie ». Et
après Dujonquay vient la dame Romain, sa mère,
qui confirme tous ses aveux. Tous deux, après cette
déclaration, sont conduits au For-l'Evêque.

Ne semble-t-il point que cela clôt l'affaire? Et

comment infirmer d'aussi formels aveux? C'est là ce que Voltaire et Linguet ont répété sans cesse, faisant de la confession de Dujonquay la base même de leur argumentation. Mais on va voir que ces aveux, si clairs et décisifs qu'ils paraissent, n'avaient point suffi devant les premiers juges pour donner gain de cause au comte de Morangiès.

Il faut ici revenir en arrière. Le plaidoyer de Linguet que nous venons d'analyser a été prononcé à la Grand'Chambre sur l'appel interjeté par son client de la sentence du bailliage. Cette sentence, de tous points favorable aux Véron, avait condamné Morangiès « à payer 300 000 livres et à subir l'admonestation ».

La discussion avait porté cependant sur les aveux de Dujonquay et de sa mère. Mais ces aveux, avait dit le parti des Véron, sont sans valeur aucune, n'ayant pu être arrachés qu'à force de tourments, et par la plus barbare torture!

Et tout Paris nommait le bourreau, un certain Desbruguières, inspecteur de police, le célèbre limier du temps.

Ce Desbruguières avait la spécialité des arrestations de grands seigneurs et de gens de lettres. Il n'avait point son pareil pour aller cueillir à Londres, sans bruit et sans scandale, quelque libelliste gênant, et pour le transférer tout ficelé de la Tamise à la Bastille. Nous verrons plus tard ce Desbruguières chargé de la saisie des papiers de Linguet à Bruxelles. En attendant, cet inspecteur suivait l'affaire Morangiès.

Avait-il dit à la femme Romain : « Coquine, si tu « n'avoues, je te ferai avaler ma canne »? Avait-il

joint à ces propos des manœuvres répréhensibles?
On en était généralement convaincu. Voltaire convenait lui-même que « ce pousse-cul de Desbruguières
« méritait bien le pilori ». Malgré cela, les aveux
subsistaient, formels et répétés, confirmés d'ailleurs
par tant de circonstances.

Après leur confession, Dujonquay et sa mère
n'avaient-ils point écrit à leur avocat : « Rendez les
« billets »? Les Véron n'avaient-ils pas vendu leur
procès, à vil prix, ainsi qu'une créance véreuse, à
un fripon nommé Aubourg?·

Rien n'avait pu convaincre le bailliage. Au cours
des procédures, M. de Morangiès avait été décrété
de prise de corps, arrêté et conduit à la Conciergerie
pour y tenir prison jusqu'à la sentence définitive.

III

Au Parlement appartenait le dernier mot.

Là, le procès débuta par la nomination d'un rapporteur, M. Goudin, qui était un astronome estimé,
mais un magistrat peu connu. Ce rapporteur commençait à peine son travail, quand, sur un incident,
les émeutes commencèrent.

Linguet demanda la mise en liberté provisoire de
M. de Morangiès, et, dans cette escarmouche, se
montra de la dernière violence à l'égard des juges
du bailliage. Ces juges n'étaient autres que des avocats anciens. C'étaient donc des confrères que Linguet maltraitait ainsi.

Ceux-ci, on le verra, ne l'oublièrent point.

Le Parlement repoussa la demande de mise en liberté, et dès lors la fureur des partisans du comte ne connut plus de bornes.

On vit le Palais occupé chaque jour par les factions ennemies. Les partis allaient-ils en venir aux mains? Lorsque Linguet circulait dans les galeries, il avait sa garde : « Il est », dit le *Journal du Parlement Maupeou*, « toujours entouré de plus de 60 mi-« litaires, chevaliers de Saint-Louis ou gens de qua-« lité, tous attachés à la cause du comte: ces gens « escortent l'avocat et passent à la Conciergerie avec « lui pour visiter le prisonnier ».

« Rien ne saurait peindre », disent les *Mémoires secrets*, « le déchaînement des roués de la cour contre « M. Vermeil », avocat des Véron.

A l'une des premières audiences : « Trois cents « Seigneurs ou Chevaliers de Saint-Louis se rendent « à la Grand'Chambre, s'emparent du barreau, veulent « par les discours les plus insolents, des menaces ou « des gestes de mépris, intimider cet orateur, et « poussent l'indignité jusqu'à cracher sur sa robe ».

Au dehors, l'émotion n'était pas moindre.

Les gentilshommes de province suivaient l'exemple des gentilshommes de Paris. Ceux-ci avaient ouvert des souscriptions, « mais entre gens de qualité seu-« lement », pour acquitter les dettes criardes du comte de Morangiès. La noblesse de Provence en faisait autant de son côté. La noblesse de Gévaudan discutait, pétitionnait, correspondait avec Voltaire.

Enfin, le roi, amusé de tout ce bruit, avait une attitude ambiguë. C'est en vain que la Cour s'efforçait d'obtenir que l'affaire fût évoquée au Conseil, Louis XV écoutait et ne disait mot. Un jour cependant, rompant le silence, il laissait tomber cette simple phrase : « Il faut que Morangiès soit un fripon « ou un bien grand sot ». Et la noblesse de se désespérer !

Mais peu à peu Louis XV est entraîné, gagné par la fièvre universelle ; il prend enfin parti, laisse échapper une formule décisive. « Le roi », répètent les courtisans, » parie mille contre un que M. de « Morangiès n'a pas touché cent mille écus. »

Quel regain d'espoir pour les Morangistes ! Et ce mot est si considérable que Voltaire le prend, l'enchâsse en vingt endroits de ses écrits. « Le roi a dit.... Le roi a répété... », et ce propos que le parti contraire discute, nie même avec acharnement, devient la plus réelle des « 22 probabilités » qui, selon Voltaire, militent en faveur de l'innocence de son client.

Si une telle agitation règne au camp morangiste, dans la foule à épée, titrée et décorée, quel tapage ce doit être dans le camp des bourgeois !

Là on traite Linguet de la belle manière ! Le bruit circule qu'il demande au roi un cordon, le cordon de Saint-Michel, et aussitôt un anti-Morangiste de composer cette épigramme :

> Ce pâle et débile squelette
> Détracteur de Titus, défenseur de Molette [1],
> Du Cordon Noir veut être décoré
> Pour rendre son nom plus célèbre,
> Il faut à ce cordon funèbre
> Joindre la croix de Saint-André [2].

1. Nom patronymique de la famille de Morangiès.
2. C'est sur une croix de Saint-André, faite de deux solives se croisant obliquement, que le criminel était étendu et rompu par le bourreau.

Les *Mémoires secrets* annoncent « qu'on attend
« avec impatience la *Lingue-Morangiade*, poème du
« sieur Robé ».

Voltaire, dans ses lettres, promet une *Morangeade*
qui doit produire une grande impression. En attendant ces belles choses, Paris prend position contre le
maréchal de camp. Les gens de lettres, Voltaire le
constate, sont très animés contre Morangiès. Le
public des théâtres est nettement pour les Véron.

Cependant, au milieu de lenteurs, d'incidents, de
complications sans nombre, les audiences suivent leur
cours. Le rapport Morangiès *se fait*, constate avec mélancolie le rédacteur du *Journal du Parlement Maupeou* : « *on en est aujourd'hui à la onzième séance* ».

Linguet se plaint amèrement de « l'abondance de
« ses adversaires » qui ont produit, dit-il, « une dénon-
« ciation avec notes, sept mémoires, trois réponses,
« un précis et un nombre incalculable de libelles
« clandestins ».

Dujonquay est allé à Compiègne avec une quantité
de ces écrits pour les y distribuer, mais « il a reçu
« ordre de sortir sur le champ de la ville, et de rem-
« porter ses factums ».

Chaque témoin, dans l'un et l'autre camp, prend un
avocat, et les mémoires supplémentaires « d'un sieur
Gilbert contre Linguet », de « l'avocat Didier contre
le témoin Desbruguières », de se multiplier à l'infini !

Il n'est pas de jour où quelque témoin ne rétracte
à grand bruit ce qu'il a dit la veille.

Aujourd'hui c'est une fille galante, la fille Tampette, témoin des Véron, condamnée au fouet, à la
marque, et à trois ans d'hôpital, qui écrit en ces
termes à Linguet :

« *A Monsieur Linguet, avocat, rue Tictonne.*

« Monsieur,

« Tout ce que j'ai avancé Contre le comte de
« Morangiès est faux. Ce n'a été que par la sollici-
« tation de M. Gilbert et un marquis qui m'a promis
« vingt-cinq louis et ma grâce, qui venait toujours
« me dire dans la prison de bien soutenir, ainsi que
« le concierge qui m'a promis de me rendre service ;
« et que même M. Gilbert m'a apporté du vin toutes
« les fois que je montais à l'interrogatoire, pour que
« j'aye plus de front à soutenir ce qu'il m'avait con-
« seillé de dire, et s'il m'était permis de me trouver
« devant vous, Monsieur, il me serait plus facile de
« m'expliquer, et je vous en dirai bien davantage, et
« je vous prie de faire tout votre possible pour moi,
« car je peux partir demain à mon malheureux
« sort, et je suis, Monsieur, votre très humble ser-
« vante.

« TAMPETTE. »

Demain, nouvel incident !

Linguet déclare *urbi et orbi* que le bailliage a reçu
des pâtés du sieur Aubourg, le nouveau maître du
procès : là-dessus, bataille violente, et Voltaire
s'émeut ; il est au désespoir que Linguet ait commis
l'imprudence de jeter ces pâtés dans le débat !

Qu'on ne croie pas d'ailleurs que Linguet soit seul
à se permettre de telles incartades. Les avocats du
parti adverse ne sont pas plus sages que lui, et même
l'un d'entre eux et le plus connu, Falconnet, les surpasse tous en violence.

A ce Falconnet, défenseur de Beaumarchais, homme d'esprit, mais taré, mal famé, avocat de sac et de corde, est échue une tâche particulière : celle d'aboyer sans relâche après les chausses de Linguet et de Voltaire. Il s'en acquitte de son mieux, répond en un volume aux *Nouvelles probabilités de M. de Voltaire*, puis s'en prend à Linguet, prétend l'anéantir [1].

Il le compare insolemment au « Gille de la foire », et Linguet lui ayant répondu à l'audience en termes fort méprisants, Falconnet lui envoie un cartel :

« Vous avez avancé, écrit-il, que j'étais un homme « *sans existence et sans qualité*... je vous somme de « rétracter le propos. » Linguet ne rétracte rien, et Falconnet se tient coi.

Enfin le jour arrive où l'avocat du comte de Morangiès prononce le plaidoyer dont nous avons cité quelques passages, et cette fois, ses adversaires mêmes s'inclinent devant la supériorité de son talent. Linguet devient l'homme à la mode, l'homme sur qui convergent tous les yeux de Paris. Chez les faiseuses en renom il n'y a de bonnets élégants que les « bonnets à la Linguet ». Eux seuls sont aristocratiques; ils valent presque un titre de noblesse.

C'est le 4 septembre 1773 que l'arrêt doit être

1. Ce Falconnet fait à Linguet un curieux reproche. Il l'accuse de néologisme, et relève, dans son Mémoire pour le marquis de Gouy, l'apparition du verbe *préciser*. C'est là, dit-il avec mépris, « un verbe nouveau, dont M. Linguet a jugé « à propos d'enrichir la langue, et qu'on ne manquera pas « d'ajouter au Dictionnaire de l'Académie quand il y sera « reçu ». (Collection Gaultier du Breuil, v. 40.) Il serait curieux que Linguet fût en effet l'inventeur de ce verbe, qui caractérise si bien sa parole, et qui est, dans notre langue actuelle, si fréquemment employé.

rendu. Dès le matin, dit le *Journal du Parlement Maupeou*, hostile à Morangiès, « toute la Grand'
« Chambre s'est trouvée en place à six heures, et
« déjà beaucoup de curieux s'étaient rendus au
« Palais ».

La veuve Romain, ses deux filles et Dujonquay, dès
cinq heures, sont au Parquet. Dans le courant de la
matinée, maître Linguet paraît dans la Grand'Salle.

« Il est en épée, en redingote, le chapeau sur la
« tête, se promenant avec insolence et faisant le joli
« cœur avec divers talons rouges ; on est étonné de
« l'air de sécurité qu'il affecte dans un moment si
« terrible pour le comte de Morangiès. »

Linguet, si l'on en croit sa contenance, « sait
« d'avance le jugement ». La foule « l'entoure, le
« suit, le gêne, et il se retire ».

A midi, très grave incident, « on voit sortir les
conseillers *clercs* ».

Les gens bien informés expliquent à la foule l'importante signification de ce départ des clercs.

Ce départ signifie qu'*il y a des voix pour des peines afflictives*.

Les conseillers lais sont en effet seuls compétents
quand il s'agit de peines de cette sorte, et il suffit
qu'un seul magistrat *opine à mort* pour que tous les
clercs soient obligés de s'abstenir. Ici l'on devine ce
qui s'est passé ; les juges favorables à la cause de
Morangiès ont pu savoir au délibéré que tous les
clercs étaient pour les Véron. C'est la condamnation du comte, inévitable ! Un magistrat morangiste
opine à mort aussitôt ; et voilà les conseillers clercs
obligés de se retirer, furieux.

Enfin, à six heures du soir, après onze heures d'une

attente fiévreuse, la foule voit s'ouvrir les portes de
la Chambre Dorée.

Deux amis de Linguet, le président de Châteaugiron et le président de Nicolaï, sortent les premiers.
Ils « crient bien haut, avec affectation, que M. de
« Morangiès a gagné en plein ».

L'instant d'après, « ce maréchal de Camp descend en
« effet par le grand escalier, escorté de tous les mau
« vais sujets de la cour qui avaient inondé le Palais ».

L'arrêt annulait les billets, allouait 1 000 livres de
dommages-intérêts à Morangiès; Dujonquay était
banni pour trois ans; la veuve Romain était condamnée *à être admonestée et aumônée*. Linguet était
donc victorieux.

« Messieurs, » écrivit Voltaire à la noblesse de
Gévaudan [1], « permettez-moi de joindre mes accla
« mations aux vôtres. Il eût été honteux à jamais
« pour la France qu'une horde infâme d'usuriers
« escrocs eût accablé en justice la vertu d'un Maré
« chal de Camp, qui a servi la patrie avec honneur.
« .... M. Linguet avocat de M. le comte de Moran
« giès, résistant seul, par sa fermeté et par son élo
« quence, à une foule d'avocats séduits par les Verron,
« devenus malgré eux les organes du mensonge, à
« la cabale d'une populace déchaînée, à la sentence
« d'un bailliage prévenu et partial, s'est fait une
« réputation qui durera autant que le barreau. »

L'éloge était magnifique, mais les ennemis de Linguet s'appliquaient à y répondre par les plus noires
accusations.

1. Du 8 septembre 1773. Lettre de Voltaire à « Messieurs de la
noblesse de Gévaudan qui ont écrit en faveur de Morangiès ».

Voltaire était indigné de ce déchaînement de calomnies :

« Un avocat célèbre, écrivait-il [1], prend-il en main
« la défense de l'accusé, sans espoir de rétribution?
« tous les cafés, tous les cabarets, tous les lieux moins
« honnêtes, retentissent des injures qu'on lui pro-
« digue : c'est à la fois un impudent et un lâche;
« c'est un espion de la police; on veut le rendre exé-
« crable, parce qu'il soutînt, il y a quelque temps,
« la cause d'un officier général qui avait battu et
« chassé les Anglais descendus en France [2], et qui
« avait hasardé son sang pour sauver la patrie.

« Cet avocat a pour son frère et pour lui une cui-
« sinière et un petit carrosse. Est-il une preuve plus
« éclatante qu'il a partagé les cent mille écus avec le
« comte de Morangiès, et que la police en a eu sa
« part? On le poursuit par vingt libelles, on le
« déchire encore plus qu'on n'insulte son client. »

Mais si Linguet avait des détracteurs, il avait aussi
des admirateurs illustres, et une marque de la faveur
royale allait le dédommager de bien des injures.

A Versailles, où se distribuaient les suprêmes
récompenses et les suprêmes affronts, le défenseur
et le client étaient traités de manière fort différente.
Le comte de Morangiès éprouva une terrible décon-
venue lorsque, s'étant, à deux reprises, mis sur le
passage de Louis XV, il n'obtint du monarque ni un
mot, ni un regard.

Un tout autre accueil était réservé à son avocat.

Linguet fut présenté au roi et reçu avec les

1. Précis du procès de Morangiès, *Œuvres de Voltaire* (politique et législation, t. III).
2. Le Duc d'Aiguillon.

marques d'une bienveillance particulière. C'est la minute unique où notre insurgé connut la faveur; il dépendait de lui, à cet instant psychologique, de fixer la fortune. Mais nous savons, hélas, qu'il y était malhabile. Aussi verrons-nous, en tournant la page, que l'heure de ce triomphe devait être la plus voisine de l'heure des revers, de la radiation, de l'exil.

En attendant, les poètes de circonstance célébraient en vers de mirliton la présentation du Cicéron français au monarque. Un d'eux, dans son délire, interpellait ainsi le célèbre Linguet :

> Sur toi, du haut du trône, entouré des beaux arts,
> J'ai vu, j'ai vu Louis attacher ses regards ;
> En spectacle, à la cour autour de toi rangée,
> Tu conduisais vers lui l'innocence vengée ;
> Et j'ai vu les Français, idolâtrant leur roi,
> L'oublier un moment pour n'admirer que toi.

Montez au Capitole! aurait pu s'écrier à ce moment le confrère Gerbier. Mais en cette circonstance, brûlé de jalousie et de haine implacable, Gerbier, loin de se plaire au triomphe de son rival, ne songeait qu'à l'orienter avec précision vers cette roche tarpéienne, où il faut maintenant suivre le défenseur du comte de Morangiès.

IV

« Aux singularités dont l'affaire du comte de Moran-
« giès n'a été que trop remplie, il en manquait
« encore une, c'était que sa justification devînt
« funeste à l'avocat qui l'a opérée, et que du salut

« du client résultât la perte du défenseur, ou du
« moins un extrème péril pour lui [1]. »

Ainsi parle Linguet, et ce langage n'a rien qui
puisse surprendre si l'on sait qu'au moment même
où notre avocat, applaudi par Voltaire et présenté à
Louis XV, avait un air de triomphateur, ses confrères,
aidés des Gens du Roy, s'employaient avec passion
à le faire exclure du barreau. Ils y parvinrent le
11 février 1774, cinq mois à peine après la date victorieuse, après l'arrêt de Morangiès.

Déjà, le 16 mars précédent, l'avocat général de
Vaucresson avait, en pleine audience, « sévèrement
« blâmé » Linguet. Ses piques quotidiennes avec
les Gens du Roy avaient pris pendant l'affaire Morangiès un caractère très violent. Le parquet s'était
déclaré pour les Véron, et M. de Vergès s'était montré
fort passionné contre le comte au moment de sa
demande de mise en liberté provisoire. Linguet avait
aussitôt publié des « Réflexions sur le plaidoyer de
« M. l'avocat général [2] ».

Nous avons lu de très près ces « Réflexions », et il
nous semble que si leur forme, à certains endroits,
valait peut-être une réprimande, elles n'étaient pas
cependant assez criminelles pour déterminer la
radiation, c'est-à-dire la mort professionnelle de
leur auteur.

Si cet écrit mérite quelque reproche, c'est surtout
par le ton outré et emphatique que Linguet emploie
à tout instant pour parler de lui-même. L'hypertro

---

1. Réflexions pour M. Linguet, avocat de la comtesse de
Béthune. (*Mémoires et Plaidoyers*, t. IX.)
2. *Mémoires et Plaidoyers*, t. VIII, p. 142.

phie du moi, la mégalomanie apparaissent ici en symptômes certains et graves.

« Le défenseur du comte de Morangiès », s'écrie Linguet [1], « a trente-six ans et demi. Il n'y a pas encore « huit ans qu'il a eu l'imprudence d'embrasser la « cruelle profession d'avocat.

« Dans ce court intervalle, il a composé cent dix « ouvrages, tant Mémoires que Plaidoyers, manus- « crits ou imprimés. Il n'y a pas eu une affaire qu'il « n'ait examinée, avant que de l'accepter, avec un « scrupule qui a été plus d'une fois jusqu'à paraître « indiscret.... L'année dernière, il a traité à l'audience « ou par écrit, au Châtelet ou au Parlement, dix- « sept causes. Il en a gagné treize... », etc.

Ce *moi* est haïssable, et Linguet, dès qu'il fait son apologie, devient lourd, confus, incohérent. Mais enfin, cela n'est point pendable. Qu'y a-t-il, dans cet écrit, dont le Parquet ait pu s'émouvoir si fort?

Des querelles juridiques, avec latin à l'appui; çà et là quelques mots vifs, mais non injurieux.

C'est pourtant sur ces « Réflexions » que le Par- quet jeta feu et flamme et décida la perte de Linguet.

Les « Gens du Roy » prirent des conclusions, et les portèrent, le 2 juillet, à la Grand'Chambre. M. de Vergès conclut à la radiation.

« Notre ministère, dit-il [2], est aujourd'hui insulté « outragé de la manière la plus notoire. Maître Lin- « guet a osé faire imprimer des observations *contre* « *nos conclusions*; démarche inouïe, scandaleuse,

---

1. *Mémoires et Plaidoyers*, t. VIII, p. 197.
2. *Registres du Conseil secret du Parlement de Paris*, 2 juil- let 1773.

22

« inexcusable!... L'indécence est à son comble : que
« pouvons-nous pour son auteur? Nous pouvons le
« plaindre comme hommes, nous ne pouvons plus
« le tolérer comme magistrats. »

Ces conclusions étaient rigoureuses. Elles auraient
eu pour résultat de priver le comte de Morangiès de
son défenseur en plein procès, en pleine crise. Le
Parlement ne voulut pas, ou n'osa pas les suivre.
Par son arrêt du 2 juillet 1773, la Cour décida seulement que le mémoire de Linguet serait « supprimé
« comme contraire au respect dû aux Gens du Roy,
« et que ledit Linguet serait tenu d'être plus circons-
« pect à l'avenir, à peine de radiation ». C'est chargé
d'un tel blâme que le défenseur du comte de Morangiès avait dû poursuivre sa tâche, et qu'il. avait
enfin, malgré les Gens du Roy, obtenu la victoire.
Mais tandis qu'il comptait ses lauriers, tout le barreau jurait sa perte, et s'employait à la préparer dans
des conjurations dont Gerbier était l'âme.

V

En ce temps-là, une fort grande dame, qui était
aussi une plaideuse acharnée, Mme la comtesse
de Béthune, avait à la Grand'Chambre un procès de
famille très embrouillé qu'elle venait de perdre au
Châtelet.

La comtesse avait affaire à forte partie : elle plaidait contre le marquis de Béthune, le duc de Lauzun
et le maréchal de Broglie. Il lui fallait un avocat
célèbre pour mener à bien une affaire si difficile :
elle confia sa cause à Linguet.

Mme de Béthune ne pouvait se flatter de l'emporter
sur ses puissants adversaires dans une partie bien
importante : celle des sollicitations. Ses amis, peut-
être effrayés de la fougue de son tempérament de
plaideuse, la soutenaient très mal auprès des magistrats. Ainsi, le président Durey de Meynières lui
écrivait le curieux billet suivant [1] :

« Mon âge, ma mauvaise santé, la vie retirée que
« je mène, ne me permettent pas, Comtesse, d'avoir
« l'honneur de vous accompagner dans vos sollici-
« tations. Les ordonnances ne le tolèrent au plus au
« magistrat que dans ses propres affaires. »

La comtesse était donc assez seule, et mettait tout
son espoir dans le talent de Linguet.

Aussi éprouva-t-elle la plus cruelle inquiétude
quand elle apprit que Gerbier, choisi comme défenseur par le maréchal de Broglie, refusait de plaider
si Linguet restait dans l'affaire, et que l'Ordre
approuvait ce refus.

Maltraité par Linguet dans plusieurs rencontres et
notamment dans le procès de Gouy, Gerbier s'était
juré de ne plus affronter un pareil adversaire, et il
avait, pour ce motif, refusé la cause des Véron.
L'Ordre pensait qu'il était juste que Linguet, à son
tour, refusât la cause de la comtesse de Béthune.

C'était le mal connaître que d'attendre de lui un
pareil sacrifice ! Il rejeta avec hauteur l'idée d'abandonner sa noble cliente, et celle-ci jura ses grands
dieux qu'elle n'aurait jamais d'autre avocat que lui.

1. Ce billet et d'autres pièces manuscrites se trouvent à la
Bibliothèque nationale (imprimés), à la suite d'un exemplaire
des *Réflexions*, annoté de la main de Linguet (réserve F 1223).

Ainsi s'engageait la double querelle de Linguet contre Gerbier et contre l'Ordre. Pendant cette campagne, ridicule et poignante, qui va durer deux années (deux années traversées par la disparition du Parlement Maupeou et le retour des anciens magistrats), Linguet ne faiblira pas un instant. Et tandis que Gerbier, défaillant, n'assistera à son triomphe que pour quitter, en même temps que son rival vaincu, l'arène du Palais, Linguet rayé et chassé se redressera sous l'injure, et il faudra pour étouffer sa plainte ardente, sa voix rageuse et rancunière, le vaste flot de la Révolution qui a recouvert un monde.

A ce duel des deux célèbres avocats, Paris s'intéresse et s'anime. On suit curieusement la lutte; et les méchants vers de pleuvoir [1] :

> C'est grand dommage, dites-vous,
>   Ils sont fous,
> Ces avocats de haut parage,
> Qui, dans des écrits pleins de rage,
> S'arrachent la robe et l'honneur.
> Quant à la robe, elle eut souvent pareil outrage;
> Pour l'honneur, n'ayez crainte, il est bien défendu,
> Linguet n'en eut jamais, et Gerbier l'a perdu.

Atteint au cœur par des injures si cruelles, Linguet ne laisse pas passer un mot, un vers, une allusion, sans répondre du tac au tac. Avec quel feu et quelle verve, on en pourra juger par la riposte suivante.

Le maréchal de Broglie, adversaire de la comtesse de Béthune, rencontre un jour Linguet dans une salle du Palais, et lui dit : « Mons Linguet, je me

1. *Journal de Hardy.*

« doute bien que Mme de Béthune sera votre écho,
« et répétera la leçon que vous lui aurez faite ; songez
« à la faire parler comme Mme de Béthune doit
« parler, et non comme Mons Linguet se donne
« quelquefois les airs de le faire ; autrement vous
« aurez à faire à moi, entendez-vous, Mons Lin-
« guet ? »

« Monsieur le Maréchal, répond l'avocat, le Fran-
« çais a depuis longtemps appris de vous à ne pas
« craindre son ennemi. »

Les ennemis de Linguet se montraient pourtant
bien redoutables.

A diverses reprises, pendant le mois de janvier
1774, Gerbier provoque des conciliabules. Chez lui
ou au Palais, les avocats adversaires de Linguet se
réunissent et complotent.

Ce dernier, tenu au courant, proteste « contre
« l'incompétence de toute assemblée de ce genre ».
Il veut paraître à l'une d'elles, mais Gerbier averti
ne se montre point ce jour-là. Il fait dire « que son
« médecin l'a condamné à rester au lit, à des *apo-
« zèmes*, etc. ».

Le lendemain, nouvelle réunion : cette fois Linguet est absent. Alors « M° Gerbier apparut tout
« d'un coup au milieu de ses partisans. Il n'avait
« point l'extérieur lugubre que donne l'uniforme du
« barreau : soit pour conserver l'idée de sa maladie
« par l'affectation d'un reste de faiblesse, soit pour
« constater son despotisme sur ses partisans en leur
« montrant tout son mépris, il était en petite redin-
« gote grise, fourrée, élégante, avec une bouteille
« de *look* à la main. »

Et dans ce noir complot, connu dans notre Iliade

sous le nom de *complot des Treize*, on prend une solennelle décision. On déclare « qu'il y a lieu « d'engager Linguet à s'abstenir volontairement de « de la plaidoirie pendant un an ».

Alors Linguet, exaspéré, publie ses « Réflexions « pour M° Linguet, avocat de la Comtesse de Bé- « thune [1] ».

« Ces Réflexions, dit la *Correspondance de Grimm* [2], « sont un libelle atroce contre Gerbier, que Linguet « accuse de *lèse-majesté* parce qu'il veut le juger à « mort. »

Ce pamphlet est tiré à trois mille exemplaires et l'édition épuisée sur-le-champ.

Que prétendent maître Gerbier et ses treize partisans ? s'écrie Linguet. M'infliger une « *correction* « *fraternelle* » !... « Nous n'avons fait, disent-ils, que « vous suspendre pour un an. La suspension n'est « même pas générale. Nous n'avons voulu fermer « *que cette bouche orageuse, qui ne peut s'ouvrir sans* « *qu'il s'en élance des tempêtes.* Vous conservez le « droit d'écrire....

« .... Je vous entends, casuistes délicats, c'est une « pénitence que votre chapitre m'impose; vous voulez « faire tomber le châtiment sur la partie de moi- « même dont l'usage vous a le plus choqué : mais « pour ramener dans ces temps corrompus l'aus- « térité de la Thébaïde, Père Gerbier et vous ses « dévots assistants, songez qu'il faudrait au moins « être conséquent. Vous prétendez m'interdire la

---

1. *Mémoires et Plaidoyers*, t. IX, p. 1, avec cette épigraphe : « *C'est toi qui l'a voulu* ».

2. *Correspondance*, t. X, février 1774, p. 371.

« parole, et pourquoi? Parce que j'ai outragé mes
« confrères, parce qu'en discutant une sentence [1]
« rendue malheureusement par des avocats, j'ai
« prouvé qu'elle était contraire à la raison, à la
« justice, aux lois? Mais ce n'est pas à l'audience
« que j'ai commis ce délit. Ce n'est pas ma bouche
« qui a déchiré ces confrères si sensibles : c'est ma
« plume! C'est donc le droit d'écrire qu'il fallait
« m'enlever. Et cependant on punit précisément ma
« bouche, qui n'a point failli, on ménage ma plume
« qui a fait tout le mal. Je pourrai écrire et non pas
« parler. Eh! depuis quand a-t-on vu un avocat
« muet? »

Linguet, continuant, passe en revue les crimes
que lui reprochent ses adversaires, les treize con-
jurés dirigés par Gerbier.

« Ces quatorze atômes que le désir de nuire a liés,
« m'accusent d'avoir changé le ton du barreau!

« Est-il vrai qu'il soit si fort changé? Il m'a paru
« que dans tous les temps le barreau avait été une
« lice où chacun s'était produit avec toutes ses facultés,
« et qu'on n'avait jamais pressé une de ces abeilles
« sans en recevoir un coup d'aiguillon. Et pourquoi
« mon accusateur, M° Gerbier,... n'a-t-il pas la
« réputation de malignité qu'on me prête? Pourquoi?
« par bien des raisons! Parce que de tout temps un
« très grand manège a soutenu l'idée qu'on voulait
« prendre de son éloquence. Surtout parce que quand
« ce parleur sonore a cessé de retentir aux oreilles,

1. Linguet fait allusion aux critiques dirigées par lui contre
la sentence rendue dans l'affaire de Morangiès par les avocats
composant le bailliage (Plaidoyer pour le comte de Morangiès;
Mémoires et Plaidoyers, t. VII, p. 182).

« le souvenir de tout ce qu'il a dit s'efface, comme
« les sons produits par les ondulations d'un timbre
« harmonieux. »

Enfin Linguet termine ainsi :

« Outragé, calomnié par des confrères injustes et
« prévenus, j'en appelle à mon Ordre. Si mon Ordre
« ne vient pas à mon secours, j'en appelle à la jus-
« tice : si la justice, ce qui n'est pas possible, avait
« la faiblesse de se taire, si mes droits compromis
« ne pouvaient l'émouvoir, j'en appelerais au public;
« et si enfin les manœuvres, les préjugés étouffaient
« la réclamation universelle des contemporains, il
« me restera au moins le dernier recours de l'inno-
« cence faible et égorgée, les remords des meur-
« triers et le jugement de la postérité. »

Cette péroraison dramatique montre que l'accusé
s'attendait à la condamnation dont les « Réflexions »
allaient être le prétexte.

Le 11 février 1774, Mᵉ Jacques de Vergès dénonce
les « Réflexions » à la Grand'Chambre et à la Tournelle assemblées. « L'Ordre attend [1] de votre justice »,
dit-il, « une punition proportionnée à l'outrage, et
« un exemple de sévérité qui garantisse le barreau
« de semblables excès. »

Les avocats présents se montrent ravis de ces conclusions.

« Depuis midi précis, dit Linguet [2], le Parquet se
« trouvait rempli de robes furieuses qui couraient,
« criaient, hurlaient avec des transports approchant
« de la démence.

1. *Registres du Conseil secret du Parlement,* 1774.
2. *Mémoires et Plaidoyers,* t. IX, p. 113.

« Ces robes appartenaient-elles à des avocats?
« Étaient-ce des avocats qui leur donnaient les mouve-
« ments forcenés qui paraissaient les agiter? C'est ce
« qui n'a pas été éclairci, ce qui ne le sera probable-
« ment jamais. Ce qu'il y a de certain, c'est qu'elles
« pouvaient aller au nombre de trente au plus; c'est
« qu'il en partait des éclats de rage contre moi; et
« qu'un *tolle* funèbre était le refrain non interrompu
« qu'elles répétaient en chœur. »

Faisant droit aux réquisitions de M. de Vergès, la
Cour ordonne « que ledit imprimé, ayant pour titre :
« Réflexions, etc., sera supprimé comme injurieux
« à l'Ordre des avocats, calomnieux envers plusieurs
« de ses membres, et tendant à altérer l'estime due
« à cette profession » : elle ordonne en outre que
Linguet sera *rayé du tableau*.

VI

Contre ce cruel arrêt, était-il un recours?

Linguet gardait une dernière espérance; il songeait au duc d'Aiguillon, à Mme du Barry.

La guerre n'était pas encore ouvertement déclarée
entre l'ancien gouverneur de Bretagne et son avocat :

« Je savais bien, dit Linguet [1], que le duc d'Ai-
« guillon ne voulait pas contribuer à ma fortune,
« mais il ne m'était pas permis encore de soupçonner
« qu'il fût sous main le complice de ma ruine : sa
« porte fut la première à laquelle je frappai; elle
« était fermée, et ne s'ouvrit pas.

1. *Aiguilloniana*, p. 60.

« L'idée me vint de me présenter chez Mme du
« Barry; je ne lui avais jamais parlé, mais je savais
« que mes prouesses dans l'affaire du comte de
« Morangiès l'avaient frappée, qu'elle s'en était
« expliquée hautement. Sa protection était le seul
« moyen alors de faire parvenir un peu de vérité jus-
« qu'au trône. J'arrivai chez elle, le duc d'Aiguillon
« en sortait; il n'osa refuser d'y rentrer avec moi,
« et de m'introduire. Mme du Barry s'échauffa;
« le duc de Lavrillière arriva. Ces deux ministres
« reçurent ordre de ma nouvelle protectrice de
« casser l'arrêt du Parlement. Le duc d'Aiguillon
« n'osa pas tout à fait désobéir; il ne voulait pas
« non plus obtempérer entièrement; il disposa les
« choses de façon qu'on ne m'accorda, au lieu d'une
« *cassation*, qu'un *sursis*. »

En effet, le 12 février 1774, le Conseil des Dépêches,
le roi présent, rend un arrêt de surséance.

Le roi « évoque à sa personne toute l'affaire, nomme
« un rapporteur pour s'en faire rendre compte,
« ordonne qu'à cet effet toutes les pièces sur les-
« quelles ledit Maître Linguet a été condamné à être
« rayé seront remises par le Parlement ès mains du-
« dit Rapporteur, et qu'en attendant qu'il ait été
« statué autrement par Sa Majesté, il sera sursis à
« l'exécution de l'arrêt du Parlement ».

A la nouvelle de cet arrêt favorable, Linguet s'écrie,
triomphant : « Je vais me faire réhabiliter ou perdre
« le Parlement! » « On se frotte les mains », dit le *Journal de Hardy*, « à la pensée de cette petite guerre. »

Le 21 février, le Parlement envoie des députés
faire des remontrances au roi au sujet de l'arrêt de
surséance.

« Les cours de Versailles, raconte Linguet [1], furent
« inondées de robes du nouveau Parlement : elles
« allaient criant contre le sursis qu'on m'avait accordé
« comme s'il eût été un affront pour elles. Des me-
« naces se joignirent aux plaintes; on disait nette-
« ment qu'on allait cesser ses fonctions si le Roi osait
« me rendre les miennes! M. de Maupeou se déclara
« en ma faveur, il voulait qu'on cassât l'arrêt et
« qu'on renvoyât sur leurs sièges ces jugeurs qui
« prenaient déjà, et sous un prétexte aussi fou, le
« ton de leurs prédécesseurs.

« Le duc d'Aiguillon savait bien ce qui les avait
« fait venir : il appuya leurs cris, il intimida le Roi,
« il glaça Mme du Barry. J'étais à me promener
« dans la galerie, et bien éloigné de rien soupçonner.
« Le duc de Lavrillière vint en personne m'y cher-
« cher, comme si j'avais été un ministre qu'il fallût
« exiler; il me remit l'ordre suivant :

« — Le Roi, Monsieur, m'a chargé de vous marquer
« que son intention était que vous ne vous présen-
« tiez dans aucun tribunal pour plaider, comme
« aussi que vous ne fassiez imprimer aucun Mémoire
« en votre nom, et sous tel prétexte que ce soit,
« jusqu'à ce que Sa Majesté ait statué définitivement
« sur votre affaire. Je suis trop persuadé de votre
« profond respect pour les ordres de Sa Majesté, pour
« ne l'être pas que vous vous y conformererez avec
« la plus grande exactitude.

« On ne peut vous être, Monsieur, plus parfaite-
« ment dévoué que je le suis.

Signé : « LE DUC DE LAVRILLIÈRE. »

1. *Aiguilloniana*, p. 63.

Cette décision était-elle vraiment due à la malveillance du duc d'Aiguillon? Cela est difficile à établir, mais il est certain que le triomphe du Parlement en cette affaire étonna beaucoup le public.

« On a peine à concevoir, écrit Hardy, que le Par« lement l'ait ainsi emporté sur la protection décidée
« que la comtesse du Barry accorde à M. Linguet.
« Ce triomphe de la nouvelle magistrature fait mal
« augurer sur le rétablissement de l'ancienne. »

Quoi qu'il en soit, le 21 février, la plume de Linguet semblait définitivement brisée. Trois jours après, le 24, une autre plume assez célèbre avait le même sort.

C'est en effet le 24 février que le Parlement rendit son arrêt dans l'affaire Goezman. Cet arrêt ordonnait le brûlement, qui fut exécuté le 5 mars, des quatre mémoires de Beaumarchais.

Et c'est précisément à dater de ce mois de février, que les écrits du rayé Linguet et du brûlé de Beaumarchais furent lus avec le plus de passion, et que leurs auteurs parvinrent à cette renommée, éphémère pour l'un, durable pour l'autre, que la France, sous tous les régimes, assure aux écrivains que le pouvoir semble persécuter.

VII

Pendant qu'il bataillait si furieusement contre l'Ordre des avocats, Linguet, dans sa vie privée, était aux prises avec des difficultés d'un genre différent, mais non moins redoutables.

Mme Buttet, la tendre maîtresse qui avait adouci son exil de Nogent, était venue le ressaisir à Paris, et s'était mis en tête de l'obliger à entrer en ménage.

Linguet d'abord fit belle résistance. Il n'avait point, comme on sait, attaché d'importance à cette liaison rapidement nouée, et réservée, croyait-il, au sort d'un bref caprice. Pour le peu qu'il donnait aux femmes, dans sa vie d'énorme travail, Linguet semblait fort incapable de constance. Il aimait d'ailleurs le plaisir, courait, la journée finie, aux sociétés galantes, aux aventures faciles, aux petits soupers chez Sophie Arnould, avec ses amis le prince d'Hénin et le comte de Lauraguais. Aussi, pendant la période dont nous venons d'achever· le récit, les pensées de notre avocat s'étaient-elles bien rarement envolées vers « la tendre Zélie ».

Celle-ci avait quarante ans et deux grandes filles à marier quand elle se décida à quitter le foyer conjugal, et à venir, de vive force, imposer son joug à Linguet. Elle s'établit à Paris, d'abord sous le prétexte de surveiller un procès; puis, peu à peu, par des lettres injurieuses et provocantes, elle prépara son mari à l'idée d'une séparation; enfin, elle lui déclara qu'elle ne rentrerait jamais auprès de lui.

Mme Buttet avait une fortune personnelle qui lui facilitait cet acte d'indépendance; de plus le mari, de tempérament pacifique, se contenta de lui écrire « qu'il l'abandonnait à ses remords ».

Ainsi délivrée à l'amiable de la chaîne conjugale, Mme Buttet alla chez Linguet et lui fit part de sa nouvelle situation. L'entrevue fut assez tendre, mais le lendemain Linguet, dégrisé, écrivit une lettre fort calme, engageant vivement la dame à retourner auprès de son époux.

Là-dessus, scène violente! Mme Buttet court chez Linguet, attend « trois heures dans la salle », le voit enfin, s'explique avec cris et sanglots.

C'est le moment le plus ardent de la lutte de Linguet avec l'Ordre; l'avocat, qui sent sa situation mauvaise, qui a des heures de découragement, se laisse peu à peu toucher par la tendresse extasiée, l'admiration passionnée de Mme Buttet pour chacune de ses sottises. Elle s'installe chez lui, elle y a sa chambre, et un certain *cabinet jaune* où sont ses vêtements.

Mais sans cesse les querelles surviennent entre ces deux amants de caractère également irascible; on se brouille, elle s'enfuit, elle emporte ses hardes, se réfugie à l'abbaye de Saint-Antoine.

Dix fois ainsi on se sépare, ensuite on se réconcilie. Les vêtements de Mme Buttet font la navette entre le *cabinet jaune* et la chambre du couvent. Dans ces moments de crise, l'exaltation de Mme Buttet est au comble, elle ne parle de rien moins que de se suicider : « Avec ses alternatives de tendresse, de fureur, « d'indifférence, Zulmis, écrit-elle, la fera mourir! »

Enfin, vers février 1774, Zélie triomphe; elle quitte à jamais l'abbaye et s'établit en souveraine dans la demeure du « Cicéron français » : il allait vivre vingt ans auprès d'elle, ne la quitter que pour aller à l'échafaud.

CHAPITRE VIII

(1774-1775)

Rayé du tableau, et subjugué par une maîtresse
impérieuse, Linguet voyait s'écouler tristement l'année 1774, quand éclatèrent de grands événements.

Au Palais, le bruit se répand tout à coup que

Louis XV est gravement malade. Le Parlement, anxieux, et se sentant lui-même aussi malade que le roi, s'assemble extraordinairement.

Le mardi 3 mai [1], « Messieurs » envoient leur secrétaire, le sieur Vandive, à Versailles pour prendre des nouvelles du roi.

Le sieur Vandive, à son retour, déclare qu'il a été reçu par le duc d'Aumont, « lequel a bien voulu lui « dire que l'état du roi est meilleur ».

Le 4 mai, M. de la Vrillière, ministre de Paris, écrit au Parlement « que le roi désire que la châsse « de Sainte Geneviève soit découverte ».

Aussitôt, « le Procureur général entendu », la Cour prescrit des prières publiques, et ordonne « que la châsse sera découverte ».

Malgré cela, le 10 mai, on apprend que le roi est mort.

Et avec lui vont entrer au tombeau plusieurs des personnages qui ont figuré dans ce récit : le chancelier Maupeou et tous ses juges, Mme du Barry et le duc d'Aiguillon.

Quant à Linguet, il sent renaître l'espérance. Ne sait-il point que Louis XVI et la reine sont animés à son égard de dispositions bienveillantes?

Le nouveau roi, et cela est connu, goûte très vivement les œuvres de Linguet. Ce goût, on le verra plus loin, ne fera que s'accroître malgré les incartades de celui qui l'a inspiré.

Louis XVI, qui ne lit guère, et dont le cerveau lourd souffre malaisément les besognes intellectuelles,

1. *Registres du Conseil secret du Parlement de Paris*, 1774.

va s'éprendre d'un amour tenace pour ces idées hardies, cette prose excitante, comme un estomac paresseux se passionne pour les épices et les mets les plus relevés.

Du roi, ce goût passera à toute la famille royale, surtout à la reine Marie-Antoinette, qui, dans Linguet, aime et protège le tourmenteur et l'ennemi de son ennemi d'Aiguillon.

Ces faits seront établis par des documents nombreux et irrécusables, quand nous aurons, dans une autre partie de cette étude, à parler de Linguet publiciste et proscrit. Qu'il nous suffise, en ce moment, de citer la phrase que Louis XVI répétait volontiers quand il avait lu du Linguet : « Cet écri-« vain m'apprend mon catéchisme, et je ne le savais « pas encore; je n'ai jamais lu avec tant d'intérêt « que quand je lis Linguet ».

Un homme habile eût tiré grand parti de cette bienveillance royale; mais Linguet, nous allons le voir, ne sut point la faire servir au rétablissement de sa fortune.

I

Pendant les mois qui s'écoulèrent entre l'avènement de Louis XVI et le rappel de l'ancien Parlement, Linguet fit de vains efforts pour obtenir des juges du parlement Maupeou la rétractation de leur arrêt du 11 février.

Il demandait à cor et à cri qu'il fût statué sur l'opposition qu'il avait formée contre cette décision, et

un des nouveaux ministres, M. de Vergennes, appuyait vivement ses sollicitations. Ce ministre, le
31 juillet, écrivait à Linguet la lettre suivante :

« Je n'ai pas encore eu le temps d'examiner la
« requête que M. Lequesne[1] m'a remise en votre nom ;
« mais vous êtes son ami, vous avez des talents
« sublimes, vous les avez employés plus d'une fois à
« laver l'innocence, je ne doute pas que vos intentions
« soient pures, et si je ne réponds pas du succès de
« mes efforts en votre faveur, je puis au moins vous
« garantir leur sincérité ».

Grâce à ces efforts, Linguet obtint du Parlement
la fixation d'une audience « pour plaider sur l'oppo-
« sition ».

« Enfin, écrivait-il[2], on m'a renvoyé à l'audience
« avec M. le Procureur Général ; mais le Parquet
« refuse obstinément de s'y présenter, il a d'autres
« affaires!... Le Procureur Général n'était pas oisif
« quand il s'est rendu mon délateur.... Il a tout
« quitté pour solliciter contre moi une condamna-
« tion illégale ; comment se fait-il que tout l'arrête
« quand il s'agit de rendre hommage aux lois outra-
« gées en ma personne? »

Il eut beau crier et solliciter, le parquet se tint
coi et le Parlement fit de même.

Du côté de Versailles et du Conseil du roi où son
affaire était toujours pendante, Linguet rencontrait

---

1. On se souvient des sieurs Lequesne et de Verville, ces marchands de soieries pour lesquels Linguet avait plaidé. M. de
Vergennes était fort lié avec Lequesne, et parent de son associé
de Verville.

2. Dans un « Mémoire au Roy pour M. Linguet » (*Archives
du Ministère des affaires étrangères*). Inédit.

aussi des refus ou des réponses dilatoires. Renvoyé indéfiniment de l'abbé Terray au premier Président Bertier de Sauvigny, il arrivait peu à peu à cet état de surexcitation morbide où ses actes et son langage ne connaissaient plus aucun frein. Un jour il se plaignait de la disparition au parquet ou au greffe de pièces lui appartenant, telles que la minute en parchemin de l'arrêt de sursis, et il s'écriait : « Cartouche volait aussi les gens mais il ne prenait pas « pour cela une robe de magistrat! »

Il venait sans cesse assiéger son rapporteur au Conseil des Dépêches, le duc de la Vrillière : « J'avais « toujours, a-t-il écrit [1], pour rapporteur le plus « borné des Ministres, le plus naïf, le moins malfai- « sant, et cependant celui que sa faiblesse, celle de « son maître, et la corruption de ses entours ont « rendu le plus funeste à la France : le pauvre « M. de la Vrillière. Je l'importunais de sollicita- « tions : il se défendait : j'insistais sur le long temps « qu'il avait passé sans s'occuper de mon affaire.... « Il lui échappa de me dire que ce n'était pas sa « faute, que je n'avais qu'à m'en prendre *au duc* « *d'Aiguillon, qui avait exigé qu'on me sacrifiât.* »

Jamais parole imprudente ne déchaîna plus de tempêtes!

« C'est à Compiègne, ajoute Linguet, que je reçus « cette terrible révélation. Dès lors, je n'avais plus « de ménagements à garder avec mon ancien client. »

A la période des récriminations amères, mais discrètes, allaient succéder la demande publique d'honoraires et les menaces de procès.

____

1. *Aiguilloniana*, p. 65.

Et quel moment Linguet choisissait-il pour cette désastreuse équipée ? Le moment où pour rentrer en grâce il eût fallu d'abord qu'il se fît oublier.

Sans doute, sa campagne pouvait flatter les haines des ennemis nombreux de d'Aiguillon; mais le duc avait eu l'adresse de se donner pour successeur au ministère son vieux parent, M. de Maurepas, et de garder ainsi dans sa disgrâce un très sûr protecteur. Braver en face d'Aiguillon, c'était donc braver le premier ministre et s'exposer à toutes les rigueurs.

Linguet ouvrit les hostilités par deux lettres au duc : deux lettres fameuses qui, bientôt publiées, connues de tout Paris, eurent la plus grande part à ses mésaventures, à sa radiation définitive, à son exil et à son discrédit.

Ces lettres insolentes sont de bien curieux documents; on y trouve de beaux emportements, de bas calculs, du cynisme et de la fierté. On en jugera par quelques extraits :

« M. le Duc, écrit d'abord Linguet, en manière
« d'exorde [1], je vous ai trouvé entre le trône et
« l'échafaud, je vous ai rapproché de l'un et éloigné
« de l'autre. »

Et il continue :

« Tant que vous avez eu besoin de mes services,
« il ne me convenait pas de les mettre à prix : tant
« que vous avez été en place, les affaires vous ont
« fait négliger de les reconnaître. Enfin, tant que
« j'ai conservé l'état par lequel je vous avais été

____

1. *Aiguilloniana,* p. 66 et suiv.

« utile, ou l'espérance de le recouvrer, j'ai cru
« devoir dissimuler votre oubli. Aujourd'hui, vous
« voilà également à l'abri des dangers et des distrac-
« tions; mais je me trouve victime d'une injustice
« que vous n'avez pas voulu prévenir ou réparer,
« quand vous le pouviez. C'est le moment de rompre
« le silence.

« J'ai composé pour vous trois ouvrages énormes :
« ils m'ont fait plus d'ennemis qu'ils ne renferment
« de lettres, j'y ai sacrifié dix-huit mois, ma santé,
« mon repos. Pour tout cela vous m'avez fait
« remettre *quatre cents louis*, en me prévenant à
« chaque fois que ce n'était qu'un acompte, sans quoi
« vous sentiez bien qu'ils n'auraient pas été reçus :
« le compte définitif n'est pas venu, et il est tems d'y
« procéder.

« Je vous supplie de vouloir bien m'honorer d'une
« réponse. Je l'attendrai pour prendre un parti. Si
« je n'en reçois pas, Monsieur le Duc, je vous pré-
« viens que j'aurai recours aux tribunaux. J'y
« paraîtrai sans rougir : mais quelles conclusions y
« prendra M. le duc d'Aiguillon contre Mᵉ Lin-
« guet?

« Dans tous les cas, je ne puis que gagner à la
« discussion. Votre conduite publique envers moi
« fait croire que vous vous êtes acquitté en secret
« avec la plus généreuse profusion. On s'intéresse
« moins à la détresse où je me trouve, parce qu'on
« croit que j'ai de quoi me consoler dans la fortune
« qu'on suppose que vous m'avez faite.... Il serait bon
« qu'on sût ce qui s'est passé à cet égard,... cela prou-
« verait la pureté de ce zèle dont l'ardeur a blessé
« tant d'esprits.... Mais pour votre tranquillité et pour

« la mienne, il est encore plus nécessaire que je sois
« satisfait; je n'ai pas de ressource plus prochaine,
« et je ne crois pas que vous ayez de dette plus
« sacrée. »

Pour toute réponse, le duc envoya son intendant
qui, « après des invectives très injurieuses », proposa
à l'avocat « de mettre en arbitrage la question de
« savoir si le Duc était quitte ou non envers son
« ancien défenseur ».

L'intendant fut mis à la porte « avec hauteur », et
le jour même, 3 septembre 1774, Linguet écrivit une
nouvelle lettre à M. d'Aiguillon.

Puisque vous m'y forcez, lui disait-il, je vais vous
prouver que, « même en bornant mes droits à la
« simple main-d'œuvre, vous êtes mon redevable et
« de beaucoup ». Suit le calcul : «Vous ne pouvez éva-
« luer à moins de douze mille rôles ce que j'ai fait
« pour vous; comptez-les à un écu, c'est le prix cou-
« rant au Palais pour les grosses de procureur : ce
« sont 36 000 livres. Aimez-vous mieux compter par
« vacations? Dans les pays où cette mesure est en
« usage, elles sont d'une heure, et se paient douze
« livres. Douze mille rôles, avec les longues, les fré-
« quentes conférences qu'on n'a cessé de me
« demander et que je n'ai jamais refusées, ne peu-
« vent faire moins de 6 000 vacations : vous me rede-
« vriez 72 000 livres. »

« Ce calcul est humiliant, ajoute Linguet, mais
« vous sentez bien que ce n'est pas pour moi qu'il
« l'est. »

Le duc dira-t-il que c'est une bassesse à son défenseur de le poursuivre? que les avocats n'ont pas
d'action pour le paiement de leurs honoraires :

« Je ne vous conseille pas de vous y fier », répond
Linguet. « Nous avons action quand l'ingratitude
« d'un client est trop révoltante. Par arrêt du
« 15 mars 1766, il a été adjugé à Mes Raymond et
« Buynand 75 000 livres pour travaux de leur pro-
« fession.... D'ailleurs quand il serait démontré qu'un
« avocat n'a pas de ressource contre l'ingratitude,
« vous ne pouvez m'opposer cet argument. On m'a
« rayé du tableau par votre ordre et pour vous com-
« plaire. Il fallait me conserver cet état si vous vou-
« liez m'en faire supporter les obligations!

« Quant à la bassesse, tranquillisez-vous, M. le
« Duc, c'est mon affaire d'ennoblir ma réclamation,
« et je vous promets que je n'aurai jamais paru si
« grand que le jour où vous me forcerez à me placer
« auprès de vous devant les tribunaux.

« D'ailleurs est-il bien vrai que je risquerais de
« flétrir la profession d'avocat par la prétention que
« j'élève aujourd'hui? Serait-il si difficile de prouver
« que cette délicatesse dont les avocats du Parlement
« de Paris se targuent si fort, est une chimère, et
« peut-être même une charlatanerie? Il en est de cet
« usage comme de tous les devoirs trop austères, dont
« la rigueur apparente ne se soutient que par des
« infractions secrètes. S'il était scrupuleusement
« observé, c'est surtout à l'honnêteté qu'il devien-
« drait nuisible, parce qu'elle ne saurait pas l'éluder.
« C'est la même chose que le célibat pour le sexe.
« Ce sont les filles les plus vertueuses qui en sont
« les plus importunées. Mais est-il observé?... J'en
« atteste tous les plaideurs; je les interpelle de
« rendre compte des précautions que les juriscon-
« sultes prennent, pour se dispenser du besoin de

« recourir à une réclamation juridique du prix de
« leurs travaux. Ils rougiraient de demander leur
« salaire après des services rendus…. Mais ils les
« font payer d'avance. Il n'est permis de les aborder
« que l'argent à la main. Il n'est pas étonnant que
« des gens si précautionnés dans les préliminaires
« dédaignent de s'occuper des suites. »

Ainsi, le duc est débiteur, cela est certain. Mais
quel est le montant de sa dette? 72 000 livres si l'on
compte par vacations. Oserait-il proposer à la justice d'évaluer à ce taux ce que Linguet a fait pour
lui? Les honoraires se proportionnent « à la fortune,
« au rang de celui qui les doit, ainsi qu'à l'impor-
« tance de l'affaire ». Or le duc est « un des premiers
« officiers de la Monarchie, il a 500 000 livres de
« rente! »

A quel avocat un tel client, pour une telle affaire,
eût-il osé offrir 400 louis? « Est-ce à M. Gerbier »,
dit Linguet, « est-ce à lui que vous eussiez proposé
« un semblable présent? Je ne parle pas de tous les
« honoraires monstrueux qu'il ne cesse d'exiger
« impunément depuis qu'il est au Palais; je n'en
« citerai qu'un seul. Personne n'ignore qu'il a reçu
« du sieur *** cent mille écus pour en avoir facilité
« la réhabilitation. »

Les tribunaux me rendront justice, conclut Linguet; « la question devant eux se réduira à savoir si
« vous avez la prérogative de vous jouer impuné-
« ment d'un galant homme, qui a payé si cher les
« services qu'il vous a rendus ».

Ayant ainsi cassé toutes les vitres, Linguet en eut
un instant de regret. Revenant à l'idée d'arbitrage,
il imagina de soumettre le différend à la décision

d'un tribunal composé du comte de Maurepas et de MM. Le Noir et de Sartine. Voici la lettre qu'il écrivit au premier ministre pour le prier d'être médiateur :

« Monseigneur [1],

« Je dois à la confiance dont vous jouissez auprès
« du Roi et de la nation, de vous prévenir avant que
« de hasarder aucune démarche contre une personne
« qui vous touche de près. Cette personne est M. le
« duc d'Aiguillon. Je me trouve à la veille d'entrer en
« procès avec lui. Sa conduite envers moi est peut-être
« le plus inconcevable de tous les événements de ce
« siècle, qui n'a pas laissé d'en produire de singuliers.

« Si vous consentiez, Monseigneur, à vous charger
« de cette médiation, vous verriez combien je désire
« éviter l'éclat de cette scandaleuse querelle. »

Le comte de Maurepas répondit :

« J'ignore, Monsieur, les discussions que vous pou-
« vez avoir avec M. le duc d'Aiguillon : si vous vou-
« liez me mettre au fait de ce dont il s'agit par un
« mémoire que je vous prierais de m'envoyer, je
« verrais s'il ne me serait point possible de prévenir
« l'éclat que vous m'annoncez, et qui ne convient
« à personne. Je suis très parfaitement, Monsieur,
« votre très humble et très obéissant serviteur.

« MAUREPAS.

« A Versailles, le 11 septembre 1774. »

Le Mémoire fut remis au ministre, qui, peu de jours après, renvoya cette affaire au garde des sceaux, Hue de Miromesnil.

---

1. *Aiguilloniana,* p. 115.

« Ce magistrat, dit Linguet, ancien premier Pré-
« sident de Rouen où il était peu estimé, avait acquis
« la confiance du Comte de Maurepas par un mérite
« peu ordinaire aux gens de Robe. Il jouait supérieu-
« rement la comédie ; il excellait surtout dans les
« rôles de Crispin. Admis pendant son exil à par-
« tager celui du Comte de Maurepas, il avait déve-
« loppé ses talents à la terre voisine de Paris où cet
« ancien ministre languissait dans la douleur et
« l'ennui. Le maître de Pontchartrain, devenu tout
« d'un coup celui de la France, donnait pour chef à
« la magistrature de ce Royaume le bouffon qui
« l'avait fait rire. Et nous sommes étonnés, quand
« nous lisons dans l'Histoire des Turcs, qu'un sultan
« fait quelquefois Visir le cuisinier qui lui a servi un
« bon ragoût ! » A ce portrait, tracé dans l'*Aiguilloniana* [1], on devine que l'arbitre choisi par le comte
de Maurepas avait échoué du premier coup dans sa
mission délicate. Aussi M. de Maurepas dut-il se
résigner à négocier en personne avec le terrible
défenseur de son neveu ; il lui fixa une audience.

Les gazettes du temps nous ont laissé le récit de
cette singulière entrevue. Le début, de part et
d'autre, fut aimable. Le vieux ministre se mit en
frais de coquetterie, et fit assaut avec Linguet de
reparties gaies et légères. Quand il crut avoir séduit
son adversaire, M. de Maurepas lui proposa de terminer la querelle à l'amiable, en acceptant une rente
viagère de 2 000 livres constituée par le duc d'Aiguillon. « Mais il y a une condition », ajouta le
ministre ; « on désire que vous mettiez, en tête de

---

1. *Aiguilloniana,* p. 125.

« votre prochain ouvrage, une épître dédicatoire
« à M. le duc d'Aiguillon. »

Une épître élogieuse adressée au duc, telle était
donc la condition du marché! Linguet, on le devine,
refusa violemment, et l'on aime à voir chez cet incohérent personnage l'orgueil reprendre tout à coup son
empire, l'emporter hautement sur la cupidité.

« Je ne m'attendais pas à cet expédient », a-t-il dit
dans l'*Aiguilloniana* [1]; « je montrai autant de sur-
« prise que d'horreur : on n'insista pas. »

Comment le ministre aurait-il pu insister? Linguet, dans sa colère, criait et tempêtait de façon à
être entendu des gens qui se tenaient dans l'antichambre.

« Eh bien, conclut le ministre, faites valoir vos
« raisons, mais souvenez-vous qu'on vous accuse de
« vous laisser trop emporter à votre humeur. »

La leçon était certes bien indulgente; mais Linguet, déchaîné, la prit de très haut.

« On vous a prévenu contre moi, Monseigneur »,
dit-il avec colère, « eh bien! je prends acte de votre
« prévention! »

M. de Maurepas, alors, ouvrit la porte de son
cabinet, et, s'adressant à une nombreuse compagnie
qui avait pu entendre la fin bruyante de l'entretien :
« Messieurs, dit-il, vous en êtes témoins. Je permets
« à M. Linguet de prendre acte de mon penchant à
« croire qu'il est quelquefois au delà du vrai, et que
« ses talents l'égarent. »

Cette admonestation, spirituelle et douce cependant, inspira à Linguet une violente rancune, car il

1. P. 122.

a tracé de Maurepas un sanglant portrait qui s'achève
ainsi : « Quel spectacle que de le voir, ministre à
« quinze ans, chassé à trente, rappelé à quatre-
« vingts, ne donnant ainsi aux affaires que les deux
« époques de la vie qui en sont incapables, et finis-
« sant à son dernier âge par réunir la frivolité de
« l'enfance à la mollesse et à la nullité de la décré-
« pitude ! »

Ces traits peu flatteurs sont exacts, peut-être ; mais
si décrépit et frivole que fût le comte de Maurepas, il avait ici sur Linguet l'avantage du tact, et
d'une modération bien digne de louange. Quand
des ministres ont la Bastille sous la main, ils ont
quelque mérite à se laisser traiter de Turc à More
avec la patience et la longanimité dont firent si longtemps preuve les ministres de Louis XVI à l'égard de
Linguet.

Cependant ces scènes étaient connues dans le public,
et les *Mémoires secrets* commençaient à dire :

« Tous nos ministres sont outrés, et l'on craint que
« cet Arétin n'éprouve une fin sinistre. »

Mais, faisait remarquer une autre gazette, « Lin-
« guet a le roi pour lui ».

Le roi, en effet, lui gardait sa bienveillance, et cette
haute protection épargna sans doute à l'imprudent les
catastrophes qu'il semblait provoquer ; mais elle ne
l'aida pas à reconquérir sa place au barreau. Nous
allons voir Linguet rendre à cet égard toute protection inefficace, tuer lui-même tout espoir de rentrer
jamais dans la vie judiciaire, en commettant une de
ses plus funestes imprudences : en se faisant journaliste.

II

« Linguet, nous dit M. Henry Martin [1], son hon-
« nête biographe, est le chef du journalisme poli-
« tique, non seulement parce qu'il a, le premier,
« donné une publicité périodique aux jugements d'un
« particulier sur les affaires de l'État, mais parce
« que nul, jusqu'à ce jour, n'a poussé plus loin que
« lui, dans ce genre, le franc parler, le bon sens et
« l'éloquence. »

Aux derniers traits de ce morceau, il faudra plus
d'une retouche. Quand nous suivrons à Londres, « à
« l'Ours Blanc, en Piccadilly », l'auteur des célèbres
Annales politiques et littéraires, nous aurons à peindre
un Linguet qui a été en effet le bruyant précurseur
du journalisme le plus moderne, l'aïeul terrible et
peu vénérable des sagittaires de ce temps-ci. Montesquieu n'avait fait que décrire, après Aristote, le
système des trois pouvoirs. Linguet a fait bien mieux :
il a trouvé le quatrième! Il a fondé cette institution
du Journalisme politique avec l'éclat qui convenait
à ses destinées dans le monde; il l'a poussée du premier coup aux dernières limites du scandale et de la
violence, il a conquis par elle la fortune, l'exil, la Bastille, douze contrefacteurs, et des légions d'abonnés.

Par le journal, comme on le verra dans la seconde
partie de cette étude, Linguet fut un grand semeur
d'idées, le plus hardi et le plus intelligent « des aven-
« turiers de lettres, bons à tout faire et à tout dire »,

1. L'étude sur Linguet par Henry Martin a été publiée en
1861.

qui sur ses traces ont sonné la diane de la Révolution [1]. Ici nous n'avons pas à retracer la carrière de Linguet publiciste. Pourtant nous ne saurions arriver aux incidents qui ont clos sa vie d'avocat, sans indiquer à quel moment il devint rédacteur du *Journal de politique et de littérature*.

Ce journal appartenait au libraire Panckoucke [2]. Panckoucke était un Lillois, de caractère souple et habile, éditeur de l'Encyclopédie, et allié aux philosophes par le mariage de sa sœur avec Suard l'académicien.

Ce Panckoucke était devenu pour trente années fermier d'un privilège qui lui concédait le droit de composer un journal politique; il proposa à Linguet la rédaction de cette feuille. On traita par un acte sous seing privé qui assurait à Linguet de brillants honoraires [3].

1. Monselet, *Oubliés et Dédaignés*. « Il y a visiblement », dit Monselet, « dans la seconde moitié du xviiie siècle, une « bande d'hommes auxquels Voltaire semble avoir ouvert le « chemin de l'universalité.... Signaler cette bande active et « extraordinairement intelligente, c'est nommer Linguet, « Beaumarchais, Mercier, Brissot, quelques autres encore, « mais beaucoup plus bas placés. »

2. Il résulte de diverses lettres et pièces inédites que nous avons consultées à la bibliothèque de Reims, que les relations de Linguet avec Panckoucke commencèrent par un certain procès *Guyot* contre *Panckoucke*, dans lequel Linguet plaidait pour *Guyot*; mais il sut arranger l'affaire à la satisfaction des deux parties.

3. Nous avons trouvé la copie de cette pièce aux *Archives du Ministère des affaires étrangères*. Cette copie, jointe à une lettre à M. de Vergennes, porte l'annotation suivante de la main de Linguet : « Copie de l'acte passé entre M. Panckoucke « et M. Linguet, d'où il résulte que M. Linguet n'est pas un « gagiste qu'on peut congédier sans cérémonie, et qu'il a du « moins des indemnités à prétendre ». Cet acte faisait en effet de brillants avantages au rédacteur du journal; il lui assu-

Il fallait qu'un censeur, un de ces hommes « chargés, comme disait Linguet, de tenir les auteurs « dans des brassières éternelles », fût préposé à la surveillance du nouveau journal et de son rédacteur. C'est au sieur Cadet de Senneville qu'échut cette dangereuse mission. On verra par la suite combien il eut à en souffrir!

Ici nous ne voulons rien dire sur la destinée du journal. Observons seulement que Linguet, tout de suite, prit position contre les ministres, l'Académie et les philosophes. Les souscripteurs furent enchantés, et parmi les belles lectrices il n'en fut point de plus ravie, de plus amusée par tant d'attaques folles contre les puissants du jour, que la jeune reine Marie-Antoinette!

Brissot, qui avait vingt ans, et qui venait de s'ennuyer ferme dans l'étude d'un procureur, arriva rue Tictonne un matin.

« Quel âge avez-vous? lui dit Linguet.

— Vingt ans.

— Heureux mortel, à la veille de tout ce qui se prépare [1]! »

L'heureux mortel fut admis dans la rédaction du *Journal de politique et de littérature*. Dans l'officine de la rue Tictonne, à côté de François de Neufchâteau, Brissot devint un secrétaire en partie double pour le Palais et le journal.

rait la somme de dix mille livres chaque année. De plus, « dans « le cas où le nombre des souscripteurs excéderait six mille, « M. Linguet recevrait mille livres de plus, pour chaque mil-« lier de souscriptions qui surpasserait ce nombre ». Chaque souscripteur payait 18 livres; d'après des calculs établis par Linguet, le produit des souscriptions s'éleva à cent mille livres.

1. Mémoires de Brissot, Paris, 1877, p. 77.

Le jeune Mallet-Dupan fut aussi un collaborateur
de la première heure [1]. Quand parut le journal, Mallet
venait de débuter dans les lettres par ses *Doutes sur
l'éloquence et les systèmes politiques*. Cette brochure
lui avait été inspirée par la *Théorie des loix civiles* :
c'était une boutade contre les accusateurs de Linguet,
« et leurs raisonnements tirés de Montesquieu ». On
comprend que Linguet n'ait point hésité à prendre
un tel auxiliaire.

Mallet-Dupan s'occupa surtout de l'édition suisse
du journal, et des questions d'économie politique,
c'est-à-dire de la guerre implacable que Linguet
fit aux idées de Turgot dès l'arrivée de celui-ci au
ministère.

On devine que, peu soucieux de la déclaration
royale du 20 avril 1757, de l'ordonnance plus récente
de 1769 qui condamnait à mort « tout auteur d'écrits
« tendant à émouvoir les esprits », Linguet, Brissot
et Mallet-Dupan (au grand désespoir du sage Panckoucke et du ménage Suard) ne tendirent précisément qu'à échauffer les cervelles. Ils ne manquèrent
point de commettre la faute de railler les us et coutumes, les règlements et les traditions de « l'Ordre
sublime », de bafouer les « Minos du tableau ».

Ceux-ci pendant ce temps préparaient leur vengeance, ils allaient bientôt la goûter aussi complète
que possible.

1. Mémoires de Mallet-Dupan, publiés par Sayous, Paris,
1851.

III

C'est le 12 novembre 1774, à sept heures du matin, que Louis XVI se rendit au Palais, pour consacrer en un lit de justice le retour de l'ancien Parlement, et commettre ainsi la première faute de son règne.

On sait que ce rappel fut accueilli, d'un bout à l'autre de la France, par les transports d'une joie ridicule. Mais personne assurément, soit à Paris, soit dans les provinces, ne fut plus enthousiaste, à cet instant d'universel délire, qu'une plaideuse qu'on n'a pas oubliée, que la comtesse dè Béthune.

Depuis le 11 février, la situation de cette dame était fort étrange. Devant plaider, comme on sait, contre le maréchal de Broglie, son beau-frère, lequel avait Gerbier pour avocat, elle ne possédait de son côté, pour faire figure dans un tournoi si dangereux, qu'un avocat rayé, c'est-à-dire impuissant, soit à parler, soit à écrire.

Et malgré le tort que pouvait causer à son procès une semblable aventure, elle n'était point femme à démordre du choix qu'elle avait fait d'abord.

Linguet, profondément touché par cette héroïque constance, prenait parfois en cette affaire le ton lyrique et l'allure d'un Amadis, se promettant de surpasser la comtesse elle-même en chevaleresque obstination.

« Vous avez paru », écrivait-il plus tard à cette admirable cliente [1], « comme les Clorindes et les

----

1. Linguet, *Appel à la postérité*, 1779 (offert à la comtesse de Béthune).

« héroïnesdu plus beau temps de la chevalerie, dans
« une lice orageuse, interdite à votre sexe par l'usage.
« Vous y avez combattu comme elles.... »

Certes Mme de Béthune avait déjà livré bien des
batailles, mais des batailles vaines, pour conserver
son orateur, lorsque le retour du Parlement apporta
à sa cause et à son avocat un protecteur inespéré
et de grande importance, en la personne de maître
Séguier, avocat général.

Tout de suite « messire Antoine » se prononça nettement pour Linguet, et celui-ci, quelques semaines
après le rétablissement des magistrats, fut admis à
plaider pour lui-même en la Grand'Chambre. Il le
fit aux audiences des 4 et 11 janvier 1775 [1]. Il parla
« en robe, mais non couvert, attendu sa qualité
« de suppliant [2] ». La « multitude prodigieuse qui
« s'était rendue au Palais pour l'entendre parut
« enchantée de son discours [3] ». Le 11 janvier, la
Cour, dans son arrêt [4], donnait acte au suppliant « des
« déclarations qu'il avait faites qu'il n'avait entendu
« ni insulter l'Ordre des avocats, ni nuire à l'estime
« due à cette profession » et, déclarant le jugement
du 11 février 1774 nul et de nul effet, « l'autorisait à
« continuer ses fonctions d'avocat ».

Une telle sentence, la quatrième ou la cinquième
qui, depuis quelques mois, fût rendue pour ou contre
Linguet, semblait assurer son triomphe, et garantir
un défenseur à la comtesse de Béthune.

1. Plaidoyer pour M. Linguet, avocat au Parlement (*Mémoires
et Plaidoyers*, t. IX, p. 80 et suiv.).

2. *Journal de Hardy*, 1775.

3. *Ibid.*

4. *Registres du Conseil secret du Parlement*, 1775.

Il n'en devait, hélas! rien être, et cet arrêt précisément marque le début d'une ère tragique.

IV

Le 22 décembre 1774, quelques jours avant l'arrêt que nous avons rapporté, une assemblée du barreau, composée, non point de l'Ordre tout entier, mais « d'environ trente députés des Bancs », s'était réunie.

Cette assemblée avait arrêté, par provision, « que « l'on ne communiquerait point avec Linguet », ce qui était « équivalent à une radiation anticipée ». Cette *défense provisoire de communiquer* avait été signifiée « solennellement à MM. les Présidents des « Chambres du Parlement ».

Le 28, Linguet avait écrit au bâtonnier pour le supplier de vouloir bien l'instruire des motifs qui avaient déterminé l'assemblée. « Y en a-t-il d'autre », ajoutait-il, « que l'arrêt du 11 février 1774? Il m'est « important d'en être instruit, pour me tranquil- « liser s'il n'y a rien autre chose, ou me justifier si « la calomnie a essayé de me compromettre sans « que j'aie pu me défendre. »

M⁣ᵉ Lambon, bâtonnier, répondit aussitôt :

« L'assemblée du jeudi 22, Monsieur, ne s'est nul- « lement déterminée par l'arrêt du 11 février dernier « au refus provisionnel de communiquer avec vous. « Elle a déclaré *qu'elle ne connaissait pas un arrêt* « *qui n'avait pas été rendu sur le vœu de l'Ordre,* « *lequel ne s'assemblait pas alors, et était même* « *dispersé.* »

Cette réponse était habile. L'Ordre se fût compromis aux yeux des magistrats, en appuyant sa décision sur un arrêt du Parlement défunt. M⁰ Lambon jetait donc par-dessus bord l'arrêt du 11 février et continuait ainsi :

« Le motif de notre délibération, qui a été una« nime, a été différents écrits où vous vous êtes « donné la licence de blâmer la conduite de l'Ordre.

« Le Journal que vous avez entrepris ne s'accorde « guère avec l'étude nécessaire à un avocat ; malgré « cela ce n'est que *par provision* qu'on s'abstient de « communiquer avec vous ; je désire, monsieur, que « l'Ordre puisse conserver un homme aussi distingué « par ses talents ; mais l'usage que vous en faites « paraît à presque tous contraire à notre police ; « au surplus notre arrêté à votre égard sera réglé « définitivement lors de la confection du *tableau*.

« J'ai l'honneur, etc.

« LAMBON [1]. »

Cette lettre étant parvenue à Linguet le 29 au matin, il réfléchit qu'il y avait assemblée le jour même et se hâta d'y courir.

Il demanda « à être entendu, à présenter une jus« tification victorieuse sur tous les points ».

« On m'a signifié, dit-il [2], qu'on ne voulait point « m'entendre, qu'on ne m'entendrait pas. Alors, je « l'avoue, l'indignation s'est emparée de moi : dans « la sorte de transport dont une injustice si barbare

____

1. *Supplément aux Réflexions pour M⁰ Linguet*, avocat de la comtesse de Béthune. *Mémoires et Plaidoyers*, t. X, p. 8 et 9.

2. Plaidoyer pour M⁰ Linguet. *Mémoires et Plaidoyers*, t. IX, p. 138.

« et si froide m'a rempli, je me suis jeté au devant
« de la porte, et j'ai crié avec des sanglots à ces
« juges impitoyables : vous ne sortirez point que
« vous ne m'ayez entendu; ce ne sera qu'en m'écra-
« sant que vous vous ouvrirez un passage! Eh bien!
« à cette expression de désespoir, une réclamation
« presque universelle et furieuse s'est élevée, comme
« si j'avais fait à l'assemblée le plus violent des
« outrages : les yeux se sont allumés; j'ai vu l'in-
« stant où des hommes graves, que l'expérience,
« l'âge, leurs occupations ont mûri, violaient l'im-
« munité de l'enclos du palais, où ils employaient
« la force pour arracher de leurs genoux un confrère
« qui les baignait de ses pleurs, et qui demandait au
« nom de l'innocence, de la vérité, de la justice, la
« seule, l'unique faveur d'être entendu. »

Cette scène, nous l'avons dit, se passait le 29 décembre.

C'est le 11 janvier 1775 que l'arrêt du Parlement
annula l'arrêt du 11 février 1774 et *tout ce qui avait
précédé ou suivi.*

Par là « toutes les machinations couvertes du voile
« de la justice, et les prétendues délibérations des
« avocats jusqu'au jour de l'arrêt, étaient-elles annu-
« lées? »

Ce n'était point l'avis des députés de l'Ordre. Ils
soutinrent que la *défense provisoire de communiquer*
prononcée le 22 décembre échappait à l'arrêt du
11 janvier. Informé de ce « caprice séditieux », Linguet se présenta le 19 janvier à l'assemblée de l'Ordre.
On refusa encore de l'entendre.

« Le 25, note Hardy dans son Journal, délibération
« tumultuaire des députés des Bancs et des anciens

« bâtonniers de l'Ordre. On ne s'entend pas sur Lin-
« guet; remise au lendemain. »

Enfin, le 26, l'accusé est admis à s'expliquer devant
ses pairs.

Il entre, tire son écritoire et un papier sur lequel
est écrit un discours. Il veut le lire : refus net.

Cependant il parvient à placer quelques mots.
« Je vous demande la permission, dit-il [1], d'écrire
« les griefs que vous m'allez communiquer; il s'agit
« de mon honneur, c'est-à-dire de ma vie : je ne
« répondrai à aucune question, qu'elle ne soit bien
« clairement posée.... » « N'oubliez pas, dit-il encore,
« que la cause de la comtesse de Béthune est au
« rôle, qu'elle y est sur un placet coté de mon nom,
« et que cette femme héroïque est déterminée à sou-
« tenir son choix, à moins qu'on ne lui démontre
« par des faits graves et prouvés que je suis indigne
« de sa confiance.... »

Le bâtonnier lui coupe la parole, l'oblige à s'as-
seoir, et à entendre avant de rien dire les griefs du
barreau.

« Il m'a donc fallu écouter, dit Linguet, en écri-
« vant comme j'ai pu *sur mes genoux*. Le bâtonnier
« parlait *bas* et si *bas* que j'ai été forcé, vingt fois,
« de le prier de parler plus haut. Il parlait avec
« une diffusion qui laissait à peine entrevoir le vrai
« grief, noyé dans une multitude de paroles super-
« flues. A force d'attention et de sang-froid, je les ai
« enfin saisis, ces griefs, je les ai écrits devant eux. »

Voici l'étrange catalogue, soigneusement numé-
roté. En tête de l' « absurde nomenclature » (ce sont

1. *Supplément aux Réflexions*, p. 19 et suiv.

les expressions de Linguet) s'aperçoit le capital reproche des députés de l'Ordre au confrère égaré.

Premier grief : « Vous n'aimez pas le Droit Ro-
« main ».

La spirituelle réponse de Linguet mérite d'être citée :

« J'ai avoué, dit-il, que je n'avais pas une passion
« bien tendre pour les *Pandectes* ou pour le *Code* et
« les *Novelles*. J'ai observé que j'avais l'honneur d'être
« avocat de Paris, et non de Rome ou de Constanti-
« nople; que d'ailleurs beaucoup d'hommes savants
« avaient pris la liberté de penser comme moi, sur
« l'informe recueil de *Tribonien*; que si c'était une
« méprise de l'esprit, elle ne compromettait point la
« droiture du cœur; que ma répugnance pour cette
« volumineuse collection venait surtout de ce que l'on
« y trouvait dans toutes les questions, des armes pour
« et contre; ce que j'ai prouvé sur le champ par
« le passage même d'un de mes mémoires, où cet
« effrayant délit, cette haine perverse est constatée;
« en répondant à un passage tiré contre le marquis
« de Soiecourt mon client, de la *Loi. ff. de Univ.*, j'en
« ai trouvé en sa faveur un tout contraire dans la
« *Loi. ff. pro Soc.* »

Ici, remarque Linguet, « s'éleva un petit murmure
« de surprise ou de colère dans l'assemblée [1] ».

Quand il fut apaisé, Mᵉ Lambon reprit la liste des griefs :

1. Le premier grief de l'Ordre était si sérieux qu'un des biographes de Linguet l'a sévèrement relevé en 1808 (*Essai historique sur la vie et les ouvrages de Linguet*, Lyon, 1808, in-8) en reprochant à Linguet la légèreté de sa réponse. « Les « anciens, s'écrie l'auteur, M. Gardaz, sont encore et resteront « à jamais nos maîtres en législation. »

« Vous avez maltraité l'Ordre ; votre ton n'est pas
« celui du barreau ; on craint que vous ne nous
« attiriez des affaires comme vous vous en êtes déjà
« fait plusieurs. »

Sur tous ces points, les réponses devenaient difficiles, aussi Linguet, par un stratagème permis, se
borna-t-il à citer divers fragments des plaidoyers de
confrères présents, pour établir que ses propres violences étaient égalées ou surpassées par celles d'avocats que personne ne songeait à rayer du tableau.

Nouveau grief : « Le journal que vous avez entrepris
« ne s'accorde guère avec l'étude nécessaire à un
« avocat ».

« Guère, riposte l'accusé, eh bien ! pourvu qu'il
« s'accorde un peu, n'est-ce pas assez? D'ailleurs,
« que vous importe? c'est mon affaire, de concilier
« ce travail littéraire avec celui du barreau. Est-ce
« inquiétude pour ma santé qui vous fait blâmer cet
« alliage? Mon repos vous est-il si cher, que vous
« trembliez de me voir surchargé d'un excès de
« fatigue? Craignez-vous que mes affaires, ma répu-
« tation, ne souffrent de ce surcroît d'occupations,
« et que l'habitude de cueillir les fleurs de la littéra-
« ture, n'énerve une main destinée à défricher les
« champs arides du barreau? Ah! si je néglige l'un
« pour l'autre, reposez-vous sur le public du soin de
« m'en punir! La désertion de mon cabinet en sera
« bientôt le châtiment; les clients, qui sont bons
« juges en cette matière, sauront, sans vous, faire
« justice d'un jurisconsulte frivole, qui ne méritera
« plus leur confiance.

« Trouveriez-vous ce genre de travail avilissant?
« incompatible avec la noblesse de votre profession?

« Mais songez-vous que c'est un magistrat, un con-
« seiller du Parlement de Paris, qui en est l'inven-
« teur? Songez-vous que rien de ce qui concerne la
« littérature ne devrait être étranger au barreau?
« que l'un peut recevoir de très grands secours de
« l'autre; que les Lamoignon, les Séguier, les Dagues-
« seau, n'ont pas cru déshonorer leurs places par
« la culture des lettres? que votre modèle, Cicéron,
« à qui vous ne contestez pas le mérite d'avoir été
« un grand orateur, était en même temps un écri-
« vain célèbre? que ses lettres familières sont une
« espèce de *Journal politique* de son tems, et que
« probablement, ni Hortensius, ni aucun de ses
« rivaux, pour se décider à lui ouvrir ou à lui fermer
« l'entrée de la tribune aux harangues, ne se serait
« avisé de lui dire : Mais ne faites-vous pas un
« journal? »

Passons bien vite, maintenant, sur les reproches
accessoires. Les griefs étaient au nombre de quinze,
et chacun d'eux dans cette séance orageuse et interminable fut l'objet d'une violente discussion.

« Vous ne paraissez pas assez soumis aux lois de
« France », disait un membre de ce « concile ». « Vos
« ouvrages contiennent des opinions répréhensibles »,
continuait l'autre. « Vous avez eu des difficultés avec
« M. le duc d'Aiguillon pour vos honoraires. Vous
« avez abusé de la confiance de M. le duc de Deux-
« Ponts dans le temps où vous lui étiez attaché.... »

Et ces accusations, mêlées de vrai et de faux,
dictées par la justice ou par la haine, pleuvaient sur
l'accusé seul contre tous. Ainsi livré à des adversaires
acharnés, il devient presque sympathique quand il
s'écrie avec l'accent d'une émtoion sincère :

« Quand j'ai employé la moitié de ma vie à me
« rendre digne d'un état pénible et utile au public,
« ce n'a pas été pour courir le risque de me voir
« dans l'âge mûr exclu de cet état, exclu par un
« caprice odieux, exclu avec une ignominie qui me
« fermerait l'entrée de tous les autres! Il faut un
« délit pour motiver cette mort rigoureuse, et encore
« une fois, je n'en ai point commis.

« Quelle doit être la pureté d'un homme contre
« lequel, en dix ans de fureur, de rage, de recherches,
« de calomnies en tout genre, on n'a pu ramasser
« que les étranges puérilités que vous m'opposez!
« Mes mains ne sont point souillées; ma conscience
« est intacte. Et vous me dévouez à l'opprobre sous
« prétexte que *je fais un journal* et que vous *ne*
« *m'aimez pas.*

« Il est bien ici question de journal et d'amitié!
« il s'agit de justice et d'estime : vous me devez l'une
« et vous ne pouvez pas me refuser l'autre!

« Qu'importe à ce public qui nous écoute, à ces
« magistrats qui nous jugent, à ces clients qui im-
« plorent notre ministère, qu'une liaison affectueuse
« unisse les mains qui combattent devant eux ou
« pour eux?

« Ce qui importe, c'est que ces mains soient cou-
« rageuses et incorruptibles. Eh! qui d'entre vous
« peut, au moins en ce genre, citer plus de preuves
« que moi? Si vous aviez été à ma place, vous auriez
« montré le même dévouement, je le crois : mais
« ce que vous auriez pu faire, moi je l'ai fait.....

« Il est temps de mettre fin à cette indécente
« tracasserie. Elle n'a que trop scandalisé le public
« et fait rougir la justice. Le seul, l'unique grief

« que l'on puisse m'objecter, c'est d'avoir trop peu
« ménagé mes confrères; on veut que je les aie
« traités trop durement. Eh bien! c'est une offense;
« il doit y avoir des satisfactions autres que la mort
« pour l'effacer : qu'on en fixe une, et je ne m'y
« refuserai point. »

Malgré ces plaintes éloquentes, la journée du lundi
26 janvier s'acheva mal pour l'avocat de la comtesse
de Béthune. Les députés de l'Ordre, à l'unanimité
moins trois voix, se prononcèrent, non plus pour
des mesures provisoires, mais pour la radiation.

Le lendemain 27 janvier, Linguet présentait requête
au Parquet « à l'effet d'obtenir que le Parlement,
« confirmant son arrêt du 11, le déclarât *commun*
« *avec l'Ordre* et lui permît de faire assigner la com-
« munauté des avocats et procureurs de la Cour, en
« la personne du bâtonnier ».

Ainsi, à la querelle de Linguet avec ses confrères,
s'ajoutait la perspective d'un conflit du barreau avec
le Parlement.

Et les graves questions, tant de fois soulevées,
allaient se présenter encore :

Les avocats étaient-ils maîtres souverains de leur
tableau, maîtres de recevoir, de rayer à leur guise?

Leurs décisions en matière de discipline étaient-
elles au contraire des décisions de première instance,
toujours soumises au contrôle du Parlement? Cette
antique question devenait une brûlante actualité.

Le 30 janvier, Linguet publiait son « Supplément
« aux Réflexions pour Mᵉ Linguet, avocat de la com-
« tesse de Béthune ».

On a pu déjà juger de cet écrit par les morceaux
que nous y avons puisés. C'est un récit tragique et

passionné des incidents que nous venons de peindre.

Ce *Supplément* fait grand bruit dans Paris :

« C'est un écrit forcené, disent les *Mémoires se-*
« *crets* [1], où Mᵉ Linguet, oubliant toute pudeur, se
« déchaîne avec une fureur sans égale contre l'Ordre
« entier, dont il récuse d'avance le jugement, s'il ne
« lui est favorable.... Il termine par des *Idées, qui*
« *méritent d'être méditées*, dont le résultat serait,
« suivant lui, la nécessité d'ôter à l'Ordre des avocats
« la police sur ses membres, ou de la subordonner
« au Parlement.... En général, ce Mémoire n'est
« qu'une déclamation, où l'auteur paraît avoir tota-
« lement perdu la tête. »

Mais sur ce *Supplément*, les opinions sont fort
contradictoires. Le bonhomme Hardy constate avec
douleur qu' « on voit dans un café de Paris une
« clique d'abbés, au milieu de laquelle ce Mémoire
« se lit avec enthousiasme ».

A peine a-t-il paru que les députés des Bancs se
réunissent, heureux de l'argument suprême que
l'accusé vient de leur fournir.

Enfin le 31 janvier, Linguet est renvoyé à l'*Assemblée générale de l'Ordre*.

Cette assemblée est fixée au 3 février.

Dans l'intervalle, Gerbier, qui a renoncé provisoi-
rement au barreau, et qui se tient dans la coulisse,
prêt à rentrer quand la perte de son rival sera définitive, publie un *Mémoire pour Mᵉ Gerbier, ancien
avocat au Parlement*. L'ouvrage est précédé de cette
épigraphe : « *Quod genus hoc hominum?* »

Et le lendemain même de cette publication, Ger-

____

1. *Mémoires secrets*, t. XVII, p. 307.

bier, au grand étonnement des *Mémoires secrets*, retire en hâte les exemplaires qu'il a déjà distribués. « Il paraît, dit-on, qu'il a voulu supprimer quantité « de passages trop forts contre son adversaire. »

Cet adversaire, dès le 1er février, jette dans le public des *Observations sur un imprimé ayant pour titre : Mémoire pour M° Gerbier, ancien avocat.* — « Quant à la chaleur, à l'abondance, à l'énergie, « M° Linguet, disent les *Mémoires secrets*, l'emporte « constamment sur M° Gerbier, et sait infiniment « mieux attacher le lecteur. »

Mais négligeons les passes d'armes qui d'heure en heure se succèdent, le 1er et le 2 février. Parvenons au grand jour, au débat solennel où devant tous ses pairs Linguet va comparaître.

<h1 style="text-align:center">V</h1>

On pensait, et non sans raison, dans Paris et dans la foule bigarrée, qui, plus bruyante chaque jour, assiégeait la Grand'Salle, que la journée du 3 février ne s'écoulerait point sans émeutes [1].

Dès l'aube de ce jour, à l'heure invraisemblable où le Palais du XVIII° siècle s'ouvre aux gens de loi, aux boutiquiers et aux curieux, les partis commencent à se grouper, formant autour des piliers et vers

---

1. En dehors des ouvrages de Linguet, les principales sources auxquelles nous avons puisé pour décrire la scène du 3 février 1775, sont les suivantes : *Journal de Hardy, Journal historique* (Londres, 1776), mémoires, factums, et notes manuscrites anonymes de la collection Gaultier du Breuil, registres du Parlement, etc.

l'autel des procureurs de mystérieux conventicules. De chaque troupe noire incessamment grossie, ne s'élèvent d'abord que des murmures étouffés de complot. Tout à coup, les libraires mettent en vente le *Discours destiné à être prononcé le 3 février 1775 par M. Linguet à l'Assemblée Générale de l'Ordre des avocats au Parlement de Paris.*

Chacun se récrie et s'étonne. Des orateurs donnent lecture de l'avant-propos.

« Il faut bien que le titre de mon discours », dit Linguet dans cette préface [1], « annonce une incer« titude qui existe : il est fort douteux qu'on veuille « même m'entendre : il me revient de toutes parts « que la cabale de mes ennemis est si ardente, que « dans des assemblées particulières, qui ne cessent « de se tenir depuis le 26 du mois dernier, on fait « adopter ce moyen tout simple de s'épargner la « peine d'une discussion. »

Tandis que les groupes commentent cette préface, et le discours violent, maladroit qui la suit, voilà qu'un étrange cortège traverse la Grand'Salle, s'acheminant à pas pressés vers la *Chambre de Saint-Louis* [2] où le bâtonnier Lambon a convoqué tous les membres du barreau.

En tête du cortège marche maître Linguet d'un air audacieux.

Derrière lui, s'avancent « la dame comtesse de « Béthune, à laquelle le prince d'Hénin donne la main, « et deux autres dames qu'on ne nomme point » (Mme Buttet sans doute, avec une de ses amies).

---

1. *Mémoires et Plaidoyers,* t. X, p. 59.
2. *La Tournelle,* où, suivant un usage ancien, se tenaient les assemblées du barreau.

Ensuite, « une nombreuse escorte de militaires ou
« autres particuliers, parmi lesquels on remarque
« les sieurs comte de Lauraguais, marquis de Moran-
« giès, et Caron de Beaumarchais ».

Pourquoi cette troupe imposante se hâte-t-elle
ainsi?

Pour occuper le lieu de l'assemblée avant l'arrivée
de l'Ordre. Et en effet elle s'empare de la Chambre
de Saint-Louis.

Quelques instants après, et d'une marche plus
régulière, tout le barreau en robe, précédé de son
bâtonnier, pénètre dans la lice. Voyant des étrangers,
Mc Lambon s'arrête. Il déclare que l'objet des délibérations de l'assemblée qui va avoir lieu ne peut être
traité devant des profanes.

Je proteste, s'écrie Linguet, « c'est le public
« qui doit être juge, suivant les lois et usages
« d'Athènes ! »

A ces mots, le bâtonnier donne un signal et, suivi
de tous les avocats, quitte la Chambre de Saint-Louis.

Proscrit en quelque sorte par la fureur d'un
adversaire, exilé de ses propres locaux, l'Ordre, dans
son Palais, vague en files interminables.

Il cherche « un endroit pour délibérer ».

D'abord, il monte à la Cour des Aydes.

Hélas, tout est fermé dans le domaine respectable
de M. de Malesherbes !

L'Ordre, alors, revient sur ses pas, se dirige vers
la Grand'Chambre. M. d'Aligre voudra-t-il prêter la
Chambre Dorée au barreau en détresse?

Le Premier est à son hôtel, on y court, et la
réponse est favorable :

L'assemblée peut être tenue dans la Grand'

Chambre, mais « à la condition que tout soit fini à
« trois heures pour l'audience de relevée ».

Donc, l'Ordre a un abri, et quel abri! Celui des
lits de justice, « l'azyle de la représentation natio-
« nale ».

Le bâtonnier s'installe (peut-être dans le « coin
« du Roy »), et aussitôt l'assemblée députe à Linguet
« deux avocats de son Banc pour l'inviter à venir se
« justifier ».

Linguet et son armée ont toujours leurs quartiers
dans la Chambre de Saint-Louis. C'est là que le rebelle
reçoit les ambassadeurs de l'Ordre.

Il leur répond « qu'il n'ira point se justifier et
« qu'il veut un écrit portant les griefs de l'Ordre ».

L'Ordre répond en envoyant « quatre avocats »
au lieu de deux.

Linguet persiste dans son refus.

L'Ordre députe alors « six avocats » au lieu de
quatre, « et dans ces six se trouve M° Delpech, qui
« a une voix de stentor ».

Un tel organe est indispensable, car un public
immense a envahi la Chambre de Saint-Louis.

Favorable à Linguet, ce public hue les députations,
et M° Delpech lui-même ne parvient pas à se faire
entendre.

Cependant une voix s'élève dans la foule : « Que
« risque-t-il? dit cette voix; que ne va-t-il à la
« Grand'Chambre se défendre? Là ou ici, n'est-ce pas
« la même chose? »

Alors Linguet s'en va vers la Chambre Dorée,
escorté de la seule Clorinde, de la comtesse de
Béthune.

Il pénètre dans la Grand'Chambre.

Maître Lambon force la comtesse à se retirer. Elle se tient à l'extérieur, collée contre la porte close, épiant les bruits et les murmures.

Dans l'assemblée, Linguet se tient debout : il attend.

Alors, d'un ton précipité, le bâtonnier déclare que tout se réduit à trois points. Et sur ces trois points qu'il indique, il somme Linguet de répondre immédiatement :

« Linguet a-t-il présenté requête au Parlement
« pour demander qu'il lui fût permis de prendre à
« partie tout l'Ordre? »

« Avoue-t-il le *Supplément aux Réflexions*? »

« Est-il l'auteur de tous les ouvrages de littéra-
« ture qui ont paru sous son nom depuis plusieurs
« années? »

Linguet, « hors de lui », demande d'abord vingt-quatre heures pour répondre, « puis, se sauvant
« tout à coup, il s'écrie : on m'égorge, on m'assas-
« sine! »

« On égorge mon avocat! » clame la comtesse de Béthune!

« A ce cri, qu'on peut regarder », dit le *Journal de Hardy*, « comme une espèce de cri de guerre ou de
« signe de ralliement, on voit la foule des partisans
« de Linguet fondre sur le champ dans la Grand'
« Chambre par une porte qui s'est trouvée entr'ou-
« verte. » Les uns « ont la canne haute », d'autres
« tiennent à la main leur couteau de chasse qu'ils
« ont ôté du ceinturon. »

On voit même, à cet instant critique, « un cheva-
« lier de Saint-Louis tirer son épée hors du four-
« reau, ce qui pouvait avoir les suites [les plus

« funestes, et intimida les avocats au point que plus
« de cent d'entre eux crurent devoir s'esquiver par
« prudence ».

Le comte de Lauraguais se précipite au premier
rang des agresseurs.

Une « robe » s'écrie : « Eh quoi, Monsieur le Comte,
« forcer ainsi l'assemblée de tout un corps! »

« On se f... bien de ce corps-là », réplique Lauraguais.

Enfin quelqu'un informe le président d'Aligre de
cette scène tumultueuse. Sur-le-champ il envoie au
bailli du Palais « ordre d'aviser aux moïens de réta-
« blir la tranquillité ». Ce à quoi l'on ne peut parvenir
« qu'en employant le ministère d'un détachement de
« la Compagnie de robe courte », qui fait sortir de la
Grand'Chambre tous les étrangers.

Le calme alors se rétablit dans l'assemblée des
avocats, « qui ne se trouve plus composée, suivant les
« uns, que de 300, et suivant d'autres, seulement de
« 210 membres du barreau ».

On vote, et le scrutin donne les résultats suivants :

```
Pour la radiation de Linguet.....   197 voix
Pour l'ajournement au lendemain.    12  —
Pour un ajournement plus long..      1  —    (celle de
                                             Mᵉ Thirrion).
                                            ____
    Total des suffrages exprimés :   210
```

Ainsi s'achève la révolutionnaire journée du
3 février.

Le lendemain, à l'audience de la Grand'Chambre,
les Gens du Roy entrent, et Mᵉ Séguier, portant la
parole, dit « que Mᵉ Nicolas Lambon demande à
« être entendu ». Ce bâtonnier s'avance et, s'étant

placé au barreau, du côté du greffe, il dit [1] : « Mes-
« sieurs, les écarts multipliés du sieur Linguet ont
« nécessité son exclusion de notre Ordre. Elle a été
« décidée hier dans une délibération presque una-
« nime. Il s'est fait un principe de n'en reconnaître
« aucun. Non content d'attaquer les lois fondamen-
« tales du royaume, il en a calomnié les gardiens et
« les dépositaires. Dans un écrit qu'il vient de
« répandre avec profusion, il déchire avec fureur
« les anciens et les députés de notre Ordre; il en
« insulte nommément plusieurs de la manière la
« plus outrageante; il n'a pas même respecté l'Ordre
« entier, dont il a fait le portrait le plus affreux; il
« a mis le comble à ses excès, en s'emparant d'abord,
« avec les personnes qu'il avait rassemblées en grand
« nombre, du lieu indiqué pour notre Assemblée
« Générale, et ensuite en violant l'asyle sacré de ce
« sanctuaire auguste où Monsieur le Premier Pré-
« sident nous avait accordé une retraite pour y
« prendre notre délibération. Il a porté le délire
« jusqu'à vouloir nous forcer à le conserver parmi
« nous, dans le temps même où il insultait notre
« police, notre discipline et nos usages. — Si l'écrit
« que nous allons remettre entre les mains de
« MM. les Gens du Roy n'était pas flétri; si son
« auteur n'était pas puni; si notre Ordre n'était pas
« vengé; si la Cour dans cette occasion ne nous don-
« nait pas une preuve éclatante de la bienveillance
« dont elle a toujours honoré notre Ordre, pour-
« rions-nous continuer nos fonctions, conserver la
« confiance des magistrats et du public?... »

1. Registres du Conseil secret du Parlement de Paris, vol. 208.

La péroraison était menaçante. Aussi maître Séguier, faisant violence à ses sentiments bien connus de sympathie pour Linguet, dut-il conclure en ces termes :

« Il ne nous est pas possible de dissimuler que,
« malgré tous les talents du sieur Linguet, la vivacité
« de ses démarches, la nature de ses principes, la
« violence de ses expressions, et ce qui s'est passé le
« jour d'hier dans l'enceinte du sanctuaire de la Jus-
« tice, tous ces motifs réunis ne permettent pas de le
« conserver dans le sein de l'Ordre. »

Et la Cour aussitôt supprime le *Supplément aux Réflexions* et prononce la radiation.

VI

Tout semble donc fini; mais Linguet, dans sa rage, va parvenir encore, à force d'incidents, à prolonger de quelques jours son agonie d'avocat. N'a-t-il pas un imprimeur infatigable, le sieur Pierre, établi rue Saint-Jacques, qui jour et nuit travaille pour lui? N'est-il point secondé, excité dans toutes ses frasques par la comtesse de Béthune?

Le 6 février, surlendemain de l'arrêt de radiation, la cause de la comtesse est appelée à la Grand' Chambre « première du rôle ».

Mme de Béthune se présente, assistée de Linguet-Deshalliers, frère de Linguet, tout nouvellement reçu avocat. Elle déclare qu'elle plaidera elle-même sa cause, et demande une remise pour se préparer.

M. d'Ormesson prend les avis. On délibère, on « accorde à la dame l'objet de sa requête ».

« Battements de mains prolongés des partisans de
« Linguet, note Hardy. On aura du Linguet débité
« par la comtesse! mais jamais, jamais depuis l'ori-
« gine des Parlements, il ne s'était vu qu'une femme
« plaidât! — on le verra. »

Enfin, le 23 février, Linguet trouve, non sans peine,
un huissier pour signifier au Procureur général son
opposition à l'arrêt du 4 février. Et « pour être statué
sur cette opposition » l'audience est fixée au 2 mars.

Ce jour-là en effet Linguet plaide « merveilleuse-
« ment », disent les gazettes. Le 3, il continue; le 4,
Mᵉ Séguier prend la parole, et, se déjugeant à quelques jours d'intervalle, il conclut cette fois pour Linguet. « Après un délibéré de plus de deux heures, la
« Cour ordonne *qu'avant faire droit*, Linguet sera
« entendu de nouveau dans une Assemblée Générale
« de l'Ordre. »

Les avocats sont consternés. Eh! quoi, le Parlement,
dans cette affaire, varie d'un jour à l'autre, obéissant
à des influences secrètes, peut-être aux ordres des
ministres ou même à une inspiration plus haute!

Aujourd'hui il semble que les magistrats veulent,
« d'un seul coup, anéantir la discipline de l'Ordre,
« et pour soutenir un sujet tel que Linguet! »

Le dimanche 5 mars, à la Bibliothèque des avocats, « Cour de l'Archevêché », réunion générale sur
l'initiative de Target. On est furieux de l'arrêt de la
veille; on délibère de trois à neuf heures du soir,
vainement.

Chaque jour, éclate un nouveau scandale.

Le 6 mars, la comtesse de Béthune plaide pour
elle-même à la Grand'Chambre, multipliant, comme
un vieux procureur, les incidents de procédure. Ce

jour-là, Hardy scandalisé rencontre Linguet dans la Grand'Salle, « vêtu d'un habit gris, d'une veste grise, « et d'une culotte noire, avec des bottines et des « éperons, son chapeau enfoncé sur ses yeux, affec- « tant une contenance audacieuse ».

Le 7 mars, le Parlement change encore d'attitude. A la demande du barreau, il modifie son arrêt du 4. Ce n'est plus par « ordre des magistrats », mais *spontanément* que les avocats vont se réunir « jeudi « prochain pour entendre Linguet et en finir ».

Le jeudi 16 mars, 260 avocats se réunissent. Linguet est entendu, plaide fort bien, avec mesure.

Cependant, par 184 voix, l'assemblée décide « que « la délibération de radiation du 3 février précédent « sortira son plein et entier effet ».

Est-ce fini? Pas encore. Le 17 mars, Linguet s'oppose à l'homologation de la délibération du 16.

Le Parlement décide de l'entendre. Le 23 mars, Linguet plaide devant la Grand'Chambre; le 29, il continue. Enfin, M. de Barentin, second avocat général, substitué à Séguier qui renonce à poursuivre le cours de ses contradictions, conclut « à l'homo- « logation de la délibération de l'Ordre des avocats « suivant laquelle Linguet a été rayé ».

A ce moment, les juges étant sur le point d'opiner à huis clos, un bruit se fait entendre dans la lanterne du premier Président. On soupçonne que la comtesse de Béthune est parvenue à s'y glisser, pour suivre l'audience, et surprendre les secrets du délibéré. Quelqu'un va faire perquisition, et trouve la comtesse « couchée ventre à terre ». On la fait sortir.

Alors la Cour homologue la délibération de l'Ordre.

Cette fois la sentence est bien définitive. Les magistrats, désireux cependant de maintenir Linguet sur le tableau et d'infirmer ainsi la sentence du Parlement Maupeou, doivent céder enfin au vœu unanime de l'Ordre. Ils sont contraints d'ailleurs à cette décision par les violences de celui qu'ils auraient voulu sauver.

Mais cette radiation, voulue par les ministres, voulue par le barreau, prononcée à contre-cœur par les magistrats, est mal accueillie du public.

Linguet a pour lui la Grand'Salle, et quand, le 29 mars, ce condamné franchit la grille du Palais, ne dirait-on pas un triomphateur?

Sur ses pas, on s'arrache des pièces de vers manuscrites où son martyre est glorifié.

Une d'elles débute ainsi :

> Tes pairs, ne pouvant pas devenir tes semblables,
> Linguet! t'ont rayé du tableau.
> Deux arrêts inconciliables,
> Dont l'un met à tes pieds tes rivaux méprisables,
> Et l'autre te condamne à quitter le barreau,
> Démontrent à toute la France
> Que l'ancien Parlement revenu du tombeau
> N'a pas encor repris toute sa connaissance [1].

Le *Pot pourri*, œuvre de Brissot, avec l'épigraphe : « Les sots sont ici-bas pour nos menus plaisirs », offre à Linguet ces vers affreux :

> Son talent fut son crime,
> D'être trop éloquent, un cruel ostracisme
> A puni ce Cochin, la gloire du barreau.
> Mais l'opprobre n'a point flétri cette victime
> De son funeste sceau.

1. Il est intéressant de constater que M. le bâtonnier Gaudry, avocat moderne d'une haute réputation professionnelle, et auteur d'un ouvrage très estimé sur la discipline du barreau, a porté sur toute cette affaire un jugement très favorable à Linguet. « Ce malheureux Linguet, dit quelque part M. Gaudry,

Ainsi Linguet se trouvait encore à la mode, mais des nuances faisaient sentir son nouveau genre de renommée; les faiseuses du boulevard recommençaient à vendre « des étoffes et des bonnets à la Lin-« guet », mais c'étaient, cette fois, des « étoffes et des « bonnets *rayés* [1] ».

VII

Ainsi prend fin, dans le bruit d'une émeute, la vie judiciaire de Linguet. L'histoire (Linguet lui-même a bien voulu le reconnaître) « offre des scènes plus « sanglantes », mais « elle n'en offre pas, ajoute-t-il, « où la haine ait été moins jalouse de déguiser ses « motifs et ses manœuvres, où elle ait montré moins « de scrupule sur les moyens, plus de fureur pour « le succès ».

Disons plus simplement qu'un divorce étant nécessaire entre Linguet et le barreau, les deux parties eussent gagné à rompre avec plus de tact et de discrétion une union si mal assortie. Mais, dans la grande ou la petite Robe, en ces années voisines de la Révolution, la mode n'était pas à la réserve, à la sagesse. Un vent d'extravagance soufflait dans l'enclos de Saint-Louis. N'a-t-on pas vu, au cours de ce récit, des hommes graves, les députés des Bancs, le bâtonnier lui-même, se montrer aussi fous que l'insurgé qu'ils entendaient punir?

« qui put quelquefois s'indigner d'accusations frivoles », et ailleurs : « On déploya contre lui une rigueur qui devint « souvent de l'illégalité ».

1. Halin, *Histoire de la Presse*, t. III.

La radiation ne fit qu'accroître la fureur de Linguet et de ses ennemis. Ceux-ci, restés les maîtres du champ de bataille, ne désarmèrent pas. Nicolas de Lambon avait été inexorable; son successeur, le bâtonnier Pothouin, se montra aussi rigoureux. Le jeune frère de Linguet, son procureur Moynat, son secrétaire François de Neufchâteau, Brissot un peu plus tard, tous ceux enfin qui tenaient au proscrit, furent persécutés.

Quant à l'auteur de ces désordres, le voilà de nouveau aventurier de lettres! Sa querelle avec l'Ordre l'a exclu du Palais, une querelle avec l'Académie l'obligera demain à quitter Paris et la France. Il va — traînant à Vienne, à Bruxelles et à Londres son immuable maîtresse Mme Buttet, et un attirail d'imprimeur qui ne chômera plus — commencer à travers l'Europe une existence vagabonde de publiciste bohémien.

FIN

TABLE DES MATIÈRES

CHAPITRE III

(1765-1766)

CHAPITRE IV

(1766-1770)

CHAPITRE V
(1770-1771)

CHAPITRE VI
(1771-1773)

CHAPITRE VII
(1773-1774)

CHAPITRE VIII
(1774-1775)

Coulommiers. — Imp. PAUL BRODARD. — 99-94.

www.ingramcontent.com/pod-product-compliance
Ingram Content Group UK Ltd.
Pitfield, Milton Keynes, MK11 3LW, UK
UKHW021914070726
13614UKWH00001B/26